本书系国家语言文字智库试点成果之一

感谢以下部门和单位的支持：

◎ 教育部语言文字信息管理司

◎ 武汉大学国家文化软实力协同创新中心

◎ 武汉大学文学院

◎ 广西大学语言文字工作委员会

◎ 广西大学汉语国际教育中心

◎ 国家语言资源监测与研究教育教材中心

语言智库论丛

中国语情与社会发展研究中心　组编

语言服务
与"一带一路"

赵世举　黄南津　主编

赫琳　李佳　王宇波　张延成　编委

LANGUAGE
SERVICE
AND
ONE BELT AND ONE ROAD

社会科学文献出版社
SOCIAL SCIENCES ACADEMIC PRESS (CHINA)

目　录

三　面向"一带一路"的语言学术服务

四　服务"一带一路"的区域语言建设

五　"一带一路"背景下的语言文化国际传播

附录　报刊选录

学术应得风气之先

——序赵世举等《语言服务与"一带一路"》

李宇明

乙未岁末,得知《语言服务与"一带一路"》即将付梓,由衷高兴;世举教授约我为书作序,我欣然应允。为何?

第一,"语言服务与'一带一路'",这个话题太重大。"一带一路"倡议,自 2013 年提出以来,虽然时间不长,但却得到了国内外的高度关注。中国的语言文字工作者,也积极响应,认真思考,不断行动。海行靠舟,陆运需车,语言,亦即思想之舟舆。"一带一路"倡议要顺利行进,必须语言铺路。语言该如何铺路?需要大量而深入的研究。中国语情与社会发展研究中心等机构,2015 年 6 月召开了"服务'一带一路'战略的语言资源建设与开发利用学术研讨会"。会议研讨的内容十分广泛,围绕"一带一路"建设,有语言需求的调研,有语言状况的研究,有语言规划的探讨,还有对区域语言建设和中国语言文化国际传播等问题的思考。其中不乏卓见良策,若能施用,必有良效。

第二,我与中国语情与社会发展研究中心情缘深厚。我来自武汉,与湖北的同仁有着深厚的学缘与学谊。时有来往,时常交心。记得 2008 年冬,世举教授来京参加学术会议,余暇我们谈起,武汉大学 985 工程项目新建了"语言科学技术与当代社会建设跨学科创新平台",借此平台可以为国家的语言文字事业做些事情。世举教授时任武汉大学文学院院长,我是教育部语言文字信息管理司司长,谈起这个话题自然都有兴趣,也容易把谈话付诸行动。以那次谈话为契机,语信司与武汉大学开始共建中国语情监测与研究中心,2009 年 4 月挂牌,陆续出版简报《中国语情》和《中国语情特稿》,在语言生活、语言战略和语言政策等方面,不断有研究成果推出。2014 年该中心正式成为国家语委的科研机构,并更名为"中国语情与社会发展研究中心"。2015 年又被确定为国家语言文字智库建设试点。

一次交谈，七年行动，武汉大学与全国同行们勠力开创了语情研究这一崭新的学术领域，有力支持了国家的语言规划事业。在此期间，世举兄主编的《语言与国家》也体现了他的渊博学识与家国情怀。

这就是我乐意为本书作序的重要原因。

"一带一路"建设，是一个巨大的综合性工程。如何为它提供语言服务、提供什么样的语言服务，学界，包括本书的作者，都已经提出了不少建议。在拙文《"一带一路"需要语言"铺路"》（《人民日报》2015年9月22日）中，我已经发表了一些意见，这里再赘言三点。

第一，语言人才培养。"一带一路"建设真正需要的语言人才，是"语言＋X"型复合人才。其中的X，要么是另外一种或几种语言，要么是专业知识与技能。在培养方略上，可以先语言后专业，但是更重要的是发展专业人才的语言能力，特别是对那些已经走出国门的专业骨干进行语言培训。

第二，国家语言人才库。要尽快开展全国语言普查工作，或在全国人口普查中加入语言内容，以了解我国语言人才状况。在此基础上，建立国家语言人才库，广罗社会语言人才，甚至包括国外的语言人才。

第三，语言服务。建立语言服务市场，供需双方通过市场实现供求。组建国家语言服务团，以调剂语种、地区、季节等因素的影响，保障语言人才供给。促建大华语地区或"一带一路"区域语言博览会，展示语言教育、翻译、出版、语言技术、语言艺术等服务与产品；搭建共用的语言技术平台，通过语言技术平台提供现代化的、全方位的语言服务。

语言与社会的关系非常密切，语言学只有积极关注社会发展才会有活力。学术应得风气之先，应回答社会的重大关切。为"一带一路"的语言服务，乃至为中国走向世界的语言规划，提供切实可行的对策，是当今中国语言学界的重要使命。

李宇明

2016年2月19日（雨水）

序于北京惧闲聊斋

学者要有社会担当

—— 编者前言

赵世举

事实告诉我们，全球化和信息化发展，把语言和语言学推到了社会的风口浪尖、科技的前沿领域和经济的兴旺地带，语言功能不断拓展，语言需求日益旺盛。这既给语言及相关事业带来了空前的发展机遇，也带来了严峻的挑战和诸多问题。因应时代发展，回答现实语言问题，满足国家和社会语言需求，已是摆在语言学界面前的迫切任务，应该有更多的人来担当。

中国主流学术传统历来都是充满使命感和责任心的。无论是孟子所言"穷则独善其身，达则兼善天下"，《礼记》所谓"修身、齐家、治国、平天下"，还是张载所说"为天地立心，为生民立命，为往圣继绝学，为万世开太平"，无不体现出古代学者的使命意识和远大抱负。对此，我们当代学者应该发扬光大，应该强化使命感、责任意识和担当精神，积极关注和研究重大现实语言问题，为国家做贡献，为社会尽责任。我揣摩，李宇明教授为本书撰写的序言特意强调"学术应得风气之先"这一主旨，其良苦用心也许即在于此吧。

"一带一路"倡议，举世瞩目，并已从愿景付诸行动。这一宏伟事业的实施，离不开语言服务这项不可或缺的基础保障和先导工程，需要语言学界和相关领域未雨绸缪，及时跟进。正如李宇明教授所说，"一带一路"需要语言"铺路"。那么，"一带一路"建设有哪些语言需求？该提供什么样的语言服务？怎样提供语言服务？这都是亟须深入研究的重要现实语言问题。本书就是对相关问题所作的一些初步探讨。

本书所收录的论文，主要是 2015 年 6 月 6～7 日由中国语情与社会发展研究中心会同广西大学语言文字工作委员会主办，国家语言资源监测与研究教育教材中心、武汉大学国家文化软实力协同创新中心协办，广西大学语言文字工作委员会和广西大学汉语国际教育中心承办的"服务'一带一路'战略的语言资源建设与开发利用学术研讨会"上的论文。那次会议的召开，虽然距离当年 3 月国家发展改革委员会、外交部、商务部联合发布《推动共建丝绸之路经济带和 21 世纪海上丝绸之路的愿景与行动》的时间不满三月，但相关单位和学者响应迅速，与会踊跃，充分体现出学界同仁服务国家战略大局的责任意识和饱满热情，以及对"一带一路"建设的高度关注、积极支持和主动参与。来自教育部语用所、中国社会科学院民族学与人类学研究所、上海教育科学院、武汉大学、厦门大学、广西大学、新疆大学、云南师范大学等高校和科研院所的专家学者，紧紧围绕面向"一带一路"的语言服务这一主题，展开了深入而热烈的讨论。既有对"一带一路"建设可能的各种语言需求的研判、对相关语言服务对策的探讨，也有对相关国家和地区语言状况的调研，还有对中国语言文化国际传播等问题的思考，更有对"一带一路"战略背景下国家语言规划和区域语言建设的构想。话题广泛，内容丰富，研讨深入，不乏卓见，对国家事业的拳拳之心浸透其中，令人感佩。有关情况，《中国教育报》曾以《"一带一路"需要语言服务跟进——专家学者为"一带一路"的语言服务献计》为题，发表了会议综述，这里不再赘述。需要说明的是，"一带一路"建设是一项巨大的综合性工程，相应的语言服务无疑也是一项重大而复杂的课题，有关研究才刚刚开始，很多问题还需要细化、深化研究。本书若能发挥一块引玉之砖作用的话，我想，全体作者都会深感荣幸和欣慰。我们更期待不断有上计良策推出，为国家"一带一路"建设构建优质高效的语言服务保障体系。

本书也是中国语情与社会发展研究中心策划组编的学术文库"语言智库论丛"的第一部，以后会陆续推出其他成果。组编该"论丛"，是本中心被确定为国家语言文字智库建设试点之后的一个尝试，旨在以此为平台，凝聚中心内外的学术力量，聚焦国计民生攸关的重大现实语言问题，积极开展专题研究，持续推出智库性成果，为国家有关决策提供参考，为社会有关需求提供服务，为学术研究积累成果和资料。我们热诚期待志同道合的朋友随时为"论丛"惠赐大作和智慧，携手建好这个共享平台。

最后需要特别提出的是，"服务'一带一路'战略的语言资源建设与开发利用学术研讨会"的召开和本书的编撰，得到了教育部语言文字信息管理司尤其是田立新副司长的大力支持和悉心指导，北京语言大学党委书记李宇明教授一直关注本书并欣然为之作序，广西大学语言文字工作委员会特别是文学院副院长黄南津教授等同仁为会议尽心尽力，国家语言资源监测与研究教育教材中心、武汉大学国家文化软实力协同创新中心和武汉大学文学院也积极支持，全体与会人员和本书所有作者都付出了辛勤的努力，中国语情与社会发展研究中心语情监测分析室副主任李佳博士不厌其烦地修改数篇稿件，社会科学文献出版社的有关领导和李建廷博士为本书出版不辞辛劳，在此一并致谢！

2016 年 2 月 20 日

记于武汉大学珞珈山南麓陋宅

一 服务"一带一路"的国家语言规划

"一带一路"与语言能力

魏　晖[*]

[摘要] 语言互通是"一带一路"互联互通的重要基础；提升个体语言能力和机器语言能力、培育主要交际语言等，是实现"一带一路"语言互通的重要途径；有关方面应该围绕"一带一路"建设的需要，加强语言能力研究、国别研究、比较研究和具体问题研究，努力推动国家语言能力建设。

[关键词] 一带一路；语言互通；个体语言能力；机器语言能力；国家语言能力

2013 年 9 月和 10 月，国家主席习近平在出访中亚和东南亚国家期间，先后提出共建"丝绸之路经济带"和"21 世纪海上丝绸之路"（以下简称"一带一路"）的重大倡议。2015 年 3 月 28 日，国家发改委、外交部、商务部联合发布了《推动共建丝绸之路经济带和 21 世纪海上丝绸之路的愿景与行动》（以下简称《愿景与行动》）[①]，已有 50 多个国家明确表示愿意参与"一带一路"建设，"一带一路"倡议进入实施阶段。互联互通是"一带一路"建设的关键和主要建设内容，本文讨论了"一带一路"与语言互通的关系，探讨了实现语言互通的途径，并围绕"一带一路"建设提出了加强语言能力研究的相关建议。

一　"一带一路"与语言互通

习近平主席在"加强互联互通伙伴关系"东道主伙伴对话会上指出，自古以来，互联互通就是人类社会的追求。我们的祖先在极为艰难的条件

---

[*] 魏晖，江西丰城人，教育部语言文字应用研究所/语言能力协同创新中心研究员，博士。
[①] 新华社授权发布《推动共建丝绸之路经济带和 21 世纪海上丝绸之路的愿景与行动》，http://news.xinhuanet.com/world/2015 – 03/28/c_1114793986.htm。

下，创造了许多互联互通的奇迹。丝绸之路就是一个典范，亚洲各国人民堪称互联互通的开拓者。同时指出，今天，我们要建设的互联互通，不仅是修路架桥，不光是平面化和单线条的联通，更应该是基础设施、制度规章、人员交流三位一体，政策沟通、设施联通、贸易畅通、资金融通、民心相通五大领域齐头并进。这是全方位、立体化、网络状的大联通，是生机勃勃、群策群力的开放系统。[①] 他指出了互通对人类社会发展的重要意义和在"一带一路"建设中具有的基础地位、战略地位，同时提出了"一带一路"互联互通建设的主要内容，这种互联互通是设施、制度、人员三位一体，"五通"并举的大联通、开放系统。由此可以看出，语言互通是互联互通的重要方面。

根据《愿景与行动》，基础设施是"一带一路"互联互通建设的优先领域，其内容广泛，包括：抓住交通基础设施的关键通道、关键节点和重点工程，优先打通缺失路段，畅通瓶颈路段，配套完善道路安全防护设施和交通管理设施设备，提升道路通达水平；推进建立统一的全程运输协调机制，促进国际通关、换装、多式联运有机衔接，逐步形成兼容规范的运输规则，实现国际运输便利化；推动口岸基础设施建设，畅通陆水联运通道，推进港口合作建设，增加海上航线和班次，加强海上物流信息化合作；拓展建立民航全面合作的平台和机制，加快提升航空基础设施水平；加强能源基础设施互联互通合作，共同维护输油、输气管道等运输通道安全，推进跨境电力与输电通道建设，积极开展区域电网升级改造合作；共同推进跨境光缆等通信干线网络建设，提高国际通信互联互通水平，畅通信息丝绸之路；加快推进双边跨境光缆等建设，规划建设洲际海底光缆项目，完善空中（卫星）信息通道，扩大信息交流与合作。

笔者认为，语言互通是指人与人之间使用能相互理解的语言进行的沟通，基础设施的互联互通离不开人的沟通。如果将人比作指挥基础设施的高级设施，那么语言互通就是一种高层次的设施联通。《圣经·旧约·创世记》第11章宣称，上帝为了阻止人类兴建能通往天堂的高塔（又称巴别塔），让人类说不同的语言，使人类相互之间不能沟通。但人类是聪明的，通过相互学习对方的语言，实现了人与人之间的沟通。

① 习近平：《联通引领发展伙伴聚焦合作——在"加强互联互通伙伴关系"东道主伙伴对话会上的讲话》，《人民日报》2014年11月9日。

"一带一路"建设中，没有语言互通，就不会有很好的人的沟通，基础设施互联互通就没有任何意义。没有人的沟通，政府间的政策沟通也无法实现，更谈不上民心相通。同样，没有语言互通也会影响贸易畅通、资金融通。

民心相通是"一带一路"建设的社会根基。《愿景与行动》指出，传承和弘扬丝绸之路友好合作精神，广泛开展文化交流、学术往来、人才交流合作、媒体合作、青年和妇女交往、志愿者服务等，为深化双多边合作奠定坚实的民意基础；并提出了诸多的建设内容，如扩大相互间留学生规模；沿线国家间互办文化年、艺术节、电影节、电视周和图书展等活动；合作开展广播影视剧精品创作及翻译；联合申请世界文化遗产，共同开展世界遗产的联合保护工作；深化沿线国家间人才交流合作；加强旅游合作，联合打造具有丝绸之路特色的国际精品旅游线路和旅游产品，推动21世纪海上丝绸之路邮轮旅游合作，提高沿线各国游客签证便利化水平；开展体育交流活动，支持沿线国家申办重大国际体育赛事；强化在传染病疫情信息沟通、防治技术交流、专业人才培养等方面的合作；扩大在传统医药领域的合作；加强科技合作，共建联合实验室（研究中心），促进科技人员交流，合作开展重大科技攻关，共同提升科技创新能力；整合资源，开拓和推进在青年就业、创业培训、职业技能开发、社会保障管理服务、公共行政管理等领域的合作；加强立法机构、主要党派和政治组织的友好往来；开展城市交流合作；沿线国家智库之间开展联合研究，合作举办论坛；加强民间组织的交流合作；加强文化传媒的国际交流合作。

民心相通依赖于人的沟通，人的沟通以语言互通为基础。习近平主席2014年在柏林会见德国汉学家、孔子学院教师代表和学习汉语的学生代表，同他们就加强中德语言文化交流进行座谈时指出，在世界多极化、经济全球化、文化多样化、国际关系民主化的时代背景下，人与人沟通很重要，国与国合作很必要。沟通交流的重要工具就是语言。一个国家文化的魅力、一个民族的凝聚力主要通过语言表达和传递。掌握一种语言就是掌握了通往一国文化的钥匙。学会不同语言，才能了解不同文化的差异性，进而客观理性看待世界，包容友善相处。①

---

① 王晓玉：《掌握一种语言就掌握通往一国文化的钥匙》，《中国青年报》2014年3月30日。

总之，互联互通在"一带一路"建设中具有重要的基础地位、战略地位，是"一带一路"建设的主要内容。语言互通是"一带一路"互联互通的重要方面，是实现政策沟通、设施联通、贸易畅通、资金融通、民心相通的基础。语言互通应包含在"一带一路"互联互通的建设内容之中，应纳入"一带一路"建设规划。

二　实现语言互通的途径

"一带一路"建设中如何实现语言互通呢？笔者认为主要有三种途径。

（一）选择沿线国家比较常用的一种或多种国际通用语作为主要交际语

可供选择的国际通用语主要有联合国的 6 种工作语言：英语、法语、俄语、汉语、西班牙语与阿拉伯语。联合国的工作语言使用主要是根据该语种的影响力及其在世界范围内的通用程度来决定的，首先包括五大常任理事国所使用的语言。英国、美国的通用语言为英语，且有不少英联邦成员国和曾经的殖民地区国家广泛使用；法国的法语，在欧洲、非洲、美洲、亚洲不少地区广泛使用；俄罗斯的俄语，广泛使用于苏联地区成员国和东欧地区；中国的汉语拥有世界上最多的使用人口，在东南亚地区也很有影响；西班牙语是 15、16 世纪西班牙强盛时期殖民地区国家的主要使用语言，欧洲、美洲等有不少国家用西班牙语作为官方语言，联合国的前身——国联时期就开始使用直到现在；1973 年，鉴于阿拉伯语在中东以及整个阿拉伯世界的影响，其也被确立为联合国工作语言。这 6 种语言在"一带一路"沿线国家均有不同程度的影响力，但任何一种语言使用范围都有限，普及程度也不高。因此，选择这 6 种语言中的一种或多种作为沿线国家的主要交际语，能被广泛接受的可能性较低。

（二）提升个体语言能力

"一带一路"建设的推进，需要越来越多的懂得沿线国家语言的双语、多语人才。提升个体语言能力，及时培养"一带一路"建设所需要的外语人才是实现语言互通的主要途径。这种人才需求有 3 个特点：语言熟练程度不一样；数量巨大；语种需求不一样。语言熟练程度不一样表现为既需要一定数量精通相关外语、熟悉国际规则、具有国际视野，善于在全球化竞争中把握机遇和争取主动的国际化人才，也需要大量能熟练使用相关外语或能担任外语翻译的人才，还需要大量的能用外语进行基本沟通、能在异国他乡顺畅地生活的人才。数量巨大主要表现为需要大量能用外语进行基本沟通、能在异国他乡顺畅地生活的人才。如沿线交通项目的建设，离不开国内劳动力的大量输出，届时，将有大批工人前往国外务工，能用外语进行基本的沟通是在异国他乡顺畅地生活的基本要求。沿线60多个国家有40多种官方语言，语种需求与参与"一带一路"建设的密切程度、项目建设内容等有关，参与"一带一路"建设的国家越多，其语种人才需求越大。劳动密集型建设项目越多，对能用外语进行基本沟通的人才需求越大。智力密集型建设项目越多，对精通和熟练使用外语的人才需求越大。

面对上述需求，加快培养双语、多语人才成为迫在眉睫的事情。在人才培养中，学习语种的选择既要尊重个人意愿，注意发挥市场在资源配置中的决定作用，又要更好发挥政府政策的引导作用。有关部门应做好语种、不同语言熟练程度人才及其数量需求的预测和信息发布，做好语言教育规划，为语言学习使用者提供相应的咨询服务。有关高校应根据市场需求和国家需求做好语种教育规划及专业、课程设置，系统培养沿线国家有关语种的外语人才。未来三年，北京外国语大学将在已有的64个外语专业基础上，新增三十多个非通用语专业，实现与中国建交国家官方语言的全覆盖。新建的非通用语专业主要分布在"一带一路"沿线的亚非国家。①这种系统培养外语专业人才的方法周期较长，数量有限，难以满足近期的急需。相关企业应根据投资、贸易、交通建设、旅游等需求，做好人才需求规划，和有关高校合作，采取多种方式培养企业急需的外语人才。既可以采取定向或委托培养的方法，培养精通相关外语的复合型人才或能熟练使用外语的专业人才；也需要采取快速、强化培训的方法，以适应发展急需；还需要采取简洁、有效的培训方法，培训劳动者更好地适应国外务工生活；还需要开发一些操作简便的语言服务工具、产品，提供便捷、及时、有效的服务。

总之，采取有效措施，提升个体语言能力，及时培养"一带一路"建设所需要的外语人才是实现语言互通的主要途径。要按需培养，培养过程

---

① 《中法高校共育亚非语人才　为一带一路提供智力支持》，中国新闻网，http://www.chi-nanews.com/edu/2015/04－11/7199988.shtml。

中既要发挥个体的积极性，也要发挥企业（组织）和国家的积极性。

（三）提升机器语言能力

机器语言能力主要是指机器对人类自然语言信息的智能化处理能力，研究内容涉及机器学习，机器翻译，信息检索，人机问答，语言、文字视听信息的机器自动化处理（例如语音合成与自动辨识、古文字和少数民族文字信息自动化处理等），物联网中机器与机器、机器与人之间语言信号的传感等诸多方向，其研究核心就是要探索如何赋予机器以人的语言能力，即如何使机器能够模仿人脑的语言加工机制，生成、理解和学习人类自然语言，从而实现机器与人、机器与机器之间的有效交际。[1] 由于信息技术、互联网技术、数据挖掘技术的快速发展，语言信息处理智能化程度越来越高。不仅语言资源库的可开发性、开发效率，语言学习资源的可利用性及利用效率越来越高，而且互联网大数据给机器翻译研究也带来新的机遇和挑战，使得海量翻译知识的自动获取和实时更新成为可能，机器翻译能力将在可翻译的语种、翻译的速度等方面远远超过人力。“一带一路”建设中跨越语言障碍，实现各国互联互通，单靠人力短期内显然不能完成这样的艰巨任务。好在科技的进步给我们提供了解决方案，以机器取代人，让机器扮演翻译这一重要角色，不仅具有很强的战略意义，而且在实际经济和文化生活中也举足轻重。百度依托得天独厚的大数据优势，取得了机器翻译核心技术的多项突破。百度提出了枢轴语言机器翻译技术，攻克了机器翻译语种覆盖度受限的难题，使得资源稀缺的小语种翻译成为可能。[2] “一带一路”建设对机器语言能力的需求很多，机器可以提供多种新型语言服务解决方案。比如，我国与沿线国家的商贸交流与合作，一次日常事务性的邮件沟通，如果经过无数次语言的转换，不仅会消耗大量时间，而且沟通效果也会大打折扣。而如果邮件能自动嵌入翻译服务，直接用母语写邮件，经过后台语言翻译的切换，对方收到的邮件也是母语，其中的沟通误差和时间消耗自然能减少许多。又如，专门解决碎片化语言需求的 App——小尾巴，在前身“旅行真人译”解决旅行场景语言问题的基础上，增加了生活、学习等场景，提供更为全面多样的服务，而且一对一

---

① 耿立波、刘涛、俞士汶、孙茂松、杨亦鸣：《当代机器语言能力的研究现状与展望》，《语言科学》2014 年第 1 期。

② 向阳：《互联网机器翻译蓄势待发》，《科技日报》2015 年 5 月 27 日。

的人工即时在线服务，操作简单，让市民无须花大价钱也能享受到便捷灵活的专业翻译服务。① 总之，单靠提升个体语言能力，短期内难以满足现实需求，机器语言能力可以承担大量的翻译、现场服务、个性化服务等功能，提升机器语言能力是实现"一带一路"语言互通的重要途径。

综上所述，"一带一路"连通世界，语言连通人类。实现"一带一路"语言互通，既要考虑效率，又要兼顾各国主权、民众情感。选择沿线国家比较常用的一种或多种国际通用语作为主要交际语，推行沿线国家比较认可的一种或多种语言作为主要交际语，如果可行，当然很好。如果不可行，切莫强力选择或推行。倡导沿线国家民众相互学习对方的语言，提升个体语言能力，是实现语言互通的主要途径。发展机器语言能力，提升机器服务能力是实现语言互通的重要途径。

三 加强语言能力研究的建议

"一带一路"的实施离不开语言能力建设，我们既要重视个体语言能力建设，也要重视企业（组织）语言能力建设，还要重视国家语言能力建设；既要重视人的语言能力建设，也要重视机器语言能力建设。加强语言能力研究，提升语言能力，成为语言学界一项非常重要、紧迫的研究任务。对此，笔者提出以下建议。

1. 国别研究

国别研究包括：加强"一带一路"沿线国家语言文字使用状况（包括汉语使用）及语言政策的研究；既研究沿线国家语言文字发展的历史、使用现状和语言政策，也研究影响语言文字使用的政治、经济、文化、风俗传统等；及时编辑沿线国家官方语言和主要使用语言的手册、成果，供国家有关部门制定政策，企业投资、贸易和个体就业、旅游等参考。

2. 具体问题研究

具体问题研究包括：既研究语言能力理论，还要研究具体问题，要结合投资、交通建设、贸易、旅游等开展相关语言能力研究；既重视开展提升个体语言能力研究，也重视提升机器语言能力研究，及时将研究成果产业化、产品化、实用化，为国家有关部门制定政策，企业投资、贸易和个

---

① 《语言服务行业：在机遇与挑战中蓬勃发展》，中国新闻网，http://www.hb.chinanews.com/news/zxzl/2015/0616/12115.html? qq－pf－to＝pcqq.c2c。

体就业、旅游等提供服务，提供咨询。

3. 比较研究

比较研究包括：加强沿线国家语言文字的比较研究，特别要对在不同国家，虽然语言名称不同，但实际是同一种语言进行研究，加强语言间的异与同的研究。成熟的比较研究将提高语言学习、培训的有效性，促进机器翻译的实现。提升个体语言能力既需要社会需求推动，也需要政策措施加以推动，还需要加强沿线国家的交流合作，实现合作共赢。因此，加强政策及其比较研究很有必要，将促进国家间语言政策的协调，推动政策沟通的实现。

4. 协同创新

语言能力研究涉及脑科学、认知科学、心理学、语言学、信息技术等多学科，机器语言能力研究则是一个融计算机科学、人工智能、自动化控制、数学、语言学、脑科学、认知科学等多门学科为一体的现代交叉科学研究领域，因此，开展语言能力研究必然需要学科之间的协同创新。“一带一路”建设中的语言能力研究还需要沿线国家之间的协同。语言能力研究协同是科技、人文交流合作的重要方面，是实现民心相通的重要内容。

服务于"一带一路"的语言规划构想

张日培[*]

[**摘要**] 服务于"一带一路"的语言规划应当统筹国内和国际语言生活两个大局,既要探讨国内语言生活、语言生态的变化趋势及其对策,又要分析沿线国家和地区的语言生活、双边和多边交流中的语言使用,更要思考旨在争取人心、赢得民意的人文交流对语言文字的需求,具体包括七个方面:中西部现代化进程提速背景下的语言资源保护研究;跨境语言与周边安全研究;丝路外语教学政策与规划研究;沿线国家和地区的汉语传播研究;沿线国家和地区的华语教育研究;"一带一路"话语体系研究;语言智库建设与研究。

[**关键词**] 一带一路;语言规划;语言资源;语言能力

"一带一路"是中国统筹国内和国际两个大局,利用国内和国外两个市场,调用一切积极因素,整合中国地缘政治与经济利益,实现睦邻友好,与周边国家共同发展繁荣的战略举措①,具有经济、政治、外交、安全等多重战略意义。

人文交流是"一带一路"的重要支撑。加强人文交流,有利于推动参与国家和地区的科技资源共享和智力支持,有助于推动我国思想文化的传播以及亚欧大陆的文明多维交融,有助于促进民意相通,为实现经济、政

---

* 张日培,上海市教育科学研究院高等教育研究所副所长、国家语言文字政策研究中心副主任。

[基金项目] 国家语委"十二五"科研规划重大项目"母语的地位作用及和谐语言政策构建"(ZDA125 - 10);国家语委"十二五"科研规划重大项目"国家安全中的语言战略研究"(ZDA125 - 20)。

① 雷建锋:《"一带一路"与中国战略能力的新拓展》,《国际援助》2015 年第 2 期。

治、外交、安全等多重战略目标争取人心、夯实基础。建设"一带一路"应当坚持"人文先行"。人文交流的方式和内容具有多样性，主要有文化、教育、智库、华人华侨、特色旅游、民间外交、青年交流与合作等。①

语言既是文化的载体，又是文化的重要内容。做好语言规划，是"人文先行"的必然要求。构想服务于"一带一路"的语言规划同样应当统筹国内和国际语言生活两个大局：既要研判国内语言生活、语言生态的变化趋势，语言政策将面临的更为复杂多样的议题，又要分析沿线国家和地区的语言生活，双边和多边交流中的语言使用，更要思考旨在争取人心、赢得民意的人文交流对语言文字的需求。我们认为，制定服务于"一带一路"的语言规划，应重点研究好以下七个方面的问题。

一 中西部现代化进程提速背景下的语言资源保护

"一带一路"具有重要的经济意义，以经济发展为核心，以经济合作为主轴。新加坡东亚研究所所长郑永年指出，丝绸之路的核心是贸易，中国对外关系的核心是经济贸易；缅甸资深媒体人吴温丁认为，"一带一路"主要是为了解决和平发展、共同发展的问题。②

经济发展将带来我国中西部现代化进程的提速。"一带一路"国内段的主要着力点包括建设南北东西大通道、打造国际贸易投资合作和开放新平台。③ 我国中西部地区的城市化进程将进一步加快，人员流动将进一步加剧。如我国唯一没有平原的省份贵州，2015 年就有四条高铁通车，长期制约发展的交通问题将随着"一带一路"建设的推进得到彻底改善。

中西部现代化进程提速背景下的语言资源科学保护研究迫在眉睫。我国中西部地域广袤、语言资源丰富，如何在现代化进程提速、语言生态格局发生重大变化的背景下科学保护国家语言资源，是"一带一路"语言规划的重要内容。加强相关研究，消除国外对"一带一路"建设将导致生态破坏的误解和疑虑，对推动"一带一路"建设具有重要作用。

---

① 孙存良、李宁：《"一带一路"人文交流：重大意义、实践路径和建构机制》，《国际援助》2015 年第 2 期。
② 蒋希衡、程国强：《国内外专家关于"一带一路"建设的看法和建议综述》，《中国经济时报》2014 年 8 月 21 日。
③ 霍建国：《"一带一路"战略构想意义深远》，《中国外资》2014 年第 10 期。

从 2013 年党的十七届六中全会提出"科学保护各民族语言文字"以来，国内在语言资源、语言生态、语言保护等方面已经开展了大量研究，取得了一系列重要成果。戴庆厦（2014）从理论高度构拟了"科学保护"的框架和体系。黄行（2014）分析了我国政府在"科学保护"方面的基本思路，一是对有历史文献记载的蒙古语、藏语、维吾尔语、哈萨克语、朝鲜语等保持较好的民族语言，进一步提高它们的标准化、信息化等语言现代化的水平，以适应现代社会母语使用和发展的需要；二是对众多无文字记载的濒危少数民族语言，开展"科学保护"的语言规划，特别强调多样性的民族语言对保护少数民族非物质文化遗产的作用。还有更多学者从语言教育、语言使用、法律保障、新技术运用等角度，就"科学保护"的策略、路径、方法、措施等进行了积极的思考。

"一带一路"建设背景下，相关研究急需进一步加强。在已有研究的基础上，核心问题是直面语言保护与经济发展、母语认同与向上流动之间的"价值悖论"，在可操作的层面探讨解决语言保护困境问题的方略和措施。方小兵（2014）认为，母语使用人口的减少和使用域的缩小，归根到底都是经济因素在起作用，不解决根源问题，不把语言与国计民生联系在一起，语言保护将无获而终；并指出，应该重点探讨将少数民族母语资源转换为文化资本和经济资本的可能性与可行性，及其与地区经济发展的相关性，研究如何形成具有中国特色的语言产业体系和语言经济形态；特别指出，在旅游业中开发少数民族语言经济，是发展语言经济、宣传语言文化的"双赢"活动。发展特色旅游，是"一带一路"人文交流的重要内容；如何针对特定的少数民族语种就特色旅游中融入语言文化要素分别进行个案研究，如何在国家、省域和县域层面出台相关的引导激励政策，语言规划研究空间广阔而任务繁重。

二　跨境语言与周边安全

"一带一路"具有重要的安全意义。其战略设计是"以发展筑安全的基石"，基本路径是推进区域经济一体化、建立命运共同体，通过政策沟通、道路联通、贸易畅通、货币流通、民心相通，促进沿线国家和地区共同发展。雷建锋（2015）指出，"一带一路"体现了综合安全观，兼顾生存安全与发展安全，既注重传统军事安全的生存维度，更重视以共同发展促进安全。

　　语言文字事关国家安全，跨境语言文字事关国家周边安全。随着道路交通、基础设施、贸易金融互联互通的推进，多元文化交流与竞争、多维文明碰撞将愈发凸显。当前，从东北到西北再到西南的广大陆上边疆地区已经被全面纳入"一带一路"的整体框架，如何治理以跨境语言文字使用为主要特征的边疆语言生活，使其朝着有利于国家安全的方向发展，为落实"一带一路"的多重战略目标发挥应有作用，是"一带一路"语言规划的重大命题。

　　近年来，跨境语言问题受到了广泛关注。相关研究通过大量的实证调查或案例分析，指出我国在跨境语言问题上面临严峻的形势，国家周边安全存在隐忧。黄行（2014）指出，我国与周边国家跨境分布着约 50 种语言，在语言身份认同、文字书面语体系的创制和完善、语言社会使用活力等级等方面，绝大多数都呈现出"外高内低"的态势；我国媒体在包括少数民族语言在内的国际传播实力仍处于绝对的弱势地位，境外敌对势力利用少数民族语言文字媒体对我国的宣传和渗透力度不断加大，我国所占话语权十分有限。郭龙生（2014）指出，境内外跨境语言宣传实力的严重不对称，严重威胁着国家的安全、民族的团结、文化与经济的健康发展。袁善来（2014）在考察了中越边境地区的语言生活后指出，边境民族之间的密切交往与民族认同，模糊了彼此的国家界限，如果没有合理地加以引导而被别有用心的势力所误导，则会导致国家的安全问题。

　　如何应对严峻挑战，现有研究在理论层面进行了富有价值的思考。黄行（2014）认为，我国少数民族语言的地位和活力总体上要低于境外相同民族语言，同时我国少数民族掌握国家通用语言的水平一般也低于境外相同民族掌握相关国家官方通用语言的水平，因此在我国民族地区同时存在使用发展民族语言和推广国家通用语言的双重任务。周明朗（2014）认为，国家通用语言的向心力不足或过大，都会给跨境语言社区留下语言文化真空，这个真空会由境外同一语言来填补。因此，语言意识形态和语言秩序的向心力越大，国家越需要注意语言生态环境的维护，不要在跨境语言社区造成真空，以致形成既不能有效地推行国家通用语言文字又不能维护跨境语言的正常功能的两难局面；国家需要从其语言秩序的扩张力出发，认真考虑如何利用这些跨境语言为国家的全球利益服务，给这些跨境语言在语言秩序中重新定位和发挥作用的空间。

　　"一带一路"建设背景下，相关研究应当进一步在三个方面着力：第一，对道路设施和贸易金融联通后愈发繁荣的边境贸易中的语言生活加强实证调研，坚持"以发展夯实安全基础"的战略思路，以边境贸易语言生活为突破口，研究制定包括国家通用语言、跨境语言、他国官方语言等的跨境社区语言功能规划；第二，探讨同时提高边境地区居民的国家通用语言文字能力和跨境语言能力、培养双语人才的政策措施；第三，就如何应对境外的强势宣传和文化渗透，针对不同个案进行具有较强可操作性的对策研究。

三　丝路外语教学政策与规划

"一带一路"是中国语境的国际化乃至全球化。以开放包容、和平发展、互利共赢为理念，以沿线国家和地区利益共同化为追求，随着彼此利益依存度的加深，各国的国家利益都将走出本国的国境线。中国的国家利益也将逐步延伸到沿线各个国家和地区，进而遍及全球。

"一带一路"覆盖的中亚、东南亚、南亚、西亚和东非 5 个地区的官方语言数量超过 40 种，与沿线国家和地区的语言交流问题是关乎"一带一路"成功与否的关键性要素之一。加强关于"一带一路"沿线语种的外语教学政策与规划研究，为"走出去"提供语言支持、储备语言人才，是"一带一路"语言规划的核心内容。

进入 21 世纪以来，旨在提高国家外语语种能力的外语教育政策与规划研究受到广泛关注，并已取得了丰硕成果。相关研究主要包括三个方面：一是探讨提升国家多语种外语能力的重要性；二是外语教育政策的国别研究，特别是出现了一大批关于美英等国语言战略对我国外语教育启示的研究文献或著作；三是外语教育的语种规划研究。同时，国家语委于 2011 年和 2014 年先后在上海外国语大学和北京外国语大学设立了中国外语战略研究中心和中国语言能力研究中心，专司相关研究。已有研究的主要结论是应当努力开展多语种外语教学，为维护国家利益、保障国家安全培养储备多语种人才；主要成果有国家外语人才动态数据库。

专门针对"一带一路"沿线语种的外语教学政策与规划研究也已起步。文秋芳（2014）通过对"国家外语人才动态数据库"高校外语专业招生情况的统计分析，指出"一带一路"战略面临小语种人才匮乏的瓶颈，建议成立"丝路"小语种强化训练基地、设立"丝路"小语种人才培养基金、改革招生制度、调整培养体系、培养"语言 + 专业技能"的复合型人才。高健（2014）提出了有关新"丝绸之路"关键语言的国家外语能力行动方案：一是改变"英语独大"的局面，鼓励更多的中国人学会一到两门关键语言；二是培养更多具有能源、交通、商贸、物流等专业背景的高水平关键语言人才；三是建设好关键语言人才库，及时了解人才储备状况，以便据此调整未来的外语规划和政策；四是建设好关键语言语料库并及时更新，以满足关键语言的教学、研究、资政、兴商之需。

在"一带一路"建设全面启动的背景下，需要在五个方面进一步加强研究：第一，在政策层面制定好外语教学语种规划，提出明确具体的关键语言语种相关要求；第二，针对不同语种的外语课程研究，提高外语教学的有效性；第三，复合型人才的制度设计与实施路径研究；第四，沿线语种语言人才的储备和使用制度研究；第五，为参与沿线国家基础建设的中国企业在经贸、金融、司法等领域提供语言服务的制度研究。

四　沿线国家和地区的汉语传播

"一带一路"的合作发展理念要求人文先行。语言的文化职能决定了"人文交流，语言先行"。汉语汉字是我国对外代表国家的语言文字，推动沿线国家和地区开展汉语国际教育，有利于各方深入理解中华文化，全面体认合作共赢的发展理念，为"一带一路"实现预定目标奠定思想基础。

我国在汉语国际教育方面已经取得了丰硕的研究与实践成果。国家设立了汉办，给予了政策、资金等多方面的支持。孔子学院已经遍布全球126个国家或地区。国内很多高校开设了汉语国际教育专业，培养了大批人才。关于汉语二语教学的理论体系日臻完善。而关于不同国家和地区汉语教育情况的调查研究，也已经涉及朝鲜、韩国、新加坡、马来西亚、泰国、菲律宾等"一带一路"沿线国家。

"一带一路"建设背景下的相关研究，具有新的内涵和特点。第一，探讨如何主动适应为"一带一路"奠定思想基础的需求，将"己所不欲，勿施于人""和而不同、合作共赢"的中华传统文化思想，以及"平等友好，互利互惠"等古代丝绸之路的理念有机融入沿线国家的汉语国际教育。第二，探讨如何运用汉语进行国际理解教育。胡范铸等（2014）认为，汉语国际教育在本质上是一种基于语言能力训练而展开的"国际理解教育"，是一种可以影响"情感地缘政治"的过程，它应该是造就国际社会情感沟通的重要力量。汉语国际教育的根本目标或最高目标应该是"中外社会互动",是促进目的语社会(中国社会)与学习者母语社会的"社会互动"。第三,全面总结孔子学院建设的经验和教训,在全球布局中进一步凸显"一带一路"的战略重心,针对不同的国情、语情,对沿线孔子学院布局进行顶层设计。第四,进一步加强对"一带一路"沿线国家和地区汉语教育的个案研究。

五 沿线国家和地区的华语教育

"一带一路"人文先行,应当发挥好遍布沿线国家和地区的华人华侨的作用,采取亲情加经济的方式,涵养侨务资源,重点做新生代华人工作,使之成为促进经贸往来的"催化剂",化解疑虑的"黏合剂"。[①]

华语教育是做好华人华侨工作的基础性工作和重要切入口。华语是指海外华侨使用的含有当地特色的现代汉语。华语教育与将汉语作为第二语言的汉语国际教育有着本质不同。周明朗(2014)认为,探讨如何帮助华人子弟解决华语学习中遇到的认同困惑是华语教育的关键。郭熙(2014)指出,历史地看,华语在海外的传承是成功的,这种局面还会进一步得到保持;但同时也面临着各种挑战,各种交错的矛盾正从不同的侧面影响着华语传承与传播,比如地域变体纷繁复杂,语言使用中不占竞争优势,还有与"中国威胁论"遥相呼应的"中国语言扩张说"的干扰,等等。

"一带一路"为华语及华语教育研究赋予了新的内涵,提出了新的要求。第一,做好全球范围内的汉语规划。李宇明(2014)认为,百余年来,汉语的层级发生了异常巨大的变化,从高到低已经形成了大华语、普通话/国语、地方普通话、大方言、次方言、土语的层级态势;并指出,认识到大华语层次的存在,意义重大,但其发展前途待卜,须由全世界华人的语言规划来决定其走向。李宇明进一步指出,我国的语言规划应当由主要关注中国普通话调整到全方位地关注汉语问题,由主要关注中国内地的语言问题调整到关注全世界华人的语言问题,当然还应扩展到世界的语言问题。第二,加强对"一带一路"沿线国家和地区华语地域变体的研究。重视普通话与大华语两个层面的协调,沿线不同华人社区之间的语言协调,"既要尊重各华人社区的语言存在现实,也需注意促使大华语向着

---

① 蒋希衡、程国强:《国内外专家关于"一带一路"建设的看法和建议综述》,《中国经济时报》2014年8月21日。

趋近趋同的方向发展"。① 第三,加强对沿线国家和地区华语政策的国别研究,全面了解各国对待华语乃至华人华侨的政策态度,针对不同情况探讨不同对策。第四,加强沿线不同华人社区华语教育的针对性研究。

六 "一带一路"话语体系

中国政府提出"一带一路"战略构想以来,世界各国高度关注、反响热烈,沿线国家和地区尤其兴趣浓厚。综合各国外交官、媒体、智库专家和学者的反映来看,国际舆论对"一带一路"的主张高度认可,但同时也存在不少疑虑,甚至质疑中国的地缘政治动机。如俄罗斯学者、远东研究所副所长卢贾宁认为,该构想试图重新划分太平洋到欧洲的经济版图,是遏制美国并将其赶到大西洋的有效武器,是从根本上改变世界美元架构的起始平台;日本《外交学者》杂志副主编蒂耶齐刊文称,该构想是"珍珠链"在新的名义下的继续发展壮大,使美国、印度等国家的战略家感到担忧。② 为打消疑虑、建立互信,传播学界开展了大量研究,提出了富有价值的思考;这也需要语言规划积极参与、主动作为。

第一,"一带一路"话语分析。相关研究指出,当前我国关于"一带一路"的对外宣传话语亟待改进。郑永年认为国内有些研究和话语经常把经济活动战略化,用战略甚至是军事战略的概念来描述中国的对外经贸策略,用"西南战略大通道""桥头堡""西进"等概念,给地方政府或者企业的贸易投资行为人为添上战略色彩,把本来可以成为软力量的东西转化成硬力量了。日本在"二战"中就曾用过类似话语,让亚洲国家非常敏感。印度对"西南战略大通道"很警觉,担忧中国会损害印度国家利益。东盟国家对"桥头堡"也很警觉,认为这个概念包含过多的军事因素。俄罗斯则对中国的"西进"非常担忧。从历史看,丝绸之路的核心是经贸,其性质是和平的。他建议不要把丝绸之路的话语"战略化"。曾任驻哈萨克斯坦、吉尔吉斯斯坦等中亚国家大使的姚培生也表示,应强调中国不搞单边主义,不把自己的意志强加于人,避免使用"西进""崛起"等带有

---

① 李宇明:《汉语的层级变化》,《中国语文》2014 年第 6 期。
② 蒋希衡、程国强:《国内外专家关于"一带一路"建设的看法和建议综述》,《中国经济时报》2014 年 8 月 21 日。

单边色彩的概念引起外界疑虑。① 因此，对国家层面和各省市关于"一带一路"的对外宣传话语进行全面梳理，对核心词汇和相关术语进行色彩分析，进而提出对外宣传的话语策略，是"一带一路"语言规划的当务之急。

第二，"一带一路"术语翻译。翻译规划与政策是语言规划的重要内容，核心问题是"译什么""译成哪些外语语种""各个外语语种怎么译"。国家语言文字部门近年来在本领域已经进行了积极的探索与实践，包括英、俄、日、韩四个语种的《公共服务领域外文译写规范》系列国家标准即将颁布实施，"中华思想文化术语传播工程"已经发布了首批 81 条术语译写成果。当前，急需全面总结相关工作的经验，梳理制定"一带一路"术语表，确定通用外语语种及沿线各非通用外语语种的规范译文。

七　语言智库建设与研究

智库交流是民间外交的重要方式，是政府间沟通的重要缓冲，因而是"一带一路"人文交流的重要内容。培育国家语言文字智库，加强与沿线国家在语言、文化以及教育领域的政策沟通，是"一带一路"语言规划的迫切任务。

国内语言文字智库研究已经起步。赵世举（2014）认为，国家语言智库在体制上应"全国统筹，分级建管，多元并存，协调发展"，机制上应"国家引导，智库自主，良性竞争，优胜劣汰"，逐步形成类型多样、结构优化、功能齐全、效能优良的具有中国特色和世界眼光的新型语言智库体系。2015 年 1 月，国家语委下发了《国家语言文字智库建设规划》，② 并依托中国外语战略研究中心（上海外国语大学）、国家语言文字政策研究中心（上海市教育科学研究院）、中国语情与社会发展研究中心（武汉大学）等国家语委科研机构开展了国家语言文字智库建设试点工作。③

"一带一路"背景下的语言智库建设研究有三大任务。第一，沿线国

① 蒋希衡、程国强：《国内外专家关于"一带一路"建设的看法和建议综述》，《中国经济时报》2014 年 8 月 21 日。
② 国家语言文字工作委员会：《国家语言文字工作委员会关于印发〈国家语言文字智库建设规划〉的通知》国语〔2015〕1 号，2015 年 3 月。
③ 教育部语言文字信息管理司：《关于开展国家语言文字智库建设试点工作的通知》教语信司函〔2015〕22 号，2015 年 5 月。

家和地区语言政策的国别研究。现有研究已经涉及中亚、东南亚等一部分国家和地区，需要进一步全面展开，以利于中国政府与沿线各国政府的政策沟通。第二，与沿线国家和地区的同类智库加强交流，探讨"一带一路"沿线多语种的国际语言规划，共同解决"一带一路"建设深入推进面临的语言交流、语言保护、语言资源开发利用等一系列语言问题。第三，提升关于我国语言政策的理论解释力，大力宣传我国多样和谐的语言政策体系，从语言文化的角度进一步丰富"一带一路"开放包容、合作发展、互利共赢的理念。

八　结语

服务于"一带一路"的语言规划构想需要兼顾国内和国际语言生活两个大局。就国内而言，主要是探讨现代化进程提速、开放程度不断加深带来的一系列语言文字问题及其对策；就国际而言，主要是服务于"一带一路"人文交流、争取民心的迫切需要。"一带一路"沿线各国文化各异，民族宗教复杂，经济发展水平差异显著，各国人民利益诉求不一，要针对千差万别的情况，做深入细致的舆论工作，争取民心。① 语言规划应当主动融入，并找准切入点主动作为、积极作为。

语言规划界在语言资源科学保护、国家安全语言战略、外语教育政策规划、汉语国际教育、华语教育、外宣话语和翻译、语言智库建设等诸方面已取得了可观的研究成果，但在"一带一路"背景下，又显示出独特的研究旨趣，形成了服务于"一带一路"建设的语言规划任务体系。

参考文献

[1] 戴庆厦：《"科学保护各民族语言文字"研究的理论方法思考》，《民族翻译》2014年第1期。

[2] 方小兵：《联合国教科文组织母语观念在中国的传播与发展》，《琼州学院学报》2014年第4期。

[3] 高健：《新"丝绸之路"经济带背景下外语政策思考》，《东南大学学报》（哲学社会科学版）2014年第4期。

---

① 蒋希衡、程国强：《国内外专家关于"一带一路"建设的看法和建议综述》，《中国经济时报》2014年8月21日。

［4］郭龙生：《媒体语言中的跨境语言规划研究》，《文化学刊》2014 年第 3 期。

［5］郭熙：《华语的传承和传播》，载《中法语言政策研究》，商务印书馆，2014。

［6］胡范铸等：《汉语国际教育的根本目标与核心理念——基于"情感地缘政治"和"国际理解教育"的重新分析》，《华东师范大学学报》（哲学社会科学版）2014 年第 2 期。

［7］黄行：《中国少数民族社会语言生活的可持续发展》，《世界教育信息》2014 年第 16 期。

［8］黄行、许峰：《我国与周边国家跨境语言的语言规划研究》，《语言文字应用》2014 年第 2 期。

［9］霍建国：《"一带一路"战略构想意义深远》，《中国外资》2014 年第 19 期。

［10］蒋希衡、程国强：《国内外专家关于"一带一路"建设的看法和建议综述》，《中国经济时报》2014 年 8 月 21 日。

［11］雷建锋：《"一带一路"与中国战略能力的新拓展》，《国际援助》2015 年第 2 期。

［12］李宇明：《汉语的层级变化》，《中国语文》2014 年第 6 期。

［13］孙存良、李宁：《"一带一路"人文交流：重大意义、实践路径和建构机制》，《国际援助》2015 年第 2 期。

［14］文秋芳：《亟待制定"一带一路"小语种人才培养战略规划》（教育部咨政报告），2014。

［15］袁善来、康忠德：《中越跨境语言与边疆安全研究》，《黑龙江民族丛刊》2014 年第 4 期。

［17］赵世举：《关于国家语言智库体系建设的构想》，《语言科学》2014 年第 1 期。

［18］周明朗：《跨境语言关系动力学》，《双语教育研究》2014 年第 1 期。

［19］周明朗：《语言认同与华语传承教育》，《华文教学与研究》2014 年第 1 期。

"一带一路"建设的语言需求及服务对策

赵世举[*]

[摘要] "一带一路"建设，离不开语言保障。语言文化融通是"一带一路"建设的基础工程、先导工程和民心工程。语言人才、语言产品、语言应用、语言学术等需求必不可少。面对丰富多样的语言需求，有关方面应尽快制定专门的语言服务规划，加快培养语言人才，创新语言资源开发，构建相应的语言服务体系，不断提升国家和社会的语言服务能力。

[关键词] 一带一路；语言需求；语言服务；语言服务能力建设

国家开始实施的"一带一路"发展战略，是一项以经济建设为主导的，促进沿线各国经济繁荣、政治互信、文明互鉴、共同发展，造福各国人民的伟大事业。可以推知，它不仅会对我国及沿线国家各个方面产生巨大而深远的影响，而且也必将对世界经济、政治、文化格局产生一定的激荡。推进这项伟大事业，离不开语言保障。那么，"一带一路"建设中会有哪些语言需求？语言领域应该怎样提供相应的语言服务？怎样利用这个机遇，推进相关语言资源建设与开发利用，促进相关国家人文交流，发展语言产业、语言经济和国家语言事业？这是亟待研究的重大时代课题。本文略呈浅见，以引方家高论。

一 语言需求丰富多样

语言是交际工具，任何基础建设、经贸往来都离不开语言沟通。同

---

* 赵世举，武汉大学文学院教授，中国语情与社会发展研究中心主任，汉语国际推广教学资源研究与开发基地（武汉大学）执行副主任。

[基金项目] 本文为教育部哲学社会科学研究重大课题攻关项目"新形势下国家语言文字发展战略研究"（10JZD0043）、武汉大学自主科研项目的阶段性成果。

时，语言又是文化载体和文化要素，是经济资源，是当代科技创新的要素，这都决定了"一带一路"建设在不同层面都需要语言支持。粗略地说，以下几个方面是可以预见的。

（一）语言文化融通需求

国家发展和改革委员会、外交部和商务部发布的《推动共建丝绸之路经济带和21世纪海上丝绸之路的愿景与行动》指出，"一带一路"建设的核心内容是"政策沟通、设施联通、贸易畅通、资金融通、民心相通"。而语言相通则是实现这"五通"的最重要基础之一。其基础性不仅表现在语言作为最重要的交流工具上，而且也体现在语言文化融通这一核心层面上。因为只有语言相通，才能有效沟通。只有有效沟通，才能实现相互理解、获得信任，别人才会支持你铺路架桥、经贸往来、合作发展。因此，"五通"的关键是要搭建人心联通桥。如果人心不通，任何合作都会寸步难行。通过语言文化交流，增进彼此了解、信任和友谊，探寻不同国家在文化、利益方面的契合点，促进文化互鉴和彼此认同，夯实民意基础，深植社会根基，可为经济合作和政治对话创造有利的条件。因此，语言文化融通是"一带一路"建设的基础工程、先导工程和民心工程。

在这一问题上，"一带一路"沿线国家也有相同的认识和诉求。阿拉伯国家联盟副秘书长本·哈里说："丝绸之路是中国与阿拉伯世界之间的通商通道，是不同文明、文化间沟通交流的桥梁和渠道。"也门前通信部部长、前驻华大使穆阿里米指出："如今，全球化已成为世界的主旋律，在此背景下，包括中国在内的世界大国有责任保障世界的贫富均衡，而丝绸之路经济带正是一个良好的范式，是一条真正的'人文之路'，为发展中国家带来了利益。赚钱并不是国际贸易的唯一目的，各国更应该通过贸易建立一种人文关系，找到利益的契合点，关注不发达国家的关切，而这也恰恰是当前国际贸易中缺乏的人文价值观。"约旦前首相马贾利说："中国倡议的'一带一路'建立在合作和相互依存的共同利益基础之上，是一个创造性的举措。它得以激活阿中合作的共同点，便利沿途国家之间不断增多的货物和资本流动，加强安全基础上的货币合作，并通过密切语言、文化和文明等领域的交流突出人与人之间的关系，同时集中建设基础设施，如道路、桥梁和电力等，这些合作会使各国关系更密切，并超越政治分歧创造利益，实现均衡。"① 可见，文化交流与融通是相关国家的共同期待。其中，需要发挥语言的作用是不言而喻的。

事实上，古代丝绸之路就是语言文化融通的典范。古代丝绸之路之所以兴盛千年，其关键恐怕就在于物质流通和文化融通的相伴而行、相得益彰。中外史料都充分证明，古代丝绸之路是中外文化交流、融通的重要通道。叙利亚东部的帕尔米拉（Palmyra）境内出土的属于公元 1 世纪的汉字文锦②表明送到西亚甚至欧洲的不仅有丝绸等物品，还有汉语汉字等文化。英国学者 G. F. 赫德逊指出："由于欧洲进口了中国的色丝、瓷器、漆器、屏风和扇子，中国的装饰设计原理和远东独特的艺术想象力也为欧洲，尤其是为法国所熟悉。于是，中国的影响帮助形成了罗珂珂的风格……同时，有关中国制度的文字记述和中国经典作品的翻译，对法国启蒙运动的思想家也有影响。"③ 而"在波斯古典文学中，常有描述中国帝王的故事情节。波斯文学还常把最美的美女比作中国姑娘，或称赞为出自中国画家之笔"。④ 外域文化对我国也影响巨大。东汉以来，佛教传入并本土化，形成了所谓"儒释道"鼎力之势；唐代，西域乐舞融入朝野日常生活，出现了诗人王建《西凉行》等诗篇所描述的"胡姬压酒，胡乐当筵"的市井风情；在元代，波斯语几成朝廷通用语之一，仅次于蒙古语和汉语，朝廷还设立了"回回国子学"，教授波斯语，甚至一些地方接待国外客人还专门表演外语歌曲。⑤ 语言的借用也记录了文化的交融，域外语言吸收汉语的"丝""茶""瓷""秦""船""钞"等，汉语吸收域外语言的"葡萄""狮子""佛""因果"等，无不表明物质流通和文化融通的有机互动和成功结合。这些历史经验告诉我们，新时代"一带一路"建设，语言文化的融通也应是必不可少的。

我们还应清醒地看到，"一带一路"沿线国家众多，地缘复杂，各国历史、文化、宗教、民族、政治差异较大，加上一些历史问题的纠葛和现实因素的影响，"一带一路"建设也还存在一些不利因素，甚至阻力。有

---

① 《人民日报》2014 年 6 月 5 日。
② 斐斯特（R. Pfister）：《帕尔米拉的汉代丝织品》，《亚洲艺术杂志》（*Revue des Arts Asiatiques*），卷Ⅷ，1939–42。
③ 赫德逊：《欧洲与中国》，李申等译，中华书局，2004，第 16 页。
④ 周一良：《中外文化交流史》，河南人民出版社，1987，第 257 页。
⑤ 周一良：《中外文化交流史》，河南人民出版社，1987，第 257 页。

学者分析我们在中亚面临的不利情况时指出："对中国文化在中亚影响力的评估与认识上的偏差是影响中国文化走向中亚的心理障碍因素"；"冷战结束后多种文化力量在中亚并存竞争是中国文化走向中亚的结构性障碍因素"；"中亚孔子学院运作过程中存在的问题是中国文化走向中亚的现实障碍因素"；"苏联解体后中国劣质商品大量涌入中亚及其产生的负面影响是中国文化走向中亚不容忽视的障碍因素"。[1] 尤其是近些年来在某些国家的炒作下，"中国威胁论"甚嚣尘上，给我国带来了较大负面影响。据 2009 年哈萨克斯坦的一项民调显示，认为可能对哈国构成威胁的国家排序是：中国 46.1%，美国 22.7%，俄罗斯 7.3%，中亚邻国 6.8%，欧洲国家 3.6%。2012 年 4 月在 16 个城市开展的题为"您是如何看待进一步深化哈中政治与经济关系"的民意调查中，超过 1/4 的被调查者对发展哈中合作关系持否定态度，另有 27.7% 的被调查者认为必须将同中国的关系降至最低程度，原因在于中国是哈国的威胁。[2] 这也从一个侧面表明，借助语言文化融通，化解误解，增进信任，促进人心相通，对于"一带一路"建设的推进至关重要。

现实中也有很多以语言文化融通促经贸合作的成功范例。例如在土库曼斯坦，我国石油企业尊重当地文化，学习当地语言，积极为所在地培训企业管理人才和工人队伍，为当地公益事业做贡献，赢得了当地民众信任和支持，从而实现了民心相通基础上的经济效益和社会效益。[3] 这也表明语言文化通融的重要性和可行性。

（二）语言人才需求

"一带一路"建设的实施，促使沿线国家之间人员来往更加频繁，各种深度合作日益增多，因而需要大量的精通沿线国家主体语言和相关地区语言的人才。就现实而言，由于我国长期主要聚焦于欧美语言，对"一带一路"区域的语言关注不多，准备不足，相关语言人才严重不足，这就使得"一带一路"建设的语言人才需求变得更为迫切。

---

[1] 焦一强：《中国文化走向中亚障碍因素分析》，《新疆大学学报》（哲学·人文社会科学版）2013 年第 1 期。

[2] 焦一强：《中国文化走向中亚障碍因素分析》，《新疆大学学报》（哲学·人文社会科学版）2013 年第 1 期。

[3] 郝时远：《文化多样性与"一带一路"》，《光明日报》2015 年 5 月 29 日。

其一，专门语言人才。专门语言人才不仅需要精通沿线国家的主体语言和相关地区语言，乃至部族语言，而且应当熟悉当地政治、文化、制度、风土人情和地理，具有国际视野和跨文化交际能力，以满足各种复杂的语言需求。专门语言人才包括翻译、各类语言教师、语言策划师（服务于地区和企事业单位的语言规划及话语策划）、语言技术人员（语言信息处理人员、语言软件开发人员、语言资源建设和开发人员等）、语言研究人员等。

其二，"外语＋专业"的复合型人才。"一带一路"建设会使大量工程技术人员、经贸人员、交通运输人员、法律政治人士、文学艺术工作者、历史地理研究者等从事跨国工作或在本国从事国际业务，因而，就这些人士而言，不仅需要过硬的专业知识和业务能力，而且需要掌握工作目标国家和地区的语言。可以预期，对"外语＋专业"的复合型人才的大量需求是必然的。

老挝中国商会会长孙磊说："人才是企业的第一生产力，人才问题也是我们目前遇到的最大的困难。"目前在老挝境内共有200多家中资企业，迫切需要通晓两国语言、文化，同时又具备专业知识的高级人才。"老挝苏州大学在老挝办学，等于把培养人才的学校办到了我们的家门口，正好能解众多中资企业发展的燃眉之急。"老挝苏州大学常务副校长汪解先说："中国企业走出去，会遇到本土人才和文化方面的问题，教育也应跟着走出去，把本土人才培养成既具备专业知识，又会讲汉语、懂得中国的文化，这批人就会成为企业的中坚力量。"① 这是语言人才需求的一个例证。

（三）语言产品需求

"一带一路"建设方方面面的语言需求，也必然带热对"一带一路"沿线国家和地区各种各样的语言产品的需求。而由于过去我国对这一区域的语言关注不多，相关的语言产品比较贫乏，无疑需要加快研发。

第一，需要功能互补的语言学习产品。例如教材、教学辅导资料、课件、音频视频课程、工具书、电子词典、网络学习资源、语言学习软件等。其中既包括"一带一路"沿线国家或地区的各种语言学习产品，也包括面向"一带一路"沿线国家或地区的汉语学习产品。

---

① 《新华日报》2015年5月29日。

第二，需要方便适用的语言应用产品。例如便携式多语言翻译器、跨语文阅读器、高速率不同文字输入法等。

第三，需要丰富多彩的语言文化产品。就是以不同语言文字为元素或载体的能够满足"一带一路"沿线国家不同文化需求的各种文化娱乐产品。例如适合跨语种消费的文学作品、影视戏剧、文化知识读本、学术著作、游戏、玩具等。

（四）语言应用服务需求

"一带一路"建设的实施，将会促进沿线国家之间人员的大流动，例如工程建设、商贸往来、交流访问、旅游探亲、跨国婚姻、留学等，这将改变现有的语言格局，出现更为复杂多样的语言生活环境。那么，怎样帮助流动人员克服工作和生活中的语言文字困难，实现交流沟通无障碍，是相关方面必须回应的一个重要需求。

可能的语言应用服务需求难以穷尽。举例而言，如城乡、道路和窗口行业的语言环境建设；随时随地的个性化翻译服务；各种语言培训、语言家教；语言资源平台服务；语言策划，例如外宣语言设计——包括"一带一路"建设的话语策略和话语体系也亟待科学设计，以避免因话语失当而影响"一带一路"建设的推进、商贸营销语言策划和企业语言文化设计；产品命名和翻译；应急语言服务等。这些都需要有相应的服务跟进。

（五）语言学术需求

"一带一路"建设十分复杂，很多问题需要深入研究。从语言研究角度提供学术支持，也是十分重要的。举例说，我国与"一带一路"国家跨境的语言较多，戴庆厦（2014）论及30多种，黄行和许峰（2014）按国内语言统计有50余种，周庆生（2013）统计跨境少数民族语言为33种。跨境语言，突破了国界，凝聚着特定的族群，承载着多元文化，蕴藏着丰富的历史积淀，呈现出独特的语言样态，也形成了特殊的语言关系，具有特殊性、复杂性和重要性。"一带一路"建设要打造"人文之路"，无疑需要开掘和利用跨境语言这一宝藏。例如，跨境语言是民族迁徙、政治变更、文化交融和语言接触的产物，积淀了丰厚斑斓的多元性历史文化，是相关民族文化十分珍贵的"活化石"，可借以研究民族文化生成、演进、传播、变异史，以及异族文化交流交融史等各种复杂的文化现象以及丰富多彩的文化样式，揭示被湮没的历史文化谜团，从中发掘积极的因素，并继承和借鉴相关国家和民族都认同的优秀内容和形式为今所用，从而增进与相关国家的相互了解和彼此认同，为"一带一路"建设提供学术支持，搭建人心联通桥。

具有中国思想的国际话语的构建，也是"一带一路"建设必不可少的需求。鉴于国际形势的复杂性和"中国威胁论"的甚嚣尘上，我们更应重视正确构建话语体系，正确选择话语策略。一些人士质疑的"战略""桥头堡""战略大通道""西进"等说法，其实也反映了相关国家的一些担忧。如何正确选择话语，尤其是如何构建具有中国思想的国际话语，有机融入国际话语体系，不断扩大国际话语权，努力避免被误解和被人利用，也亟待深入研究和科学策划。与此同时，中外重要话语的准确互译和有效传播，也是需要语言学界承担的一大艰巨任务。

二　提升语言服务能力是当务之急

从以上分析可以看出，"一带一路"建设的全面推进，必将带来不同层面的丰富多样的语言需求。努力回应这些需求，是语言领域及相关方面的责任，也是推动语言学科及相关事业快速发展的难得机遇。然而，我们面临的现实是，普遍的语言服务意识还没有形成，语言服务体系尚未建立，国家和社会的语言服务能力还比较薄弱。再加上我们过去把主要目光投向欧美主要语言，对"一带一路"区域的语言关注不多，准备不足。无论是熟悉的语种数量、可用的语言人才，还是语言产品及相关的语言服务，都离"一带一路"建设必不可少的语言需求还有相当的差距。因此，增强语言服务意识，提升国家和社会的语言服务能力，已迫在眉睫，任重而道远。为此，我们提出如下建议。

（一）及时制定专门的语言规划

已如上述，"一带一路"建设的语言需求，在不同层面、不同行业领域、不同区域和不同人群各有差异，这就需要国家有关部门主导，尽快统筹制定服务于"一带一路"建设的语言建设规划，以便协调有关工作，全面推进语言服务能力建设，以有效应对各种语言需求，为国家"一带一路"战略的实施提供切实有效的语言保障。

服务于"一带一路"建设的语言建设规划应当努力体现如下原则。

第一，总揽全局。也就是说，该规划的制定，既要着眼于"一带一路"建设的战略全局，不能偏于一隅，也要着眼于国家语言文字事业发展的全局，不能做成应景之作。换言之，就是要根据"一带一路"建设的总体需要，同时着眼于我国语言文字事业的整体布局和未来发展，在已有的语言文字发展规划基础上，进行适当调整和优化，加快语言服务能力建设，在为"一带一路"建设提供优质服务的同时，整体推进国家语言文字事业的全面发展和协调发展，不断增强国家语言实力。

第二，紧贴需求。"一带一路"建设工程宏大，情况复杂，涉及面广，影响深远。这就需要广泛调研，深入分析，准确研判，摸准各种需求（包括相关国家对汉语和中国民族语言的需求），有针对性地制定切实可行的语言建设规划。

第三，突出重点。由于我国语言服务能力薄弱，而"一带一路"建设的语言需求很大，这就需要根据轻重缓急和现实条件，在进行系统规划的同时，选择重点方面优先建设，循序渐进地分步实施。就现有的情况看，语言人才培养、语言产品研发和语言应用服务当是发展重点。

第四，统筹兼顾。语言文字问题复杂而重要，既关涉国家核心利益，也影响大众日常生活。规划的制定务必统筹兼顾，尤其是需要处理好个别需求与整体布局的关系、现实需求与长远发展的关系、服务经济建设与维护国家安全的关系、服务"走出去"与服务"迎进来"的关系等。

（二）加快培养语言人才

语言服务，人才是核心。要提高语言服务能力，最根本的是要培养语言人才。常言道："十年树木，百年树人。"人才培养需要一定的过程，且事关长远之计。时不我待，为保长久之用，必须从现在抓起。就我国语言国情而言，语言人才的培养，以下几个方面至关重要。

第一，改善语种结构。有资料显示，目前世界上仍在使用的语言有6000多种，而进入我国教育部本科专业目录的外语语种目前还不到70种。"一带一路"所覆盖的中亚、南亚、西亚等地区，涉及官方语言40余种，而目前内地教授的语言仅20种。[①]尽管全国学习外语的绝对人数很多，但绝大多数学习的是英语。由此可知，我国外语资源贫乏，不仅语种不多，

---

① 《"一带一路"大战略带动中国内地小语种热》，中国新闻网，2015年5月7日。

而且语种结构不合理。从"一带一路"建设的需要看，更是难以满足未来之用。因此，通过调整专业布局、增加语种数量、改善语种结构，来加快语言人才培养是当务之急。

令人欣喜的是，北京外国语大学、广东外语外贸大学等高校已经在行动。北外 2015 年上半年新增了蒙古语、泰米尔语、孟加拉语及菲律宾语 4 个语种专业，下半年又新开设了 3 个语种专业，北京外国语大学的语言专业种类达到 70 种。① 广外在原有的 19 个非通用语专业的基础上，2015 年新增马来语和乌尔都语两个专业；未来 5 年，还将根据"一带一路"战略发展需求，再增加 3 至 5 个非通用语专业，如希腊语、土耳其语、塞尔维亚语、瑞典语等。②

第二，提升人才标准。针对过去我国语言教育存在的人才素质单一、能力薄弱等问题，进一步加强语言人才综合素质培养和实际能力的提高，提升培养标准和规格，提高培养质量和水平。其中应着力优化学生知识结构，除了基本的语言文学知识之外，还应强化相应的文化、历史、政治、经济等知识教育；再则，强化实践训练，努力增强学生的实际语言能力、跨文化交际能力和研究能力，造就语言能力、国际交往实务能力和国别研究能力并重的高级人才。

第三，重视复合型人才培养。基于"一带一路"建设行业领域的整体布局和大规模推进的人才需求，结合相关专业教育，以不同方式，大力培养"外语+专业"的复合型人才。

第四，创新培养模式。"一带一路"建设对语言人才具有多样化需求，传统的培养模式和专业格局难胜其任，因此必须加强合作，整合资源，创新培养模式及方式。比如，通过中外联合培养，提高人才培养对不同语言文化及社会环境的深入认知和适应能力；通过校校合作，整合优势教学资源，对学生进行优质教育；通过校企合作，提高人才的培养针对性和实践能力；通过跨学科专业培养，提升人才的综合素质和全面能力。在培养形式上，可全日制培养与短期培训和在职学习并举，走出去培养与请进来培养相结合，输出性培养与本地化培养相结合，以适应各种不同类型的语言人才培养的需要。

---

① 《北外校长彭龙：服务"一带一路"，未来 5 年语言专业种类将扩充至超百种》，新华网，2015 年 3 月 28 日。
② 《"一带一路"大战略带动中国内地小语种热》，中国新闻网，2015 年 5 月 7 日。

（三）创新语言资源开发

包括汉语在内的"一带一路"区域的各种语言文字，是十分丰富的资源宝藏。以新的理念、方式和现代技术，开发利用区域内的各种语言文字资源，可为"一带一路"建设提供丰富多彩的服务。

语言文字是人类珍贵的历史记忆。发掘这个记忆，具有民族学、民俗学、人类学、宗教学、历史学、政治学等多学科的理论意义和实践价值，可借以揭示文化生成、发展、传播、接触、竞争的难得景观和历史经验，为"一带一路"的人文交流提供借鉴和启示。例如孙宏开先生根据语言的分布及其相互关联性，并联系其他方面的证据，论证了"藏彝走廊"的形成线索。他推断，以青藏高原为起点，这一带的人群曾经以多条迁徙路线向南、向西迁徙，形成了多条"丝绸之路""茶马古道"，其中有的翻越喜马拉雅山，到南麓定居，也有从西域往来的各族群在这里贸易乃至生息。因而，这里既是伊斯兰族群的交往通道，又是阿尔泰语系语言的核心地区，也是汉藏语系尤其是藏缅语族各族群的发源地。[①] 这项研究，再现了多元文化和谐共生的景象。又例如，汉字向东向南的流播，形成了绵延千年的汉字文化圈。对此进行深入挖掘，也不无现实意义和实践价值。

语言文字是丰富的文化资源。语言文字自身和以语言为媒介的文学、艺术、民俗等，都是当代文化建设的重要资源。开发利用这些资源，不仅可以从中继承和借鉴生动活泼的传统文化样式，以丰富当代文化表现形式，而且也可在内容上挖掘和弘扬其中体现相关国家和民族认同的文化精神，借以促进文化交流和文明互鉴。同时，还可以利用这些语言文化资源打造丰富多彩的旅游产品，推动"一带一路"的国际旅游发展。

此外，紧扣"一带一路"建设需求，研发功能各异、形式多样、方便适用、生动活泼、切合所在国家和地区国情民情的语言文化产品，也是语言服务的应有之义。这项工作的开展，也必将带动语言产业、语言经济的发展。

---

① 孙宏开：《川西民族走廊地区的语言》，载中国西南民族研究学会编《西南民族研究》，四川民族出版社，1983；《再论西南民族走廊地区的语言及其相关问题》，《西南民族大学学报》（人文社会科学版）2013 年第 6 期。

（四）构建相应的语言服务体系

"一带一路"建设是一项伟大的系统工程，要满足其广泛的语言需求，必须构建形式多样、功能互补、协调发展的语言服务体系。这其实也是我国社会整体发展的现实要求。基于"一带一路"建设实际，应逐步构建以如下方面为重点的语言服务体系。

第一，语言使用服务。主要着眼于日常工作和生活的基本语言服务，建设常态化、系统化的服务体系。如翻译、速录、语言环境建设、语言应用培训等。

第二，语言人才服务。包括专门语言人才和"外语＋专业"的复合型人才的培养、调度、继续教育等服务。

第三，语言资源及平台服务。如提供语言知识库、语料库、语言信息库、在线翻译及语联网等。随着大数据、云计算的发展，这类服务更为重要。

第四，语言技术服务。如语言信息处理、语言软件开发、各类语言情报发掘与分析、舆情监测与分析等。

第五，应急语言服务。即为处理各种突发事件、自然灾害救援等提供语言服务。

第六，语言咨询服务。如各种语言规划、语言策划、企业及产品命名、"一带一路"沿线国家的语言政策和语言状况咨询等。

"一带一路"倡议下国家外语能力
建设的战略转型

沈　骑[*]

[**摘要**]　在共同建设"一带一路"倡议下,不同国家和民族的交往、沟通、合作乃至竞争都必须以语言互通为前提。面对国家定位转变的新形势,我国国家外语能力建设亟待战略转型。本文论证国家外语能力建设在战略导向、能力需求、资源种类和资源质量四个方面的战略转型任务,提出加强外语规划,服务"一带一路"的对策建议。

[**关键词**]　一带一路;国家外语能力;战略转型;语言规划

一　引言

在推进"丝绸之路经济带"和"21世纪海上丝绸之路"(以下简称"一带一路")倡议过程中,语言不仅会通中外思想,超越文化藩篱,推动文明创新,是促进人文交流,实现民心相通的根本保障,而且也是服务互联互通建设的重要支撑。有专家已就"一带一路"建设中的语言需求和语言服务发表真知灼见,^① 提出提升"语言互通"的观点,^② 对语言规划问

---

*　沈骑,上海外国语大学语言研究院专职研究员、教授,博士,中国外语战略研究中心副主任。

[基金项目] 国家社科基金项目"非传统安全领域的语言安全问题与语言规划研究"(12CYY016);国家语委科研基地重大项目"国家外语能力调查与公民外语能力提升策略研究"(ZDJ125－2)。本文系提交首届"一带一路百人论坛"(2015年8月8日,北京)的论文,感谢与会专家提出的宝贵意见和建议。

① 赵世举:《"一带一路"建设的语言需求与服务对策》,《云南师范大学学报》(哲学社会科学版)2015年第4期。

② 魏晖:《"一带一路"与语言互通》,《云南师范大学学报》(哲学社会科学版)2015年第4期。

题进行积极有益的初步思考。^① 在新形势下，国家语言能力是国家实力的重要组成部分，在全球竞争中有着不容忽视的作用，^② 因而国家外语能力建设迫在眉睫。李宇明从国家转型角度指出尽快开展外语规划，提升国家外语能力的重要性。^③ 在推进"一带一路"建设中，我们必须明确当前国家外语能力建设的新任务，积极推进国家外语战略转型，深入探讨提升国家外语能力的对策和建议。

二　国家外语能力建设面临的战略转型任务

国家外语能力是指国家处理海内外各种外语事件或是运用外语处理各种事务的能力。衡量国家外语能力高低的重要标志是一个国家能够掌握并使用外语资源的种类和质量。^④ 国家外语能力建设从来都是服务于国家和社会整体发展战略的。汉唐盛世的"译经"运动，首开早期中国国家外语能力建设之先河，是致力于丝绸之路"语言互通"之创举；晚清"同文馆"等洋务学堂中的外语教育，是服务于"洋务运动"需要的国家外语能力建设之举，对中国近代化进程影响深远；改革开放以来，我国外语教育事业的繁荣发展，国家外语能力建设方兴未艾，有力推动了国家现代化建设。在全球化时代，国家外语能力更是国家战略能力和国际竞争力的组成部分。同时，国家外语能力建设需求与国家综合实力提升是正相关的，也和国家的战略定位关系密切。改革开放以来，随着中国综合国力大幅提升，国家战略定位处于变迁之中。中国的国家定位从传统大国到现代大国、从封闭大国到开放大国、从一般大国到重要大国，渐进定型为"具有重大世界影响的亚太大国"。^⑤"一带一路"倡议的提出，是中国三十多年来改革开放向纵深推进、转型升级的需要。在这样的国家战略定位发生重大转型背景之下，国家外语战略规划必须审时度势，谋定而动，认真思考新形势下国家外语能力提升和发展的重要任务。具体而言，当前国家外语能力建设面临如下四个方面的战略转型任务。

---

① 张日培：《服务于"一带一路"的语言规划构想》，《云南师范大学学报》（哲学社会科学版）2015 年第 4 期。

② 赵世举：《全球竞争中的国家语言能力》，《中国社会科学》2015 年第 3 期。

③ 李宇明：《提升国家语言能力的若干思考》，《南开语言学刊》2011 年第 1 期。

④ 文秋芳：《国家外语能力现状》，载教育部语言文字管理司《中国语言生活状况报告》（2012），商务印书馆，2012。

⑤ 门洪华：《关于中国国家定位的思考》，《攀登》2014 年第 2 期。

（一）国家外语能力导向从"引进来"向"走出去"的转型

在中国外语教育史上，新中国成立以来国家外语战略规划先后有两次。第一次是 1964 年颁布《外语教育七年规划纲要》，但其实施因为"文革"而中断。另一次是 1978 年全国外语教育座谈会的召开，这次会议的重要战略意义在于它确定了在相当长一段时间内，我国外语战略方针就是服务于改革开放，为"引进来"大局服务。1977 年 7 月至 9 月，邓小平同志多次强调教育改革问题，其中特别提到加强外语教学问题。① 自 1978 年开始，中国在改革开放的大潮之下，打开国门，开始融入国际社会，接受全球化的挑战。国家经济、科技、政治、社会和教育等诸方面都开始进入高速发展时期，亟须向先进发达国家学习优秀文化和思想，引进国外最新科技和经验，开展国际交流与合作。在这样的历史转折时刻，经国务院批准，教育部于 1978 年 8 月 28 日至 9 月 10 日在北京召开了全国外语教育座谈会。会议提出加强外语教育的建议，明确外语教学的方针就是"学好外语以汲取外国科学文化知识"，为国家对外开放，学习先进发达国家的科学文化知识和技术服务。从战略角度看，这就是坚持取长补短，"炼石补天"的"引进来"战略和定位，这在当时是一项"政治任务"。②

改革开放以来，中国为发展外语教育投入了巨大的力量，国家外语能力建设随着国力提升得到长足的进步，成就斐然。可以说，中国在这三十多年间经济和社会发展取得举世赞叹的成就，与外语教育的普及和提高不无关系。"引进来"外语战略为对外开放和现代化建设培养和输送了一大批懂外语的科学技术人才，国家掌握的外语资源有了一定数量和质量上的积累。

然而，进入二十一世纪以来，随着中国国际地位日益提高，国际影响力不断扩大，中外交流互动增多，海外利益范围日益扩大，参与国际事务和国际竞争日趋频繁，原来"引进来"为主的外语战略已经明显不能适应国家战略转型的需求。国家外语能力建设导向必须在"引进来"的基础上，考虑向"走出去"转型，实现国家外语能力建设的"双向互

---

① 付克：《中国外语教育史》，上海外语教育出版社，1986。
② 许国璋：《谈谈新形势下外语教学的任务》，《人民教育》1978 年第 10 期。

动"。作为发展中国家，国家外语能力建设不仅要满足"引进来"需求，有"海纳百川"的胸怀，还需要明确服务于中国走向世界的外语战略导向，服务于"走出去"大局，将其作为国家"软实力"加以建设。在新时期，国家外语能力建设必须提升到国家战略高度，为中国在"一带一路"国际行走，中国文化"走出去"，传播中国声音，讲好中国故事，构建融通中外的对外话语体系服务，为"一带一路"新格局架设中国走向世界的"桥梁"。

（二）国家外语能力需求从"内需型"向"外向型"转型

外语需求分析和调查是外语规划的重要依据，国家外语能力建设的基础是科学准确的需求分析。需求是分类分层次的，根据需求对象和属性，外语需求可以分为战略需求与现实需求、社会需求与个体需求两大类型。近几年社会对中国外语教育非议不断，"外语无用论"甚嚣尘上，其中一个理由就是"个人工作和生活不需要使用外语"。我们必须科学客观地对待这种论调。个人需求和当下需求确实需要重视和考虑。从世界范围来看，外语教育是国民通识教育的重要组成部分，关系到整个社会文明水平和文化素养。但是基于"公平""正义""效率""可选择性"四个教育价值取向，我们的确需要反思"全面学外语"热潮背后的外语教育价值取向问题。从国外经验看，外语需求研究除了针对学习者调查之外，更侧重公司企业对员工当下外语能力的需求调查，重点考察学校外语教育与社会和企业需求的衔接问题。同时，国外研究也从宏观层面考察国家和军队对外语能力的战略需求。相比之下，国内目前对于学校外语课程需求调查较多，很少关注学校与社会、学校与企业需求对接问题。此外，在战略需求和社会需求方面，国内研究起步较晚，仅有个别学者曾对国民外语能力需求进行过较为细致的研究。① 中国外语战略研究中心于 2013 年至 2014 年在上海市民中开展外语能力调查，基于网络的外语需求调查显示，在超过10000 人的受访者中，88％的上海市民表示在日常生活中会用到外语。这说明随着对外开放的深入，绝大多数上海市民已经有了有限"外语生活"。随着上海逐步迈向全球化城市，国际交往日趋频繁，外语能力的需求会日益影响到"寻常百姓家"。但是调查也发现，上海市民外语能力的实际需

---

① 鲁子问、张荣干:《我国城镇居民外语需求调查和教学建议》,《外语界》2012 年第 1 期。

求主要来自单位求职或是学校考试之需，并不是直接对外交往的需要。市民学习外语的动机也以工具性为主，即为了顺利求职或通过考试。这种外语能力需求属于"内需型"，且对外语能力要求相对不高，主要满足国民有限的外语生活需要。

新形势下的国家外语能力建设，不仅要满足内需的外语教育，提高全民外语水平和文化素养，而且要以"外向型"需求拉动"内需"，倒逼外语教育改革。"一带一路"建设需要我国从外语教育大国向外语强国转变，来自"外向型"需求会日益增多，例如"亚投行"多边谈判、自贸区建设、中国高铁出海、企业海外投资等重点战略领域和行业对外语能力的种类和质量需求可能更高。相比之下，目前相关研究仅针对城市居民日常外语能力需求调查，这是远远不够的，无法应对"外向型"外语能力需求提出的挑战，更为系统全面的外语需求调查亟待开展。

（三）国家外语资源种类从"单一型"向"多元化"转型

外语语种规划是外语教育规划的重要任务之一。"一带一路"沿线语言多元化格局要求中国下力气建设多元化的国家外语资源种类。新中国成立之后，我国曾经出现过"一边倒"的俄语单语种外语教育规划的重大失误。改革开放以来，中国在外语语种规划中注意到语种多样化问题，一部分通用语种得到发展，目前中国能够教授的外语语种有五六十种，经常使用的有十几种。近年来，国家逐渐重视外语语种规划工作，建立了一大批非通用语种人才培养基地，在语种规划资源投入等方面都有了很大改善。但在新的战略形势下，"单一型"语种结构失衡和非通用语言人才缺乏的问题变得更严重了。中国的外语语种储备显然是不足的，国家发展和国家安全十分需要的许多非通用语种人才稀缺。[1]

首先，在语种选择方面，英语"一家独大"局面令人担忧。在外语专业教育中的比重竟高达95%以上，一些办学水平一般的高校，没有经过科学论证，动辄招收上千名英语专业学生。不少综合性大学和地方高校的小语种专业和课程相对匮乏，很多高校的外语学院仅能开设英语、日语等通用语种专业。外语语种单一，势必带来学科同质化倾向明显。

其次，在语种数量和布局方面，我国目前开设的小语种专业和课程设

① 李宇明：《中国外语规划的若干思考》，《外国语》2010年第1期。

置单一，明显不足。在与我国建交的175个国家中，至少涉及95种官方语言，还没有涉及更多的非官方重要语种。从开设各语种专业的对象国和地区看，现有非通用语种地区主要以欧洲为主，而面向"一带一路"等语言资源丰富、语言文化多样化地区的语种布局，如中亚、南亚和非洲却很少，这反映出现有非通用语种分布和布局存在不均衡。

更为重要的是，我国战略语言规划起步较晚，关键战略语种建设工作滞后。我国没有借鉴国外语言规划经验，开展基于非传统安全威胁和风险的战略性语种规划工作，这与国家安全和利益攸关。我们必须清醒地看到，在"一带一路"的建设过程中，传统安全与非传统安全问题此消彼长，若隐若现，恐怖主义、跨国犯罪、非法移民、国际维和、国际人道救援和搜救等突发事件此起彼伏，交织复杂。语言在防范、规避、预警及保障丝路安全问题时，在消除和化解非传统安全威胁和风险过程中，都具有无可替代的战略价值，"一带一路"非传统安全战略性语种规划必须尽早实施。

（四）国家外语资源质量从"工具型"向"专业型"转型

外语资源质量决定国家外语能力建设的纵深发展，其质量高低取决于国家外语人才规划。古今中外在不同历史时期，对于外语人才的定义不尽相同，这与具体历史和现实背景有关，同时也是外语教育规划使然。有学者指出，我国晚期洋务运动对于外语人才的定义是通晓西学之才，民国时期注重博雅教育，将外语人才界定为精通中西文学之才，但是新中国成立之后，受学科观念束缚，我国外语人才规划主要强调的是语言知识和技能培养，工具性和实用性取向明显。[①] 这种工具性人才规划的优势毋庸置疑，但是由此带来的负面影响是，外语人才仅能满足一般通用性语言沟通和交流，缺乏人文知识积淀和专业知识培养，无法从事国际专业领域工作和学术研究，这样的外语人才规划导致外语市场上出现"小才拥挤，大才难觅"现象，每逢重大国际场合和重要国际谈判时，都会频频面临高水平外语人才"一将难求"的现实窘境。因此，"工具型"外语人才规划不能完全解决"一带一路"对于国家外语能力建设的迫切需求。

---

① 吴宗杰：《外语学科知识谱系学考辨》，《广东外语外贸大学学报》2009年第4期。

"一带一路"外语能力建设要求外语人才规划从"工具型"向"专业型"转变，需要重新定义新时期外语人才的内涵。我们不仅需要培养出更多精通沿线国家语言的高层次外语专业人才，还需要更多熟悉"一带一路"的国别区域研究人才，更需要语言能力过硬、具有国际视野、能进行有效的跨文化沟通的领域和行业专才。面对"一带一路"国家外语能力建设这一重要契机，提升我国外语资源质量，更新并探索服务"一带一路"建设的外语人才规划新路，迫在眉睫！

三 国家外语能力建设战略转型的对策与建议

"一带一路"作为新时期国家重大发展战略，既是中国从被动参与到主动参与、积极谋划，逐步化解战略压力的需要，也是实现平等对话、双向多边交流的需要，事关改革开放之最终成败，事关复兴中华民族之千秋大业。国家外语能力建设服务于"一带一路"，必须先行先试，尽快开展外语战略规划，具体对策和建议如下。

（一）设立外语规划部门，统领外语能力建设

面向"一带一路"的国家外语能力建设对于整个外语教育事业改革与发展意义重大，同时也事关国家战略实施成败大局，是一个重大战略问题。外语教育需要服务于"走出去"这一战略导向，全社会都要正视外语规划的重要意义，建议国家成立专门机构统筹规划外语教育改革这一系统工程。鉴于外语规划和管理工作面广量大，现有各阶段的外语教育主要由教育部各司局办条块分割式管理，这显然无法有效协调各项工作。基于外语规划系统性和科学性的原则，同时也借鉴国外经验和做法，中国必然需要建立一个国家外语规划和决策机构，负责统筹规划、制定、指导、监督、评价和调整国家重大外语教育政策，推进"一带一路"国家外语能力建设。同时这一机构还要承担外语教育政策的研究、咨询、考试评价和服务等职责，从而可以整合教育部现有语信司、语用司、基础司、高教司和职教司相关外语规划的功能，这样设立多位一体化的国家外语决策机构，有利于全国外语教育实现协调发展，提高外语决策效能，形成国家政策的"合力"。

（二）开展外语需求调研，制定外语能力标准

"一带一路"涉及国家和地区广泛，沿线各国的语言文化状况千差万别，错综复杂，"外向型"外语能力需求调查必须提前启动，需要做好"内查外调"工作。所谓"内查"指的是对"一带一路"相关重要领域和行业对外语能力的需求调查，如中华文化思想术语丝路传播问题、中国海外投资语言风险调查、中国企业走出去外语需求调查等。此外，还需要加强国内"一带一路"中西部地区外语能力现状和需求的调查。所谓"外调"，是指对国外沿线语言状况和需求调查，研究"一带一路"沿线语言资源。国家需要尽快掌握"一带一路"沿线国家语言国情，特别是周边国家和地区的语言生活状况，充分调研与国家利益密切相关的国家和区域的语言文化问题，例如"孟中印缅经济走廊"社会语言和文化调查研究、东南亚和中亚民族语言文化调查等。针对非通用语种语言规范相对缺乏问题，根据"内查外调"情况，外语规划部门应及时启动相关的各类语种外语能力标准研制工作，重点做好非官方语言标准与规范工作，用以指导和规范各语种外语教育有序开展。

（三）完善语种规划机制，启动"战略语言"规划

中国作为一个负责任的大国，需要完善外语语种规划机制，不仅需要继续加强国际通用语种教育，还需要逐步考虑加强"一带一路"沿线外语语种规划，妥善解决国家外语资源种类均衡与合理布局问题。目前不少地方高校盲目新设小语种专业，不考虑专业建设标准和市场需求，将来可能会产生办学和就业困难。外语规划部门要重视完善外语语种规划机制，在充分调研和分析基础上，稳步推进小语种建设。

一方面，中国是一个多民族国家，不少民族语言同时也是"跨境语言"，对于这些宝贵的民族语言应当加以规划和开发，充分利用现有的外语语种条件，因地制宜地制定民族地区的外语教育语种规划政策，这对于实现语言多元化发展和边疆安全稳定都有重要意义。另一方面，出于非传统安全考虑，外语规划部门必须实事求是地分析中国外语国情，根据"一带一路"沿线国家和地区政治、经济、安全和教育等多领域状况，未雨绸缪，规划制定出具有战略价值的外语语种即"战略语言"教育规划。所谓"战略语言"教育规划是出于"一带一路"建设中非传统安全威胁和风险

防范需要，为维护和拓展中国海外利益所做的外语规划。例如中东的库尔德语，对于应对和打击"伊斯兰国"等恐怖组织，维护我国海外能源利益，具有重要战略价值，但目前我国还没有一所高校开设这一语种课程。因此，开展"战略语言"教育规划，由国家负责调控，利用政策杠杆向"战略语言"教育发展倾斜，有计划、有选择、分步骤地积极鼓励和倡导中学，特别是外国语学校开设"战略语言"外语课程，相关外语院校实行"订单式"招生计划，制定合理培养计划，在当前是非常有必要的。顺利实施这一"战略语言"教育计划，对于国家外语能力语种资源建设，维护国家安全和稳定具有战略意义。

（四）加强外语人才规划，推动外语学科转型

"一带一路"建设要求加强外语人才规划工作，这是对我国外语教育提出的学科转型的重大挑战。长期以来，我国外语教育偏重单纯的语言技能训练，外语人才培养模式单一。在外语教学中存在"重语言，轻文化""重工具，轻人文""重西方，轻本土"的弊病。一方面，外语学科需要创新培养模式，探索培养多元化的国际型外语人才，加强外语教育中国别和区域知识教学，开展和促进跨文化、跨学科外语教学与研究，培养具有人文素养、学贯中外的国际化人才。另一方面，外语人才规划更要满足"一带一路"对于高层次国别、区域、领域外语专才的需要。随着"一带一路"建设步步推进，除了高水平翻译语言人才之外，培育精通沿线某一国家或地区当地语言，熟稔当地文化，甚至专攻于某一问题领域的专家学者已成当务之急。为此，外语学科应当加大转型力度，研究语言能力与其他专业能力的组合问题，着力提升外语教育的效率，使不同领域的专业人才能够获得必要的语言技能和跨文化沟通能力。这将直接关系到"一带一路"全方位多领域的开放发展、合作共赢。

四 结语

"一带一路"绝不仅仅是经贸通道，还是文明互鉴之路。"国之交在于民相亲，民相亲在于心相通。""民心相通"的深层基础是不同语言文化的相互了解、相互交流、相互理解和相互融合。只有在此基础上，各国人民才能产生思想上的共鸣，才有可能在一些重大问题上取得宝贵的共识。加强国家外语能力建设，是促进中外不同文化的交流合作、互学互鉴，实现

"民心相通"的根本保障。已故南非前总统纳尔逊·曼德拉曾说过:"若你用一个人能理解的语言与他交谈,可以传递至他的大脑;若你用一个人的母语与他交谈,可以传递至他的心灵。"建设"一带一路",语言至关重要!当然,加强国家外语能力建设,对接国家"一带一路"战略发展是一项系统工程,它要求学界顺应国际化发展的大势,做好前瞻性的顶层设计,又要切实以此为契机,将"一带一路"的建设思路真正融入国家外语能力建设之中。

构建"一带一路"的
"互联网 + 语言服务"

王宇波*

[摘要] 构建"互联网 + 语言服务"体系是服务"一带一路"建设的创新模式。将语言服务和互联网深度融合，可以创新语言服务模式，拓宽语言服务外延，增强语言服务能力，丰富"国家语言服务"体系的构想。在资源整合、空间拓展、技术跨界融合等方面可以促进语言服务资源的开发和利用，提升国家语言能力。促进"互联网 + 语言服务"创新融通，是满足国家"一带一路"战略、"'互联网 +'行动计划"、"网络强国战略"、"大数据战略"实施的迫切需要，是把中国打造成融通世界的枢纽和桥梁，构建"中国 +"特色"命运共同体"的有效途径和基础保障。

[关键词] 语言服务；互联网 +；国家语言能力；国家语言战略；一带一路；中国 +

"互联网 +"是创新 2.0 下互联网和传统行业融合发展的新形态、新业态，是将互联网作为信息化发展的核心特征提取出来，并与工业、商业、金融业等各项事业融合发展的新理念、新模式。该概念于 2012 年在第五届移动互联网博览会上被首次提出，2015 年李克强总理在政府工作报告中将"'互联网 +'行动计划"提升到国家战略高度。① 2015 年 12 月，习近平总书记在第二届世界互联网大会开幕式上发表主旨演讲时再次强调：

---

* 王宇波，武汉大学文学院讲师，博士，中国语情与社会发展研究中心事业发展研究室副主任。

[基金项目] 国家社科基金青年项目"基于大规模标注语料库的自媒体语言计量研究"（12CYY030）；教育部人文社会科学研究青年项目"基于大规模标注博客语料库的性别话语差异实证研究"（12YJC740106）。

① 《学者热议：李克强提的"互联网 +"是个啥概念？》，人民网，2015 年 3 月 5 日。

“‘十三五’时期，中国将大力实施网络强国战略、国家大数据战略、‘互联网＋’行动计划。”① “互联网＋”将传统行业领域与信息通信技术以及互联网平台进行深度融合，“＋”的后面不仅蕴含了无限发展可能，而且也蕴含了诸多创新理念、发展思路和行动准则。它作为一种思维方式、发展方式和方法论，指导人们在各领域进行深入的探索和创新，已然成为目前“最热公式”。

“一带一路”是我国为顺应当今世界经济、政治、外交格局的新变化和我国全面开放改革的需要而提出的重大跨区域发展战略部署。提高面向“一带一路”的语言服务能力，有利于提高贸易和投资便利化水平，增强国家文化传播能力，促进“一带一路”建设的全面推进和顺利实施。在探索和构建“一带一路”语言服务创新模式中，“互联网＋”思维显得尤为必要。

一 构建“互联网＋语言服务”创新模式，健全国家语言服务体系

李宇明认为：“信息化时代，大数据与‘互联网＋’使语言的作用急遽放大，推进‘一带一路’建设，应重视语言规划。”② “语言服务是近几年来国家语言规划讨论研究中逐渐引起学界重视的一个概念”，③ 是语言规划的重要内容。将语言服务与“互联网＋”国家战略深度融合，构建“互联网＋语言服务”创新体系，是“国家语言服务”战略发展的创新举措，是语言文字事业更好地服务于国家战略的创新机制，是服务“一带一路”语言新需求的创新模式，也是推进语言服务在全球化背景下纵深发展的新途径。

（一）拓宽语言服务的外延

“一带一路”战略构想需要各行各业的通力合作，其中语言起到铺路搭桥、互联互通的重要纽带作用。《国家中长期语言文字事业改革和发展规划纲要（2010－2020年）》（以下简称《纲要》）指出：“把服务国家经

---

① 《习近平在第二届世界互联网大会开幕式上的讲话（全文）》，新华网，2015年12月16日。
② 李宇明：《“一带一路”需要语言铺路》，《人民日报》2015年9月22日。
③ 屈哨兵：《语言服务角度下汉语国际推广的几点思考》，《广州大学学报》（社会科学版）2010年第7期。

济社会发展大局作为语言文字事业改革和发展的基本原则。语言文字工作要拓宽视野，自觉融入国家改革和发展大局，与教育、文化、信息化结合，主动服务，在服务中实现自身的发展。"① 构建"互联网+语言服务"创新体系符合国家中长期语言文字事业改革和发展的需要，可丰富语言文字社会管理服务体系的内容，拓宽国家语言服务的外延。

《纲要》对语言服务有较全面的表述，全文共提到"服务"一词 61 次，可分四类：一是服务功能——"国家语言应急服务""语言援助服务""语言文字服务""语言文字咨询服务""语言文字社会咨询服务""语言文字业务服务""语言文字基础建设和管理服务"；二是服务对象——"服务社会主义文化强国建设""服务经济社会发展""服务教育现代化""服务社会""服务大局"；三是服务平台——"网络服务平台""语言文字应用咨询服务平台""语言文字应用服务系统""盲文社会服务机构"；四是服务要求——"增强服务意识""创新服务方式""提升服务能力"等。这些关涉国家中长期语言文字事业发展的方方面面。将语言服务的"产业、职业、行业、基业"② 和互联网融合，创新语言服务的模式，可以进一步拓宽语言服务的外延。

（二）优化"国家语言服务"体系

赵世举认为："一个国家的语言使用及服务能力，直接影响其治理能力，社会生活质量和国家文明程度，也是国家实力和形象的一种体现。""建立完善的国家语言服务体系和语言应急援助机制势在必行。"③ 郭龙生从定义、意义、任务、性质、主体、客体、空间、时间、方式、程度角度勾画了"国家语言服务"体系，认为"'国家语言服务'是由国家政府部门（包括其派出与代理机构）在国家层面为了国家利益而进行的语言服务，是国家存在与发展的一种主要方式"。④ "互联网+语言服务"的推行，可以突破空间局限，克服现实条件困难，优化"国家语言服务"体系，更

① 《国家中长期语言文字事业改革和发展规划纲要（2012-2020年）》，中华人民共和国教育部网站，2012年12月4日。
② 屈哨兵：《产业、职业、行业、基业：语言服务"四业"并论》，《中国社会科学报》2011年4月12日。
③ 赵世举：《全球竞争中的国家语言能力》，《中国社会科学》2015年第3期。
④ 郭龙生：《论国家语言服务》，《北华大学学报》（社会科学版）2012年第2期。

好地在"一带一路"建设中发挥作用。第一，可拓展服务功能，深化语言服务，充分发挥语言服务的基础作用、先导作用，促进我国与"一带一路"沿线国家的语言文化融通和民心相通，为"一带一路"的互联互通"铺路搭桥"。第二，可丰富服务内容，提高服务效率。郭龙生认为，国家语言服务的基本出发点是"提升国民语言文字应用能力"；重要使命是"弘扬中华优秀文化"；基本原则是"服务国家经济社会发展大局"；总体与终极目标是"构建和谐语言生活"。① 而基于"互联网＋"的"一带一路"语言服务的目标和任务，则是为"一带一路"建设的顺利实施提供全方位的优质语言服务，充分发挥基础保障作用。

当前"一带一路"建设已经进入务实推进阶段，语言服务亟待跟进。运用云计算技术、移动互联网、大数据、物联网技术等，可以为语言服务的相关主体和客体提供集"云""场""端"服务于一体的语言信息化服务，能有效提高服务主体的服务效率和服务水平。

利用"互联网＋"，还可整合民间力量，重构服务主体。以往对于国家语言服务主体的认识，往往局限于"国家语言文字及相关职能部门""国家语言文字及相关的事业单位""国家语言文字及相关职能部门和事业单位的各级地方组织"三个方面，通常不会涉及民间组织、企业和个人。李宇明在谈及"'一带一路'需要语言铺路"时，认为"语言服务，需要政府与民间双手推动，更多依靠民间力量，需要公益服务与有偿服务双腿行进"。② 目前，越来越多的民间企业开始重视利用"互联网＋"思维，建设跨语种的语言云服务平台，构建语言项目协同管理、语言大数据的处理及分析和管理、专业翻译工具、机器翻译、增值服务和职业社交等较完善的线上线下 O2O 系统，通过 B2B、B2C 等电子商务交易平台为跨语言文化交际、经济合作等方面提供语言服务和支持。民间力量在国家语言服务中发挥着越来越重要的作用。因此，应该重视民间组织、企业、个人的主体作用，从构建国家语言服务战略的高度给予政策支持与引导。

二　加速"互联网＋语言服务"创新驱动，提升国家语言能力

习近平在第二届世界互联网大会开幕式上发表主旨演讲时指出，"推

---

① 郭龙生：《论国家语言服务》，《北华大学学报》（社会科学版）2012 年第 2 期。
② 李宇明：《"一带一路"需要语言铺路》，《人民日报》2015 年 9 月 22 日。

动网络经济创新发展,促进共同繁荣","坚持创新驱动发展,开拓发展新境界。中国正在实施'互联网 +'行动计划,推进'数字中国'建设,发展分享经济,支持基于互联网的各类创新,提高发展质量和效益"。① "互联网 + 语言服务"是互联网创新驱动下语言服务发展的新途径,是促进语言服务业的发展,提升国家语言能力的新兴动力。

"国家语言能力是指一个国家掌握利用语言资源、提供语言服务、处理语言问题、发展语言及相关事业等方面能力的总和。它是国家实力的一个组成部分,对于国家建设、发展和安全具有十分重要的作用。"② 可见,国家语言服务能力是国家语言能力的一个重要方面,也是国家实力和形象的重要体现。但是,目前我国语言服务能力还非常有限。"互联网 + 语言服务"最为核心的理念在于创新——创新性地将语言服务与互联网深度融合,利用互联网新思维变革传统旧思维,驱动语言服务的产业、行业、职业、基业等各领域创新发展。这可在资源整合、空间拓展、技术跨界融合、功能提升等方面大大推进我国语言服务能力建设,促进语言服务资源的开发和利用,提升国家语言能力。

(一)整合语言资源,提升语种能力

国家语言能力包括语种能力③,即国家总共能够了解和使用多少种语言,并能为各国政府、企业、社会机构及家庭、个人等提供多少种语言服务的能力。目前我国的语种能力,无论是熟悉的语种数量、可用的语言人才,还是语言产品及相关的语言服务,都较"一带一路"建设的语言需求有相当的差距。

尽管我国学习外语的绝对人数很多,但绝大多数学习的是英语,这就造成了我国外语语种资源贫乏、语种结构不合理的状况。"一带一路"国家的国语或国家通用语有近 50 种④(也有学者认为是 60 种⑤),如果包括这一区域民族或部族语言,重要者不下 200 种。这 50 种语言中,目前内地

---

① 《习近平在第二届世界互联网大会开幕式上的讲话(全文)》,新华网,2015 年 12 月 16 日。
② 赵世举:《全球竞争中的国家语言能力》,《中国社会科学》2015 年第 3 期。
③ 李宇明:《国家的语言能力问题》,《中国科学报》2013 年 2 月 25 日。
④ 李宇明:《"一带一路"需要语言铺路》,《人民日报》2015 年 9 月 22 日。
⑤ 杨颒萍:《"一带一路"需要语言铺路——沿线国家语言国情手册发布》,《新华日报》2015 年 11 月 3 日。

教授的语种仅 20 种。① 随着经济一体化的不断加强，语言服务的需求将更大，语种数量和专门语言人才的需求缺口也将更大。魏辉认为："'一带一路'建设中跨越语言障碍，实现各国互联互通，单靠人力短期内显然是不能完成这样的艰巨任务。""机器语言能力可以承担大量的翻译、现场服务、个性化服务等功能，提升机器语言能力是实现'一带一路'语言互通的重要途径。"② 通过"互联网＋语言服务"打造深度融合的云翻译平台，能够有效整合互联网上的语言服务资源，克服短期内语种能力不足的短板，缓解因语种结构失调、专门语言人才缺乏导致的语言服务能力薄弱的现状，利用准确的众包匹配，以及服务流程的一体化和自动化，资源共享，专业协作的标准化，提升语种能力和整体服务质量。

"互联网＋"思维下的云资源语言服务平台，可整合各种语言人才、服务市场、技术、数据和资金等资源。通过创新服务渠道，为全球范围的语言需求者、语言服务提供者、语言技术供应商、语言服务人才、语言服务行业组织等提供服务协作，打破语言服务的时空限制，提升语种服务能力。其优势主要表现为：

（1）不受时间空间的限制，实现无障碍的跨语言信息获取和传播。一个人无论使用哪种语言，都能获得即时语言服务，参与多语言的无障碍交流。如"语联网"模式，利用"互联网＋语言处理"聚集了全球 60 多万名译员、1000 多家翻译公司，在 30 多个语种中形成了独特的竞争优势，日均处理 1000 万字，文字累计处理量达 85 亿字以上。③ 中国最大的语言服务供应商"文思海辉"则可以提供 140 多种语言的多时区协作服务。④ 这些语言服务智能平台，根据服务客体的语种需求，整合和协调线上具有该语种能力的译员为之提供精准的语言服务。

（2）服务渠道逐渐去实体化，服务流程由线下转为线上，协作从内部转向互联网众包。互联网众包服务平台，可以摆脱传统线下译员到场的翻译服务模式，快速完成大型语言翻译、多语种及本地化项目。这在提升服

① 《"一带一路"大战略带动中国内地小语种热》，中国新闻网，2015 年 5 月 7 日。
② 魏晖：《"一带一路"与语言互通》，《云南师范大学学报》（哲学社会科学版）2015 年第 4 期。
③ 《那些天雷滚滚的神翻译何时能休？翻译需要传神》，《齐鲁晚报》2015 年 7 月 22 日。
④ 张东蔚：《文思海辉：全价值链语言服务助企业布局"一带一路"》，《服务外包》2015 年第 11 期。

务效率的同时,还可以降低服务成本。这些平台有如国外的 Wordbee、XTM、Memsource;国内的译马网、"语联网"模式、"译云"语言服务平台、译云翻译服务平台、LSCAT 语言服务创业创新平台、"传神"云翻译服务平台、"赛迪"智能语言服务平台等。

(二)拓展服务空间,开辟第五疆域

郭龙生认为,国家语言服务的空间范围是本国、相关区域性组织和国际组织。[①] 他没有明确提及网络空间。随着网络强国战略、"互联网 +"战略的实施,网络空间对现实空间的影响将越来越大。"互联网 + 语言服务"既是传统语言服务在虚拟网络上的空间延伸,也是依托互联网或移动互联网而相对独立存在的语言服务空间,从虚拟空间的纬度上创新拓展了语言服务的空间。

习近平在第二届世界互联网大会开幕式上发表主旨演讲时,共 26 次提及"网络空间"一词。他指出"网络空间是虚拟的,但运用网络空间的主体是现实的","网络空间同现实社会一样……"[②] 网络空间的服务主客体也都是现实的,和现实空间具有一致性。因此,无论是从国家战略布局,还是从网络和现实空间的语言服务主客体同一性上,我们都有必要将网络空间明确纳入国家语言服务的空间范畴。

中国工程院倪光南院士认为:"网络空间已成为国家继陆、海、空、天四个疆域之后的第五疆域,与其他疆域一样,网络空间也须体现国家主权。"[③] 语言信息处理、开发和利用能力作为国家语言能力的重要组成部分,是网络信息安全和网络空间话语权的基础保障,直接反映了国家实力的强弱,关涉国家形象及在世界上的话语权。"互联网 +"思维和技术,不仅驱动了语言服务产业新模式的形成,还驱动了语言信息技术发展和应用,通过云计算、移动计算和大数据存取、挖掘、处理技术,可以有效地提高信息检索、信息抽取、信息过滤、文本数据挖掘、语种自动辨认、跨语言检索等语言服务能力,促进语言云资源的整合、处理、开发和利用效率,提升网络空间的国家语言能力。

---

① 郭龙生:《论国家语言服务》,《北华大学学报》(社会科学版)2012 年第 2 期。
② 《习近平在第二届世界互联网大会开幕式上的讲话(全文)》,新华网,2015 年 12 月 16 日。
③ 《中国工程院院士倪光南:网络空间是国家安全"第五疆域"》,新华网,2014 年 11 月 11 日。

（三）创新服务技术，实现跨界融合

"互联网＋"蕴含的一个重要理念就是跨界融合。"跨界融合"的协同可以为语言资源开发、语言人才服务、语言资源平台服务、语言技术服务、语言应急服务、语言咨询服务，以及语言产业和语言经济的发展等方面注入生命活力。"互联网＋"思维革新了语言服务技术，利用语言大数据和云计算等技术的驱动，整合了商务交易、协同管理、语言工具包、专业语料库、机器翻译等交易、管理与应用工具平台，促进了语言服务行业产业化及语言经济的发展，并逐步呈现出语言服务全球化、产业化、多元化、信息化、流程化、协作化、职业化的特点。

技术创新，可以驱动语言服务技术的进步。例如，2015 年 10 月，"科大讯飞"推出了"随声译"功能，通过语音识别和机器翻译等核心技术实现了"同声传译"。国际著名社交网络 Facebook 和 Twitter 在很短时间内实现了多语本地化。[①] 微软在 2014 年将机器翻译嵌入 Skype Translator，从技术层面实现了跨语言的实时沟通，2015 年 4 月实现了英文与中文普通话之间的实时语音对话。[②] 语言服务技术的创新，还可以为用户提供拍照翻译、扫描翻译、语音识别翻译、人工智能＋机器翻译等多语种多样的翻译服务，实现跨语言交际。

跨界融合，可以驱动语言经济的发展。据美国著名语言行业调查机构 Common Sense Advisory 发布的《2015 年语言服务市场报告》(*The Language Services Market：2015*)，在"2015 年全球语言服务供应商 100 强"(*The Top 100 Language Service Providers：2015*) 排行榜中，我国的文思海辉技术有限公司、传神网络科技有限公司在亚洲排名分列第 2、3 名，全球排名第 16、19 名。[③] 这两家语言服务公司是利用"互联网＋"思维实现语言服务跨界融合的先行者。例如，"传神"公司利用"互联网＋语言处理"首创了"语联网"模式，已经在跨境电商、国际工程、装备制造、影视传媒、文化旅游、服务外包等方面和语言翻译服务深度融合，并形成嵌入式应

① 王华树、冷冰冰、崔启亮：《信息化时代应用翻译研究体系的再研究》，《上海翻译》2013 年第 1 期。
② 《Skype Translator 实时语音翻译中文预览版发布》，CNET 科技资讯网，2015 年 4 月 9 日。
③ Stephen Henderson, *The Top 100 Language Service Providers：2015*, http://www.commonsenseadvisory.com/AbstractView.aspx? ArticleID＝27203，2015 年 7 月 14 日。

用，同时利用其强大的语言云资源服务能力提供多语种语言服务。

三 促进"互联网+语言服务"创新融通，提升国家语言战略

国家"一带一路"战略、"'互联网+'行动计划"战略的提出和稳步推进，必将对世界经济、政治、文化格局产生深远的影响，也给我国语言文字事业发展带来新的机遇与挑战。为满足新形势下国家战略的需要，国家语言战略也应做出相应的调整，提升语言战略层次，拓展语言战略视域，积极推出重大战略举措，努力占据战略制高点，更好地满足国家和社会需求。

（一）依托国家战略布局，提升语言战略层次

2014 年 2 月，习近平在主持召开中央网络安全和信息化领导小组第一次会议时，首次提出了实施网络强国战略。十八届五中全会通过的《中共中央关于制定国民经济和社会发展第十三个五年规划的建议》也明确提及"实施网络强国战略"，"实施'互联网+'行动计划"。2015 年 7 月，国务院又发布了《关于积极推进"互联网+"行动的指导意见》。2015 年 12 月，习近平在第二届世界互联网大会开幕式上发表主旨演讲时再次强调："'十三五'时期，中国将大力实施网络强国战略、国家大数据战略、'互联网+'行动计划。"在国家相继提出一系列战略计划背景下，语言战略需要提升战略层次，站在国家发展战略的高度谋篇布局。

李宇明、赵世举、魏晖、张日培、黄行、沈骑等探讨了中国在建设"一带一路"过程中的语言需求、语言服务、语言景观、语言规划等问题。[①] 其中也有涉及"一带一路"语言服务战略与国家安全的有关问题，这里不再赘述。我们拟从网络强国战略与国家安全语言战略的关系，"'互

---

① 李宇明：《"一带一路"需要语言铺路》，《人民日报》2015 年 9 月 22 日；赵世举：《全球竞争中的国家语言能力》，《中国社会科学》2015 年第 3 期；赵世举：《"一带一路"建设的语言需求及服务对策》，《云南师范大学学报》（哲学社会科学版）2015 年第 4 期；魏晖：《"一带一路"与语言互通》，《云南师范大学学报》（哲学社会科学版）2015 年第 4 期；张日培：《服务于"一带一路"的语言规划构想》，《云南师范大学学报》（哲学社会科学版）2015 年第 4 期；黄行：《我国与"一带一路"核心区国家跨境语言文字状况》，《云南师范大学学报》（哲学社会科学版）2015 年第 5 期；沈骑：《"一带一路"倡议下国家外语能力建设的战略转型》，《云南师范大学学报》（哲学社会科学版）2015 年第 4 期。

联网'+行动计划"与语言产业、语言经济战略的关系两方面做简单阐述。

（1）实施网络强国战略，重视国家安全语言战略

王建勤、靳光瑾、戴曼纯、李宇明、黄德宽等从国家安全考量的应急机制、关键语言计划、发展中国语言在国际上的话语权等多个角度探讨了国家安全语言战略的重要性。① 在网络强国战略方面，国家安全语言战略也尤为重要。

习近平在提及网络强国战略时强调："网络安全和信息化是事关国家安全和国家发展、事关广大人民群众工作生活的重大战略问题。""没有网络安全就没有国家安全，没有信息化就没有现代化。"② 语言信息技术是国家信息化发展的基石及保障国家信息安全的关键力量，直接影响着我国信息化进程和国家安全。语言信息化水平的提升，是国家安全语言战略的重要组成部分，影响着网络强国战略下的网络安全和信息化建设。因此，实施网络强国战略，离不开国家安全语言战略的保驾护航。

习近平在加强国家安全治理时指出："网络安全和信息化是一体之两翼、驱动之双轮，必须统一谋划、统一部署、统一推进、统一实施。"③ "一体两翼的双轮驱动观"和"四个统一"思路的背后，离不开语言信息化的支撑。但是，目前我国语言信息化技术发展缓慢，严重威胁着国家网络安全和信息安全。李宇明认为："面对信息安全问题，亟须进一步提升语言信息技术以及处理各类事务的国家语言能力。"④ 我们应该以建设网络强国为契机，加强语言信息化水平建设。利用云计算、大数据等相关技术的发展，提升自然语言处理能力。西方国家在推出国家安全语言战略时，都依赖于高水平的语言信息处理技术。例如，美国国防和情报部门开发适用于汉语等的"跨语言情报侦查、提取及摘要系统"；英国出

---

① 靳光瑾：《语言文字信息化与国家安全》，《云南师范大学学报》（哲学社会科学版）2010年第2期；戴曼纯：《国家语言能力、语言规划与语言安全》，《语言文字应用》2011年第4期；王建勤：《美国"关键语言"战略与我国国家安全语言战略》，《云南师范大学学报》（哲学社会科学版）2010年第2期；黄德宽：《语言文字与国家文化安全》，《中国教育报》2014年3月28日；李宇明：《语言也是"硬实力"》，《华中师范大学学报》（人文社会科学版）2011年第5期。

② 《习近平主持召开中央网络安全和信息化领导小组第一次会议》，人民网，2015年2月27日。

③ 《习近平在第二届世界互联网大会开幕式上的讲话（全文）》，新华网，2015年12月16日。

④ 张清俐：《语言信息化研究构筑国家信息安全屏障》，《中国社会科学报》2014年6月18日。

台"国家语言战略",仅切尔腾纳姆市的政府信息中心就雇用了 300 多名语言分析师,实时监测分析有关国家的重要信息;法国实施法语国家语言战略、法语国际推广战略等。这些国家的安全语言战略已成为涵盖国家军事和安全等各个核心领域的全方位战略,包括谋求全球经济利益和意识形态战略。这给我们在实施网络强国战略的高度上,如何加强语言信息化建设带来启示。由此可见,实施国家语言安全战略,同样也离不开网络强国战略的支撑。

(2) 融合"互联网＋"战略,推进国家语言经济战略

习近平指出,中国将在"十三五"期间大力实施"互联网＋"行动计划,"促进互联网和经济社会融合发展"。"推动网络经济创新发展,促进共同繁荣。""发展分享经济,支持基于互联网的各类创新,提高发展质量和效益。"① 网络强国战略和"'互联网＋'行动计划"必然会促进互联网和经济社会融合发展,壮大互联网产业,加速互联网与传统产业的融合。"互联网＋"思维和语言服务深度融合,会给语言产业和语言经济的发展带来前所未有的机遇。"一带一路"建设也将推动语言产业、语言经济的快速发展。我们应该从国家语言经济战略的高度,为"一带一路"建设提供有针对性的语言服务,"制定专门的语言服务规划,构建相应的语言服务体系,包括语言使用服务、语言人才服务、语言资源与平台服务、语言技术服务、语言应急服务、语言咨询服务等",促进语言服务产业、语言经济的繁荣发展。

(二) 以互联互通思维,打造融通世界的"中国＋"

习近平指出:"加快全球网络基础设施建设,促进互联互通。网络的本质在于互联,信息的价值在于互通。"② 魏晖认为:"互联互通在'一带一路'建设中具有重要的基础地位、战略地位,是'一带一路'建设的主要内容。语言互通是'一带一路'互联互通的重要方面,是实现政策沟通、设施联通、贸易畅通、资金融通、民心相通的基础。"③

"互联网＋语言服务"连通的不仅仅是语言,它还将成为中国连通并

---

① 《习近平在第二届世界互联网大会开幕式上的讲话 (全文)》,新华网,2015 年 12 月 16 日。
② 《习近平在第二届世界互联网大会开幕式上的讲话 (全文)》,新华网,2015 年 12 月 16 日。
③ 魏晖:《"一带一路"与语言互通》,《云南师范大学学报》(哲学社会科学版) 2015 年第 4 期。

推动世界经济变革的纽带和桥梁。它能关联融合的不仅仅是网络的语言服务产业，还将从"血缘"、地缘、业缘等不同的交际关系中，促进"'互联网＋'行动计划"、"一带一路"战略、"网络强国战略"、"大数据战略"等协同打造中国连通和融合世界的枢纽和桥梁，推动世界优秀文化交流互鉴，推动各国人民情感交流、心灵沟通，构建一个"中国＋"的"命运共同体"。

四 结语

作为国家战略的"互联网＋"行动计划，其核心是促进云计算、大数据等新一代信息技术与传统制造业、生产性服务业等融合创新，发展壮大新兴业态，打造新的产业增长点。将国家语言服务通过互联网与其他更多行业实现融合是实现国家"互联网＋"发展战略的重要手段之一，是推进国家"一带一路"建设的重要保障。根据"互联网＋语言服务"发展的整体态势和我国语言服务现状，笔者针对制约该领域发展中的问题提出几点建议。

第一，强化国家语言文字及相关职能部门、相关的事业单位以及各级地方组织在语言服务中的主体地位。目前，云翻译与本地化服务、语言技术工具开发、线上语言教学与培训、多语信息咨询平台等服务主体主要是企业，这不利于语言服务产业的规模化和全球化发展，应充分发挥政府有关方面的规划、协调和引导作用。

第二，鼓励和加强高校、科研院所与语言服务企业的跨领域学术合作。高校和科研院所在语言服务的相关基础理论研究、行业发展分析、关键信息技术研发、跨学科联动等方面都有独特优势，开展校企合作可以促进双方互利、共赢。

第三，加强语言服务专门人才的培养。人才是语言服务的基石，要加强高级语言服务人才、语言服务研究与管理等高级人才的培养力度。

"一带一路"战略、网络强国战略、"'互联网＋'行动计划"、"大数据战略"已成为实现"两个百年"目标和中国梦的重要驱动力。围绕国家大战略，发展语言服务业，构建和完善国家语言服务体系，提升国家语言能力，是全国上下有关方面的应尽职责。

从"一带一路"语言需求看非专业外语教育存在的问题

李　佳*

[**摘要**]"一带一路"战略的核心是"互通",语言相通是实现各种互通的先决条件。在这种背景下,加强外语教育尤其是非专业外语教育,提高国民外语能力,无疑具有不可估量的意义。但从我国现实情况看,在非专业外语教育方面还存在一些明显的问题,如教材建设薄弱、学科基础支持不够、教育资源地域分布不均等,难以满足国家和社会的需求。因此,我国的外语教育必须改革和不断完善。

[**关键词**] 非专业外语能力;非专业外语教育;普通语言学;外语教育资源;一带一路

由习近平总书记提出的"一带一路"战略构想,是党中央、国务院统筹国内国际两个大局做出的重大决策,对我国政治、经济、文化等各领域都将产生长远而深刻的影响。"一带一路"战略的核心是"通",包括政策沟通、设施联通、贸易畅通、资金融通和民心相通五大合作重点(参见《推动共建丝绸之路经济带和21世纪海上丝绸之路的愿景与行动》①)。其中,"民心相通是'一带一路'建设的社会根基"。"一带一路"横跨亚、欧、非三大洲,沿线地区民族、宗教状况复杂,语言文字也呈现出显著的多样性,可以毫不夸张地说,语言相通是实现民心相通的先决条件。

在这一背景下,加强外语教育尤其是非专业外语教育,提高国民外语能力,无疑具有不可估量的重要意义。非专业外语能力同专业外语能力有着显著的差异,应从理论和实践两方面加以重视。当前我国大语种的非专

---

* 李佳,武汉大学文学院讲师,博士,中国语情与社会发展研究中心语情监测分析室副主任。

① http://www.mofcom.gov.cn/article/h/zongzhi/201504/20150400929559.shtml。

业外语教育日臻成熟，但对于众多非通用语种而言，无论是专业教育还是非专业教育，都明显薄弱，尤其是从我国"一带一路"建设日益旺盛的语言需求来看，更需要加强非专业外语教育，特别是非通用语种教育。以下我们在检视非专业外语教育必要性的基础上，探讨非专业外语教育在教材建设和理论建设方面的主要问题，供有关方面参考。

一 专业外语教育的局限

"一带一路"战略提出以后，一些高校纷纷行动起来，增设沿线地区相关语种的本科专业。根据《教育部关于公布 2013 年度普通高等学校本科专业备案或审批结果的通知》① 以及《教育部关于公布 2014 年度普通高等学校本科专业备案或审批结果的通知》② 可知，北京外国语大学 2014 年新增尼泊尔语，2015 年新增泰米尔语、土库曼语等本科专业；上海外国语大学 2015 年新增匈牙利语本科专业；天津外国语大学 2014 年新增马来语本科专业；广东外语外贸大学 2014 年新增波兰语、马来语，2015 年新增乌尔都语本科专业；西安外国语大学 2015 年新增乌尔都语本科专业……

专业外语人才的培养对"一带一路"建设无疑具有至关重要的意义，但考虑到"一带一路"建设的深度和广度，专业外语教育又呈现出一些难以克服的局限性。

（1）专业外语特别是非通用语种人才培养的门槛高、周期长，在单位时间内培养的人才数量较为有限，但未来的社会需求特别是对特定语种的需求却是难以估量的。我们当然可以采用行政手段动用社会资源在短时间内大办外语教育，如同新中国成立初期的大办俄语教育那样，但国际形势风云突变，大办外语教育在迅速提升国民外语水平的同时，也将巨大的社会投入置于风险之中。如二十世纪四五十年代出生的那代人，经常有小时候学俄语，"文革"后改学英语，俄语全然忘记的事例。

（2）专业外语翻译虽然准确性高、权威性强，但也存在高成本、人数有限，难以满足广泛的日常一般交际语言需求等问题。如果在所在国工作和生活中遇到任何一个简单的外语问题都要聘请翻译，其成本会相

---

① 《教育部关于公布 2013 年度普通高等学校本科专业备案或审批结果的通知》，http://old. moe. gov. cn/publicfiles/business/htmlfiles/moe/s5972/201403/xxgk_166213. html。
② 《教育部关于公布 2014 年度普通高等学校本科专业备案或审批结果的通知》，http://old. moe. gov. cn/publicfiles/business/htmlfiles/moe/s4930/201503/xxgk_185270. html。

当高的。诚然，我们可以期待未来机器翻译达到较高的水平，但就目前而言，大语种之间的机器翻译尚且只能作为辅助翻译手段，遑论小语种。

因此，实现语言互通最有效的手段，除了加强专业外语教育以外，更重要的是要强化受益更广的非专业外语教育，再就是要加强对派出人员的外语培训。此外，还要创造条件，鼓励和支持外派工作人员在工作中边干边学，通过在工作和生活中不断积累来提高外语能力。需要指出的是，这种非专业外语能力注重的是对基本知识和基本技能的掌握，不需要也不可能达到专业外语那样的熟练程度。江泽民同志在为"领导干部外事用语丛书"所写的序言——《领导干部一定要努力学习外语》中就曾指出[1]：

> 加强同各国人民的交流交往，需要在学好祖国语言的同时认真学习外语，领导干部尤其要以身作则。领导干部如果能够直接用外语进行基本交流，都来做促进相互了解工作，就会产生很好的效果。我的体会是，直接的语言交流，哪怕是最基本的交流，其效果也要优于间接的语言交流。我说的是最基本的语言交流，要求领导干部都脱离翻译而去进行全面的语言交流目前是不现实的。

江泽民同志就身体力行学习外语。据凤凰网转载的《江主席究竟掌握了几门语言？》一文："江主席精通的是英语和俄语，罗马尼亚语次之。通晓西班牙语、日语，法语和德语一般交流没的说，此外还掌握了冷门的乌尔都语。"[2]

赵世举指出："一个人掌握语言数量的多少和质量的高低，决定人活动半径的大小、发展路径的宽窄、生存空间的广狭。"[3] 对于广大涉外人员特别是跟当地民众打交道较多的专业技术人员来说，提高多语能力更为重要。因此，应采取不同措施，努力提升各种涉外人员的外语知识和外语能力，为"民心相通"和满足日常工作及生活的外语需要创造有利条件。

---

[1] http://news.xinhuanet.com/politics/2011-12/17/c_111252332.htm。
[2] http://news.ifeng.com/a/ydzx/20150421/43596515_0.shtml。
[3] 赵世举：《再论着眼人生存与发展需要的全面语言素质观》，第八届全国社会语言学学术研讨会主题发言，2015。

二 非专业外语教材的主要问题

非专业外语的性质决定了学习者不大可能在专业教师的指导下，利用大量而集中的时间，全面而深入地进行语言学习，因此自学往往是非专业外语学习的常态。在自学过程中，教材的质量无疑是一个关键。日、韩、法、德、俄等大语种由于人力、物力较为充足，不同类型的教材也相对成熟；西、葡、意、泰、越等语种的教材近年来也在不断丰富，但"一带一路"建设急需的一些非通用语种的教材状况却不能令人满意，还存在诸多问题。根据当前亚马逊、京东等网站上可购买的教材分析，主要存在以下三个突出问题。

（1）品种单一。如缅甸是东南亚地区的大国，跟我国关系历来较为密切，但市售缅甸语基础教材却屈指可数（见表1）（统计截至2015年8月）。

表1　市售缅甸语教材情况统计

教材名称	册数	光盘	出版社
缅甸语教程	6	无	北京大学出版社
基础缅甸语	4	有	世界图书出版广东有限公司
新编缅甸语	已出1	无	外语教学与研究出版社
缅甸语三百句	1	无	北京大学出版社
缅甸语900句汉语谐音	1	无	广西人民出版社
初级缅甸语会话教程	1	有	世界图书出版公司
缅汉会话	1	无	外语教学与研究出版社

以上多卷本为大学专业教材，一卷本多为面向非专业外语人士的会话教材。这就存在一个突出的问题，即多卷本太"厚"，其中大量内容为听、说、读、写、译等全面专业技能的训练，只适合学校教学而不太适合自学；一卷本又太"薄"，虽然收录了生活中大量使用的会话，但对语言知识的讲解深度不足，有可能使学习者缺乏日后自学的后劲。据我们观察，这种情况绝非个案，在其他非通用语种中也较为普遍。

（2）录音光盘未成标配。对于初学者特别是以自学为主的非专业初学者而言，语音是首要的难关，因此录音光盘理应成为非专业外语教材的标配。然而现实状况却不尽如人意，从以上缅甸语教材可见一斑。一些出版社策划了一批质量较高的非专业外语丛书，如北京大学出版社的"外语实用口语三百句系列" 丛书涉及英、法、德、西、俄、葡、意、希腊、希伯来、日、韩、越、缅、印尼、泰、阿拉伯等 17 个语种①，上海外语教育出版社的 "青春与世博同行——外语 100 句丛书" 也涵盖英、法、德、俄、西、葡、意、希腊、阿拉伯、日、韩、越、泰、缅、柬、马来、印尼等 17 个语种②，但令人遗憾的是，这两套教材均未配备录音光盘。广西人民出版社的 "东盟走得通丛书" 包括越、老、缅、泰和印尼 5 个语种，不仅未配备录音光盘，反而采用汉字谐音的方法来标音，由于这些语言跟汉语的语音差别较大，即使作为非专业外语教材，也值得商榷。其中一个很突出的问题是，很容易对学生造成误导。

（3）文字教学方法单一。亚洲地区文字状况异常复杂，如西亚、海湾地区以及巴基斯坦通行阿拉伯文，以色列使用希伯来文，南亚通行天城体，东南亚佛教国家的文字为天城体的变体，只有菲律宾、印度尼西亚和马来西亚采用拉丁字母记录自己的民族语言。在语言的初学阶段，熟悉一种完全陌生的文字体系并将其与发音建立对应关系非常重要，必须根据目标语文字的特点和学习者的特点，探索方便高效的教学方法。有的教材采取将目标语文字与拉丁字母对照比较的方式来帮助学生学习，这无疑是一个快捷有效的办法。例如《缅甸语三百句》③（书影取自亚马逊中国网站）：

သင်ခန်းစာ (၆) ရာသီဥတု
ya dhi u' du'
第6课　　谈气候

51. ဒီနှစ်ဟာမနှစ်ကထက်ပိုအေးတယ်॥
di hnit ha m-hnit ga' htet po ci: de
今年比去年冷.

52. မနေ့ ကညနေသိပ်သာယာပါတယ်॥
m-nei' ga' nya' nei theit tha ya ba de
昨天下午天气很好.

但经过考察我们发现，能像这样采取积极措施的教材凤毛麟角。以阿拉伯语教材为例，阿拉伯字母对绝大多数汉族学习者来说，难学难认，但

① http://baike. baidu. com/link? url = FkGZEKFrOlutKGEgnPddLKxR67JL3w5uu0OgifLgibFHG GfWwSdpsEXr1 DTIViXkdRkQUnLeumQBjQRqsL5 - cq.

② http://www. sflep. com/press - center/3 - news/152.

③ 李谋等：《缅甸语三百句》，北京大学出版社，2010，第 50 页。

无论是北外版的《新编阿拉伯语》、上外版的《新编阿拉伯语教程》，还是北大版的《简明阿拉伯语教程》，都只是在语音阶段有少数拉丁字母或国际音标对照，后续基础课程要求学习者完全辨识阿拉伯字母，这对自学者要求显然偏高。

综上所述，"一带一路"这一庞大的系统工程势必催生大量的非通用语种学习者，外语教学者应顺应形势，多做换位思考，提升"一带一路"建设急需的非专业外语教材质量，增强针对性、可读性和易学性。

三 外语教育学科基础支持不够

工作实践，需要理论指导。作为研究人类语言普遍规律的学科，普通语言学在非专业外语教学中有着巨大的潜在价值，仅举两例。

（1）普通语言学的理论指导能够克服口耳之学的局限，使外语学习不仅能知其然，还能知其所以然，从而事半功倍，提升学习效率。以语音学习为例，语音差异是世界不同语言最为外显的差异，也是语言学习的首要难点。由于绝大多数成年人已经超过了语言学习的关键年龄，因此不可能像小孩儿学习母语那样自然习得，这时通过理论知识的学习自主掌控发音器官的运动就显得尤为重要。

如日语的う段假名带有元音 [ɯ]，该音在音系地位上接近汉语拼音的 u（国际音标 [u]），但音值有一定差距，如果完全用汉语拼音的 u 去匹配日语的う段元音，虽然对日常交际影响不大，但听起来会有浓重的中式日语味道。日语う段元音在汉语里并没有近似的音，但它与汉语的 u 形成展唇与圆唇的对立，只需保持汉语 u 的舌位，再把嘴唇慢慢咧开，就能发出标准的日语う段元音。

（2）普通语言学的旨趣在于透过语言的多样性来观察语言的统一性，因此普通语言学理论相当于给人们学习多种外语提供了一个统一的模板，使得学习时能够举一反三、一通百通，这对于只需要掌握语言基础知识和基本技能的非专业学习者而言无疑具有重要意义。

如只要知道韩语的ㅡ元音同样发为国际音标的 [ɯ]，就无须重复训练，只需从日语的う段元音类推即可。

改革开放三十多年来，普通语言学学科取得了长足发展，其标志是在我国高等教育学科分类体系中，普通语言学取得了应有的学科地位，不再是某种特定语言的附庸。但毋庸讳言，从"一带一路"战略及未来我国全面开放的需求来看，普通语言学学科也有一些亟待解决的问题，其中最突出的是汉语和外语资源分散，各自为政，缺乏统一规划，因而相关研究也非常薄弱。

造成汉语、外语各自为政的根源在于，虽然普通语言学取得了自己的学科地位，但由于历史的原因，其被分置于"中国语言文学"和"外国语言文学"两个一级学科的二级学科"语言学及应用语言学"和"外国语言学及应用语言学"之中，行政上一般也分别隶属于中文系和外语系。如表2所示：

表2　汉语、外语等不同学科分类归属情况

一级学科			
0501 中国语言文学	0502 外国语言文学	0101 哲学	0601 历史学
归口中文系、文学院	归口外语系、外语学院	归口哲学系	归口历史系
二级学科			
050101 文艺学	050201 英语语言文学	010101 马克思主义哲学	060101 史学理论及史学史
050102 语言学及应用语言学	050202 俄语语言文学	010102 中国哲学	060102 考古学及博物馆学
050103 汉语言文字学	050203 法语语言文学	010103 外国哲学	060103 历史地理学
050104 中国古典文献学	050204 德语语言文学	010104 逻辑学	060104 历史文献学（含：敦煌学、古文字学）
050105 中国古代文学	050205 日语语言文学	010105 伦理学	
050106 中国现当代文学	050206 印度语言文学	010106 美学	
050107 中国少数民族语言文学	050207 西班牙语语言文学	010107 宗教学	060105 专门史
050108 比较文学与世界文学	050208 阿拉伯语语言文学	010108 科学技术哲学	060106 中国古代史
	050209 欧洲语言文学		060107 中国近现代史
	050210 亚非语言文学		060108 世界史
	050211 外国语言学及应用语言学		

这一人为的分割显然跟普通语言学的学科宗旨背道而驰，不利于该学科的发展，也限制了该学科更好地发挥应有的价值。反观相关的哲学学科和历史学科，由于这两个学科中外不分家，未归口到不同的院系，因此基础理论都位于该一级学科的首位（马克思主义哲学的地位相当于哲学理论），就其受重视程度来说，"中国语言文学"和"外国语言文学"两个一级学科与其不可相提并论。

由于学科调整牵涉面较大，这一状况在短期内难以改观，然而"一带一路"建设对外语学习的需求又日益迫切，我们建议，以现有基础较好的外语院校为依托，在全国分设普通语言学研究中心和世界主要语言资源库，以备政府机构、社会团体、企业法人乃至普通民众随时调用。

四 外语教育资源地域分布不均

非专业外语教育不仅面向高校学生，而且应该面向全社会，因此教育资源的合理分布非常重要。只有当一个地区的专业外语教育资源丰富甚至富余的时候，非专业外语教育才有充分、快速发展的条件。但我国的实际问题是，外语教育资源存在严重的地域失衡问题，大量的小语种专业高度集中于北京，其次是上海和广州等沿海地区，中西部地区小语种资源严重匮乏。我们对全国本科专业有十个语种专业以上的高校所进行的调查如表3所示（另附广西民族大学和云南民族大学作为参考，统计截至2015年8月）。

表3 全国本科专业有十个语种以上的高校外语专业调查情况

地区	高校	专业总数	联合国工作语言	东亚语言	东南亚语言	南亚、西亚语言	非洲语言	西欧、北欧语言	东欧语言
东北	大连外语[1]	10	5	日朝				德葡意	
华北	北外[2]	48	5	日朝蒙	越老柬泰缅印马菲	印乌僧波希土	斯豪	德荷葡意丹挪瑞冰希马	波匈捷斯罗保塞斯阿乌爱拉立
	北大[3]	20	5	日朝蒙	越泰缅印菲	印乌梵波希		德葡	
	中传[4]	22	5	日朝	马	印泰孟尼普土	斯	德荷葡意瑞世	匈
	外经贸[5]	12	5	日朝	越	波		德意葡	
	北二外[6]	10	5	日朝				德意葡	
	北语[7]	10	5	日朝				德意葡	
	天外[8]	14	5	日朝	缅印马		斯	德葡意	
华东	上外[9]	23	5	日朝	越泰印	印波希土乌		德荷葡意瑞希	匈乌
华南	广外[10][11]	20	5	日朝	越老柬缅印马泰	印	斯	德葡意	波
	广西民族[12]	9	英法		越老柬泰缅印马				
西北	西外[13]	15	5	日朝	泰	印乌波土[14]		德葡意	

续表

地区	高校	专业总数	联合国工作语言	东亚语言	东南亚语言	南亚、西亚语言	非洲语言	西欧、北欧语言	东欧语言
西南	川外[15]	11	5	日朝	越			德葡意	
	云南民族[16]	9	英		越老柬泰缅印马	印			

（表中东南亚地区的"印"指印尼语，南亚地区的"印"指印地语；西亚地区的"希"指希伯来语，西欧地区的"希"指希腊语）

[1] http://www.dlufl.edu.cn/xxgk。

[2] http://www.bfsu.edu.cn/undergraduate。

[3] http://sfl.pku.edu.cn/show.php? contentid = 2792。

[4] http://sis.cuc.edu.cn/web/sis4.htm。

[5] http://baike.baidu.com/view/3259491.htm。

[6] http://www.bisu.edu.cn/col/col1408/index.html。

[7] http://wy.blcu.edu.cn/lanmu/xue - bu/gaikuang.html。

[8] http://www.tjfsu.edu.cn/content/xxgk_list_xxjj.shtml。

[9] http://www.shisu.edu.cn/about/2011/2011, about, 000097.shtml。

[10] http://xiyu.gdufs.edu.cn/xygk/xyjj.htm。

[11] http://foalc1.gdufs.edu.cn/xygk/xyjj.htm。

[12] http://foreign.gxun.edu.cn。

[13] http://www.xisu.edu.cn/gaikuang/zhuanye.php。

[14] http://222.90.76.146/dyxy/college_introduction.asp。

[15] http://zsb.sisu.edu.cn/news.asp? newsId = 317。

[16] http://dnywxy.ynni.edu.cn/list93p1。

在外语教育资源最为匮乏的中部地区，竟无一所专业语种超过十种的高校，连武汉大学也仅有英、俄、日、德、法五种语言专业，华中科技大学设英、日、德、法四个语言专业，与武汉大学高度重合。遗憾的是，虽然韩国在汉企业和人员较多并设有领事馆，但这两所武汉最知名的高校均无韩语专业。

位于洛阳的中国人民解放军外国语学院拥有包括英、俄、日、德、法、西、阿等33个语种的外语专业①，但由于其性质、机制问题，服务地方的能力受到一定限制，这些问题需要有关方面从顶层设计上加以谋划。

如前所述，外语教育周期长、成本高，专业设置不可能一蹴而就，因此我们建议，可以先在中部地区设立普通语言学研究中心，由其负责建设世界主要语言资源及语言学习资源库（华中分库），服务于该地区学校和

① 2015 年中国人民解放军外国语学院招生简章，http://gaokao.eol.cn/junshi/junxiao/201505/t20150520_1260610.shtml。

社会外语学习的需要，以缓解区域外语资源贫乏的问题。

当前，"一带一路"建设正如火如荼地向前推进，一些学者也注意到其中潜在的风险。"一带一路"沿线地区民族、宗教等问题由来已久，有的地区甚至处于激烈冲突之中。要有效规避风险，保证国家财产和人民生命的安全，就必须实现与相关国家和地区"民心相通"，并及时掌握各种动态信息，这都离不开语言的支持。在这一背景下，我国的外语教育必须改革和不断完善，以适应国家和社会的需求。

试论"一带一路"背景下中国面向东盟的语言产业发展

陈　颖*

[摘要]"一带一路"背景下,中国面向东盟发展语言产业,具有重要的经济服务意义、社会文化意义、战略安全意义及学术意义。为此应研判中国与东盟互联互通建设的各类语言需求,分析相关语言产业发展的资源基础、优劣势和面临的挑战与问题,有针对性地制定面向东盟的语言产业发展规划,探讨中国面向东盟发展语言产业的途径及举措,逐步构建合适的语言产业体系,为推进中国与东盟的互联互通提供优质的语言服务。

[关键词]一带一路;中国;东盟;语言服务;语言产业;语言经济

语言互通是"一带一路"互联互通的保障,当前学术界对服务"一带一路"的语言文字规划的研究方兴未艾,但尚未见就中国面向"一带一路"沿线国家的语言产业发展问题开展研究。东盟是"一带一路"建设的重点和优先地区,在"一带一路"背景下发展面向东盟的语言产业,将有利于促进中国与东盟的各方面交流与合作。本文试就有关问题展开讨论,以求教于方家。

一　面向东盟发展语言产业的意义

语言文化融通是"一带一路"建设的基础工程、先导工程和民心工程,① 是"一带一路"实现政策沟通、设施联通、贸易畅通、资金融通、民心相通的前提。当前中国与东盟一些国家已经开始加紧推进各类互联互通项目的合作,但语言互通作为必要的"软件"建设,还较为薄弱,亟待

---

* 陈颖,广西大学文学院讲师、武汉大学文学院/中国语情与社会发展研究中心博士后。
① 赵世举:《"一带一路"建设的语言需求及服务对策》,《云南师范大学学报》(哲学社会科学版)2015年第4期。

规划和启动相关建设。其中，积极发展面向东盟的语言产业也是一个重要方面，意义重大。

（一）经济服务意义

"一带一路"背景下，中国面向东盟发展语言产业，不仅可开拓语言产业发展新的生长点，促进语言经济发展，而且可为中国与东盟互联互通及各方面的交流合作提供语言服务，保障"一带一路"建设的顺利实施，推动相关产业和领域的经济发展。

（二）社会文化意义

面向东盟发展语言产业，能够扩大中国与东盟各国之间的人文交流与合作，增进相互了解和信任，有利于中国与东盟各国文明互鉴，也有利于维护中国西南边疆与周边国家跨境民族地区的语言多样性和语言生态的和谐与稳定，增强国家文化软实力。

（三）战略安全意义

面向东盟发展语言产业，能够提升我国面向该地区的关键语言人才的培养和储备能力，以满足国家安全的语言需求，为拓展和保护中国在东盟地区的利益、维护南海权益与稳定、保障中国跨境地区的安全服务。

（四）学术意义

语言产业是语言经济发展的主要途径和手段，也是语言经济理论研究与实践结合的衔接点。"一带一路"背景下面向东盟发展语言产业，可为中国语言经济学的理论发展不断提供丰富的实证，为中国语言经济的实践不断积累经验，从而可拓展中国语言经济研究的视野，深化中国语言产业和语言经济的理论发展。

总之，"一带一路"战略背景下，面向东盟发展语言产业，具有多方面的意义。它承载着探寻中国的语言经济发展之道、服务中国与东盟的互联互通、改善中国在南海周边和平崛起的地缘政治环境等重大历史使命。应将"充分利用中国与东盟两个市场，主动参与国际语言产业合作和竞争，扩大在东盟的语言产业发展空间"作为指导思想，坚持合理布局、协调发展、科技创新以及充分发挥市场的基础性作用与政府引导推动相结合的原则,以开拓面向东盟的语言市场为核心,努力形成一批具有区域乃至更广泛影响力的语言企业和创新活力旺盛的语言产业园区,逐步建成一批产业链完善、创新能力强、特色鲜明的语言产业集聚区,推动中国语言产业发展达到世界先进水平。

二 中国与东盟互联互通的语言需求

语言需求是语言产业发展的前提和依据,也是语言市场得以运行的动力。因此分析语言需求是语言产业规划活动的一个重要环节。根据中国与东盟人文经贸交流的现状,参考一些学者的相关研究,我们认为,在"一带一路"背景下,中国与东盟互联互通建设带来的语言需求大致可分为以下几类。①

(一)语言文化融通需求

中国与东盟的互联互通是一个长期的战略规划,作为近邻,双方在政策、设施、贸易、资金、民心等五个领域的互联互通建设,不仅能为双方带来经济方面的利益,也将给南海地区带来和平与稳定。要实现这一目标,就十分需要语言文化融通作为基础和保障。东南亚地区民族众多,语言繁多,文化多元,是名副其实的"语言博物馆",语言状况极其复杂。但因历史上除泰国外东南亚诸国均受到过西方列强的殖民统治,这些民族国家又在独立后纷纷将英语作为本国官方语言之一,同时《东盟宪章》第34条也规定英语为东盟唯一的工作语言,因此东盟语言版图上的超中心语言至今一直是英语,此外还有使用人口均超过1亿的超中心语言汉语和马来语。② 这样看来,英语、汉语和马来语大可作为中国与东盟交往的通用语,但是这些语言的使用在某种程度上或许只能达意却难以表情,只能通事却难以通心。须知语言的使用若要表情、通心,需用本区域各国各族人民最乐意使用的语言。③ 除了英语、汉语、马来语以及各国的主体语言外,其他民族语言和方言也在东南亚社会的日常生活中有效地担负着各种交际

---

① 赵世举:《"一带一路"建设的语言需求及服务对策》,《云南师范大学学报》(哲学社会科学版)2015 年第 4 期。

② 陈兵:《东盟国家语言状况及广西的外语战略研究》,《外国语(上海外国语大学学报)》2012 年第 1 期。

③ 李宇明:《"一带一路"需要语言铺路》,《人民日报》2015 年 9 月 22 日。

功能。因此学习和掌握东盟各国族群的语言，成为中国与东盟各国表情、通心的需要，是保证“一带一路”建设顺利实施的重要条件。

（二）语言人才需求

“一带一路”战略的实施将促使中国与东盟的各种深度合作日益增多，工程技术人员、经贸人员、交通运输人员、法律政治人士、文学艺术工作者、历史地理研究者大量往来于中国与东盟各国，因而不仅需要传统的专门翻译人才，更需要“语言＋专业”的复合型人才。这类人才不仅应精通汉语、英语和东盟国家的主体语言，在经贸、科技、工程技术等领域学有所长，还应熟谙东盟各国国情、政治、文化、制度、宗教和风俗，具有跨中国与东盟文化的交际能力，诸如提供语言沟通服务的翻译人员、东南亚语言教学及汉语教学师资，服务于中国及东盟经贸往来和工程建设的复合型语言人才，以解决语言应用问题为任务的语言技术人员（如语言信息处理人员、语言软件开发人员、语言资源建设和开发人员等）以及以中国与东盟的语言文化问题为研究对象的科研人员等。

（三）语言产品需求

“一带一路”建设，将会带动对各类语言产品的需求，而以下几类语言产品正是需要加快研发的。

第一，语言学习产品。例如教材、教学辅导资料、课件、音频视频课程、工具书、纸质及电子词典、网络学习资源、语言学习软件等，其中既包括东盟十国语言学习产品，也包括适合东盟各国使用的各类汉语学习产品。

第二，语言技术产品。指的是能对语言文字进行存储、复制、识别、翻译的产品，如能够为汉语与东盟十国语言提供对译的语言文字输入法、语音及文字识别器、语料库、文字处理软件、语言翻译器等。

第三，语言文化创意产品。包括以语言各要素（如语音和汉字）为元素或载体的能够满足东盟各国不同精神文化需求的各种文化娱乐产品，如译成东盟各国语言文字的中国文学作品、优秀影视戏剧、相声、小品表演、民族语言文化丛书及学术著作等；以弘扬民族语言文化为目的的对中国语言所表达内容的想象、加工、组合和创造而设计的产品，如汉字广告、汉字书法艺术、镌刻有民族文字图案的各类服饰和艺术作品、影视音像制品，与民族地区旅游业相结合的能够体现当地民族语言文字魅力的各种表演等。

（四）语言服务需求

"一带一路"建设的实施，将促使中国与东盟各国之间的交往更为频繁，如工程建设、商贸往来、交流访问、旅游探亲、跨国婚姻、留学等引发的人员大流动都将改变现有的语言格局，也使得这些流动人员面临更为复杂多样的语言生活环境。因此为这些群体提供无障碍的语言沟通服务，也是中国与东盟互联互通建设的一个重要需求。例如，针对在华举办的各类在中国东盟之间开展的国际会议和活动提供的语言培训和语言翻译服务，提高城市和乡镇各窗口行业东盟语种服务质量的语言环境建设，为东南亚商人、学生及其他有汉语学习需要的人士提供的语言家教，面向东盟的相关语言资源平台建设，为雇用中国员工的东盟国家在华企业、公司提供旨在规避语言冲突的语言管理策划，中国面向东盟的产品的命名等，这些需求都应该有相应的语言服务匹配。

三　面向东盟发展语言产业的境况分析

作为一种战略性新兴产业、朝阳产业和绿色产业，中国面向东盟的语言产业建设理应成为中国与"一带一路"沿线国家产业合作的组成部分。当前中国与东盟在商贸、投资、文化交流等各领域合作的加强，赋予了中国面向东盟的语言产业以良好的发展机遇。为了抓住机遇，稳步发展，必须深入分析中国面向东盟的语言产业的资源基础、竞争优势和劣势、面临的挑战与问题等，以便科学决策、正确决策。

（一）资源基础及优势

东盟是我国政治、经贸、文化交往的重点方向和优先区域，在"一带一路"沿线 64 个国家中发挥着独特作用。从政治上讲，东南亚是我国周边外交的关键地区，是落实"亲、诚、惠、容"四字方针的核心区域；从经贸角度看，东南亚是我国的重要贸易伙伴，2013 年双边贸易占"一带一路"沿线国家对华双边贸易总额约 50% 强；从文化联系方面讲，东南亚华人数量占海外华人总量的 80% 以上，是中华文化圈最大的辐射影响区域。①

---

① 周倩：《"一带一路"视野下的东南亚汉语推广市场分析》，《云南师范大学学报》（对外汉语教学与研究版）2015 年第 5 期。

可见，东盟在"一带一路"建设中具有关键地位。中国与东盟拥有开展语言文化产业合作的良好文化基础，双方拥有大量"同源异流"的跨境民族，部分语言文字存在亲缘关系，同属于亚洲"泛儒家文化圈"及由于历史上华人下南洋形成的"大华人"生活圈，这些无疑为中国面向东盟语言产业的发展提供了良好的资源基础与天然的竞争优势。

1. 发展汉语言产业的资源基础与竞争优势

汉语言是中华民族文化的主要载体，汉语言及中华文化历史悠久，其文化价值从历史上汉字文化圈的形成就已开始显现。随着中国经济实力的日益增强，世界各国学习汉语的要求越来越迫切，对汉语的学习应用及汉语产品技术的消费需求也越来越旺盛。作为市场潜力较大、特色明显、附加值较高的主导产业，[①] 可以想见"一带一路"背景下汉语经济和汉语产业有着巨大的发展空间，而这对我国面向东盟传播汉语也是大好机遇。开发汉语资源、培育汉语言经济、发展汉语言产业，毫无疑问将能助推汉语的国际推广传播。面向东盟发展汉语言产业，除了要发挥好汉语言自身的历史文化资源优势外，还应重视利用汉语海外使用者的资源条件。东盟国家生活着4000多万华侨华人，是海外华人分布最集中的地区，占海外华人数量的80%，而东南亚华商在历史上长期扮演着沟通中国与南海丝绸之路各国的不可或缺的重要角色，这就使得汉语一直作为东南亚华人社会主要的沟通媒介和交际工具。当前中国经济的快速发展与和平崛起，赋予了汉语以更重要的国际地位，为东南亚华人学习和使用汉语注入了新的活力，中国与东盟不断扩大的基础建设和贸易空间也向东盟各国提供了更多使用汉语的机会，这些积极因素都为中国面向东盟开拓语言产业提供了更多的投资和合作机会。当下的中国应乘借与东盟互联互通建设如火如荼的东风，充分利用东南亚的华文教育传统，以及东南亚华商参与新海上丝绸之路建设的浪潮，利用好海上丝绸之路沿线丰富的华侨华人资源具有的"融通"中国与东南亚的独特优势，带动中国面向东盟开拓汉语经济市场与东盟汉语教育事业的协同发展和相互促进，深化汉语文化在东南亚的传播，力争使得汉语在东南亚成为该地区除英语之外的第二大区域国际交际语言，促进中国在东南亚软实力的提升。

---

① 王振顶：《汉语国际传播的语言经济学研究》，《云南师范大学学报》（对外汉语教学与研究版）2009年第6期。

2. 发展东盟主要语言产业的资源基础与竞争优势

经济全球化语境下，加强对非通用语种资源的管理规划，对于维护国家安全和拓展国家利益具有重要的战略意义。当前中国在东南亚扮演着日益重要的角色，而东盟各国语言资源正是中国打通新世纪海上丝绸之路的"关键语言"，掌握并培养东盟语言人才，发展东盟语种经济，繁荣国内东盟语种市场，不仅对于增强中国与东盟政治互信和促进经济合作有着重要作用，而且还将起到与"一带一路"战略充分对接、维护我国非传统安全的作用。

地处中国西南的广西、贵州、云南、海南等与东南亚国家在民族、语言和文化方面有着密切的亲缘关系，在"地理距离""语言距离"及"文化距离"方面的差距都比中国内陆省份与东盟的距离要小得多，这非常有利于双方相互了解和学习对方的语言。这些省区可以在与东南亚文化交流的现有基础上，规划好与东盟同源语言资源的产业化建设。从经济方面看，这有利于提升中国与东盟同源相似民族语言资源的经济价值；而从战略安全角度看，通过利用我国与东盟在语言文化方面的同源优势，以"柔性"方式拉近我国与东盟国家的心理距离，这有助于消解中国与东盟国家因地缘政治分歧、意识形态和价值观念差异等产生的心理隔阂，也能够辅助我国南海及相关区域和平外交战略的开展。

3. 发展我国少数民族语言产业的资源基础与竞争优势

语言是一个民族文化的象征和载体，语言使用和语言认同是衡量一个民族语言的社会价值和民族活力的重要标识。在经济快速发展及多元文化冲击下，当今中国许多民族语言的生存面临很大的威胁。若适当增加语言使用的人口，拓宽语言使用的领域和范围，在一定程度上则有利于语言资源应用效益的提升，增强语言的活力。发掘濒危民族语言资源的经济潜力，挽救其于"无人问津"的状态，促使其发挥出服务社会的价值，成为当下保护民族语言多样性，传承少数民族文化的行之有效的途径。云南、贵州和广西等是中国 - 中南半岛经济带的重要构成省区，中国最南端的海南省与东盟诸国隔海相望，这些省份历史上居住着苗族、壮族、布依族、侗族、瑶族、土家族、哈尼族、傣族、黎族、纳西族、景颇族、毛南族、仡佬族、锡伯族、阿昌族、京族等与东南亚语言同源的少数民族，以及使用各种汉语方言如平话、西南官话、客家话、粤方言、湘方言和闽方言的汉族族群；中国西北的宁夏、陕西、甘肃、新疆以及东南沿海如福建等地区散布着大量的与马来西亚、印度尼西亚、文莱等伊斯兰文化圈国家有着共同的宗教信仰的穆斯林,这些资源共同构成了我国面向东盟发展语言产业的文化根基和精神纽带。而在"一带一路"背景下,这些省份的语言资源的战略价值更为凸显,对其进行产业化开发的前景更为广阔。更重要的意义在于,在人类精神文化需求越来越旺盛的当今社会,发掘这些少数民族语言资源经济价值,将有利于刺激和带动民族语言产业经济的需求和发展,也有利于推动使少数民族语言由静态记录变为动态使用的创新保护。

(二) 存在的问题及劣势

1. 语言产业理论研究薄弱。一方面,当前虽然学者多呼吁将语言产业当作独立产业来对待,但整体来看,学界对语言产业的理论研究滞后于事实发展;另一方面,目前虽然涌现了一些关于语言产业的研究成果,但对语言产业发展动态的追踪力度和实证调查不够,理论概括不够,也很少关注中国面向东盟的语言资源开发与语言产业发展。因此可以说当前我国语言产业理论尚未成熟,相关的科研队伍也势单力薄。

2. 语言产业行业地位不明确,大众对语言产业缺乏认识。当前中国的语言产业研究处于起步阶段,语言产业的行业地位尚不明确,并未列入国民经济统计口径,缺乏政策扶持、知识产权保护。近年来虽然国家语委等部门先后出台了关于繁荣语言事业、发展语言产业的规划纲要,但相对于一般文化产业而言,社会大众对语言产业的认识仍然非常有限,语言产业并未得到应有的重视。

3. 语言资源开发落后,语言产业尚处于低端。我国现阶段对于语言资源的开发并不充分,语言产业在产业结构中的比例仍然较低。举个例子,广西作为"一带一路"重要的衔接门户,2009 年区内文化及相关产业(该数据已涵盖语言产业)的增加值为 198.7 亿元,仅占全区国内生产总值的 2.6%,[1] 这说明语言产业在广西整个产业结构中的占有份额以及与文化产业的关联度都相当低。作为中国 - 东盟博览会永久举办城市的省会南宁,十多年来虽然举办过多届"两会一节""两大战略论坛"等区域性国际盛会和活动,面向东盟的文化产业发展也如火如荼,然而至今都未催生与面向东盟的语言产业相关的交易博览会或语言会展业的萌芽,语言服务

---

① 《广西壮族自治区文化产业发展"十二五"规划》,广西新闻网,2013 年 3 月 27 日。

体系建设仍与面向东盟的区域国际性城市的硬件建设不同步。而同处于中国–中南半岛经济走廊上的民族语言资源富矿地区,云南和广西两省区当前对民族语言产业资源战略价值的研究、评估和开发利用工作还没真正启动。与某些语言产业较为发达的东盟国家如菲律宾相比,可以看出当前中国面向东盟开发语言产业资源的力度相当不足,总体仍处于自发、分散的初级阶段,更谈不上已形成独立的、具有完整体系的成熟的语言产业体系。

(三) 面临的挑战

随着"一带一路"战略的实施,一方面,西方一些国家可能会利用历史上入侵东南亚后延续下来的政治外交关系,以及当下具有的雄厚的经济、资金、技术、人才等优势,对东南亚国家在语言、文化及意志等方面进行"文明式"开发的同时,宣传"中国威胁论",从而制造"语言殖民",以霸占东盟的语言市场,对中国语言产业在东南亚的开拓构成强大的障碍和激烈的竞争阻力。另一方面,东盟本质上是一个多国家和多民族的联盟组织,内部成员众多,这些次级单位之间在语言资源、经济环境、社会文化、科技发展、政治诉求等方面存在极大的差异,各有各的语言产业竞争优势和利益需求;与此同时,我国也包括 31 个省、自治区和直辖市,语言及语言产业状况也不尽相同,因此,面向东盟的语言产业发展不可能制定和遵循整齐划一的规划。那么,如何应对可能的挑战,因应东盟各国现有的经济基础、历史政治、人文特点及对华关系,设计中国面向东盟的语言产业发展的正确思路和有针对性的策略及规划;如何利用中国不同省区在"一带一路"中的地位与作用,对各省区语言产业资源进行有效配置和对全国语言产业进行科学布局,既充分发挥各省区面向东盟的语言产业发展的独特优势,又做到避免个别语言产业在不同省区的重复发展,使各省区在面向东盟的语言产业发展中实现互补共赢,便成为当前中国面向东盟发展语言产业面临的重大现实课题。

四 面向东盟的语言产业发展举措

综合各方面因素,我们认为,中国面向东盟的语言产业发展可考虑从以下几个方面开展。

（一）整合语言产业资源，培育合理的语言产业体系

语言产业是包括语言内容、语言能力和语言处理三种产业形态的新兴产业。其中的语言内容产业和语言能力产业均与语言教育、语言人力资源相关，需要集结语言理论研究人才、语言信息技术人才、语言管理人才、语言创意人才以及语言技能人才等多方面人才，而高等院校和科研院所是语言产业研究的强大推进器和语言人才的最佳孵化器。因此国内一方面应利用已开设的与语言产业相关专业的高等院校的科研资源和教育资源，根据面向东盟的语言产业发展的需求培养应用型、技能型和复合型的语言产业和语言管理人才；另一方面，整合不同类型语言产业，打造优势企业或产业集群，培育合理的面向东盟的语言产业体系。此外，考虑联合相关的科研机构、高校及有研究实力的语言产业企业，成立分析和追踪语言产业发展信息趋势的专门机构，开展专门针对中国－东盟语言产业合作的实证调查，并在此牵引下，建成"中国－东盟语言产业研究中心"或中国－东盟语言产业协会等管理和服务机构，为中国面向东盟的语言产业搭建起科研平台和信息服务平台。

（二）建设产学研联盟，促进语言产业与相关产业的融合

政府承担着对语言产业的上联下引及产业内部的沟通协调功能，十分重要。在面向东盟的语言产业发展过程中，建议政府在以下几方面发力。

1. 制定面向东盟的语言产业发展的政策，推动产学研有机合作。语言资源及语言经济的供求市场都需要持续不断地加以培育，因此政府应借鉴国外语言产业发展的经验，结合"一带一路"战略，定期开展针对国内面向东盟的语言经济活动的专项普查与评估工作，尽快制定出台具有指导意义及有配套措施的面向东盟的语言经济规划及政策。同时，还应通过建立企业、高校和研究机构的战略联盟，创新产学研结合机制，推进高等院校和科研院所的语言产业科技创新成果向现实生产力转化，形成产学研合作链条的良性循环。

2. 培育语言消费市场，推动语言产业与相关产业的融合。语言承载着文化信息，是社会交际活动的媒介，这使语言产业成为一种具有外溢效应和多元交叉性渗透性产业，与旅游业、文化产业和信息产业、新闻出版业等行业能够协同互动发展。中国当前应在扩大语言消费市场的同时，由政

府牵头积极推动语言产业与各相关产业从各自为战向集约发展的模式转变。举例来说，语言与旅游文化关系密切，湖南永州和云南纳西族以当地的"女书"和东巴文作为旅游资源来开发，在当地旅游业中开发本地少数民族的语言经济价值，就是一种体现了语言产业与旅游产业相结合的发展语言经济、宣传语言文化的"双赢"活动，① 非常值得向拥有丰富多样的民族语言的地区推而广之。民族语言资源丰富的广西、云南等地区，应发挥本区民族语言作为人文旅游资源的独特优势，在旅游业中开发一些与当地民族语言相关的诸如民族曲艺展演、民族语言文字创意展示等经济活动，这样不仅能为当地的旅游业找到新的经济增长点，同时也能够进一步让外地游客在旅游过程中领略到当地少数民族的语言民俗风情，给他们留下更深刻的印象，从而为当地旅游产业注入新的活力。

3. 加快推进重要城市的国际化语言服务体系建设。语言服务是语言产业的一项重要内容，城市国际化语言服务建设是中国外向型城市建设的必要环节。随着参与"一带一路"建设步伐的加快，中国多个城市都在迈向区域国际化进程，努力向国际化城市标准靠拢，语言服务水平必须跟进。我们应充分学习和借鉴国外国际化城市建设语言环境和语言服务体系的经验，加快建立健全语言服务体系，以城市语言服务行业的有序推进带动语言产业各种业态的健康发展。

（三）注重创新，打造特色语言产业业态

语言资源具有转化为经济效益的潜能，但并不会自动地转化为经济效益。我们必须根据当地语言资源的特点和有利条件，积极利用各种手段尤其是前沿科技手段，探索出适合其产业化开发的新理念、新途径及新方式。

1. 出版民族语言典籍，发展民族语言产业。少数民族语言经济的发展与繁荣，能够保障民族语言的权利，促进社会文化的繁荣与发展，缓解民族冲突，维持政治稳定，也是民族语言传承和保护的有效路径，同时还可为与"一带一路"相关国家进行人文交流提供文化资源。广西和云南等省区民族语言典籍非常丰富，诸如山歌、童谣、熟语、曲艺、方言读物、地

---

① 李现乐、刘芳：《开发少数民族语言经济价值的意义与途径——以民族地区旅游业为例》，《江汉学术》2013 年第 5 期。

方志等都是语言产业可资整理和研究的内容和形式。

2. 打造展示中国和东盟各民族语言历史与活态的平台。博物馆承担着文化遗产的研究、保护、传播、教育的职能,作为国家非物质文化遗产和文化证据,语言资源也可利用博物馆来展示。当今声像技术的成熟让"声音资料"成为普通博物馆收藏与展示的内容对象,这也给开发和利用语言资源带来了良好的机遇。可以开办"中国与东盟各国语言文字展",展览内容可以图片和研究著作为主,以声像资料为辅,将中国民族语言的科研成果全面地加以展示,同时介绍东盟各国的语言文字状况,使社会大众通过参观博物馆就能感受到中国及东南亚语言文化遗产的丰富性和多样性,以增进相互了解。

3. 建设语言产业园,培育语言产业群。产业园区是提升区域经济水平、促进地方产业调整和升级发展的一种重要的空间聚集形式,在聚集创新资源、培育新兴产业,从而推动城市化建设方面意义重大。可以根据中国不同省份的语言资源禀赋和优势特点,利用产学研结合形成的优势企业资源和创新能力,逐步建设起一批服务中国-东盟互联互通的语言产业园区,在此基础上培育面向东盟的主导语言产业基地和语言产业群。

中国阿拉伯语教育的历史
回顾与现实思考

汪亚云*

[摘要] 中国与阿拉伯国家友好往来历史悠久，中国阿拉伯语教学也自古有之。从"回回国子监""经堂教育"，到现代大学的阿拉伯语专业教育，一直都在不断发展。但社会的发展，尤其是全球化进程的加快和国家"一带一路"战略的实施，需要更多的阿拉伯语人才和阿拉伯语应用服务，而现实的阿拉伯语教育还比较薄弱，难以满足发展的需要。因此应该努力改善我国的阿拉伯语教育，不断提高教学质量，加快人才培养，为国家和社会服务。

[关键词] 阿拉伯语教育；阿拉伯语人才；阿拉伯国家；回族；一带一路

阿拉伯语是世界上一门重要的语言，也是"一带一路"沿线的重要语言之一。该语言与我国接触的历史悠久。在"一带一路"建设背景下，加强阿拉伯语教学与研究，培养阿拉伯语应用人才，意义重大。

一　阿拉伯语的地位及影响

阿拉伯语，是阿拉伯民族的语言，也是阿拉伯国家的官方语言，属于闪含语系闪米特语族，主要通行于西亚和北非的阿拉伯国家，中国部分回族、东乡族等民族的穆斯林也会说阿拉伯语，以阿拉伯语作为母语的人数超过两亿人。阿拉伯语还是全世界穆斯林的宗教语言，伊斯兰教经典《古兰经》就是用阿拉伯语书写并传播的。阿拉伯语还是联合国六大官方语言之一。

---

*　汪亚云，武汉大学文学院汉语言文字学专业硕士研究生。

阿拉伯语是世界上最古老而且流传使用最广泛的语言之一，它源自一种古老语言——闪米特语。5 世纪前后，以北方方言为基础形成了统一的阿拉伯语文学语言；7 世纪，随着伊斯兰教的传播和阿拉伯帝国的兴起与扩张，这种语言很快成为跨越亚非欧广大地区的信奉伊斯兰教的各民族的通用语。在欧洲中古世纪，它还是保存希腊文化和沟通东西方文化的媒介语。阿拉伯帝国衰亡后，阿拉伯语的使用地区大大缩小，但它对亚、非、欧许多地区产生过巨大影响，波斯语、突厥语、乌尔都语、印度尼西亚语、斯瓦希里语、豪萨语等语言都曾大量吸收阿拉伯语成分，并用阿拉伯字母拼写。波斯语、乌尔都语以及中国的维吾尔语等在当今仍然使用阿拉伯语字母体系。西欧的语言中至今也仍有许多阿拉伯语词汇。中世纪的数百年期间，阿拉伯语曾是整个文明世界学术文化所使用的语言之一。哲学、医学、历史、宗教、天文、地理等领域的很多著作是用阿拉伯语写成的，比其他语言所占比重大。这些足以说明阿拉伯语对人类文明产生的影响和贡献。此外，作为宗教语言，阿拉伯语还为伊斯兰教的传播做出了巨大贡献，《古兰经》自产生以来就被视为伊斯兰教的百科全书，后来也成为语法学家、修辞学家创制语法学、修辞学的根本依据，也是诗人吟诗作赋的最佳范本；在中国，不少阿拉伯语词汇或短语也被广泛应用于伊斯兰教经堂教育和各族穆斯林的日常生活中。[①]

可见，历史上，阿拉伯语对世界宗教、语言、文化、政治、经济等都曾做出过卓著的贡献；如今，它同样是世界语言之林中的重要一员，在世界各领域仍然发挥着十分重要的作用。在我国，目前阿拉伯语虽然远不如英语、法语、德语，甚至日语、韩语这些外语热门，但是它与我国方方面面的密切联系及其作用是不可低估的。尤其是在国家大力实施"一带一路"战略的背景下，更应重视阿拉伯语的战略意义和应用价值。

二 阿拉伯语与我国的接触及其教学情况

早在两千多年前我国与阿拉伯国家就已有往来。随着张骞、班超、甘英等人出使西域，以及陆上"丝绸之路"和海上"香料之路"的开通，古阿拉伯语逐渐为中国人所了解。但由于种种条件的限制，那时的接触还是十分有限的。7 世纪中叶，伊斯兰教传入中国，阿拉伯语与我国的接触就

---

① http://www.baike.com/wiki/阿拉伯语。

日渐广泛且频繁了。①

此后，回族的形成，促使阿拉伯语在我国有了更为广泛的传播，并且有了古代阿拉伯语的教学。这方面的情况，留待下文专门介绍。

现代阿拉伯语教学在我国起步较晚，其发展也并非一帆风顺，有学者进行了一些研究。我们据戴炜栋、胡文仲主编的《中国外语教育发展研究（1949－2009）》②一书介绍的情况，对我国现代阿拉伯语专业教育的发展历史进行了简单梳理，大致划分为四个阶段，如表1所示（见下页）。

通过表1，我们可以很直观地看到，经过半个多世纪的努力，我国阿拉伯语教育在办学规模、办学层次、办学水平等方面，都有了很大的发展和突破。几十年来，我国培养了大批优秀的阿拉伯语人才，有了一定的阿拉伯语能力储备。

三　回族对阿拉伯语传播和教育的推动

（一）回族穆斯林与"小经"文字的诞生

张骞通西域之后，逐渐有阿拉伯和波斯商人来华经商并定居。尤其在成吉思汗西征后，大批中亚细亚和波斯的居民东迁来华，这些居民既有军人、工匠，也有妇孺、学士和社会上层人士，他们被称为"回回"，也就是我国回族的祖先。"回回"在中国定居，与汉族、蒙古族以及维吾尔族杂居并通婚，逐渐产生了一批既精通阿拉伯语又通晓汉语的学者，他们对我国的科技、文化等方面的发展做出了很大的贡献。③ 元代是回族发展的重要阶段，元太宗窝阔台汗七年（1235）实施"乙未籍户"，将回族人正式编入户籍并设立了"回回国子监"（也称"回回国子学"）。④ 付克在他的著作《中国外语教育史》中称"回回国子监"是"我国最早的外国语文学校"。⑤

① 一知：《阿拉伯语在中国》，《阿拉伯世界》1991年第1期。
② 戴炜栋、胡文仲：《中国外语教育发展研究（1949－2009）》，上海外语教育出版社，2009，第377～390页。
③ 一知：《阿拉伯语在中国》，《阿拉伯世界》1991年第1期。
④ 王建军：《元代回回国子监研究》，《回族研究》2004年第1期。
⑤ 付克：《中国外语教育史》，上海外语教育出版社，1986。

表 1　我国现代阿拉伯语专业教育发展历史阶段

发展阶段	契机	主要人物	学校	招生	标志性事件	意义
萌芽期(新文化运动时期—新中国成立前)	"五四"运动推动了文化、教育的变革,促进了中国穆斯林学者的文化觉醒,开始创办新式学校	中国穆斯林学者中的先进者:纳忠、汤用彤、马坚等为代表的一批留埃学者	成达师范学校,上海伊斯兰师范学校,云南明德中学,北京大学等	北京大学招收十几名回族学生	1942年,纳忠执教重庆中央大学,讲授阿拉伯文化和历史课程;1946年,北大文学院筹建东方语言文学系,马坚被聘为北大教授后开设阿拉伯语专业	阿拉伯语实现从民间办学到国立高等学府,从宗教性语言教学到专业外语教学的飞跃,在课程设置以及培养目标方面与之前都有根本性不同
初创期(1949~1966)	新中国成立,党和政府高度重视	北大:马坚、刘麟瑞、马金鹏、世情、杨有漪、马宏毅;北京外贸学院:马明、归运昌、纳忠、纳依夫;上海外语学院:黄承才、马智雄、马振江(后两人为后来并入上海外语学院的上海外语学院阿拉伯语系创办人);解放军外语学院:杨有漪、沈孟仁;北京外国语学院:余章、彭金鉴;北京语言学院:李占经;北京市外国语学校:马景春、李琛	北京大学,北京对外贸易学院,外交学院,上海外国语学院,解放军外国语学院,上海第二外国语学院,北京语言学院,北京市外国语学校等	北大:1949年秋招收第二批学生,全是回族学生;1951年,春秋季各招一个班;此后,每年2个班,约15~30人,学制五年。北京外贸学院:建立次年招收一个班,学制5年;后又招收1959、1960、1964、1965四届学生。上海外贸学院(上海外贸学院):创办当年各招一个班,1964、1965每年招3个班,合并之后1963年恢复招生,累计招收约130人。北京外国语学院:创办四年,至1965年外交部从阿拉伯语系二年级学生中选了40人改学阿拉伯语,约20人,学制四年,学结业后并入外交学院;1962年北大外文系之后,外交部亚非系改学阿拉伯语系四年级,至1965年秋,共招收约160人。北京市外国语学校:小学三年级和初中1963年开始招生,连续招3年,每年各2个小班,两届共招30人;1964年高中部招生,两届各招30人。总计招生210人	开设阿拉伯语专业的学校不断增多,呈现出生机勃勃的局面——教师队伍扩大,学生人数增加,专业基本建设有了一定基础,教学质量提高了	阿拉伯语专业迎来其发展的第一次高潮

续表

发展阶段	契机	主要人物	学校	招生	标志性事件	意义
曲折发展期（"文革"时期：1966～1976）	1970年周恩来总理用5个夜晚同北京外国语学院、北京外国语学院、对外经贸大学以及复旦大学、华东师大、上外师范学院等外语系师生代表畅谈外语教育问题，给师生们带来了希望和动力		北京大学、北京外国语学院、上海外国语学院、北京第二外国语学院、对外经贸大学以及复旦大学、华东师大、上外和北京师范学院外语学校开办的师资班等	北大阿拉伯语专业从1970年开始招收工农兵学员，除1971年外，1972到1976年每年招1个班，学制四年；北外阿拉伯语专业1971年9月招收第一批工农兵学员，2个班共30人，1973和1975年各招1个班，1974年招2个班，总计80多人，学制三年到三年半；上外1972到1976年每年招1或2个班，五届共招179人左右，学制三年；北二外招3个班（其中1975年有17人在北二外），1972和1973年各招3个班，1974和1975年各招1个，学校学过阿拉伯语120人；对外经贸大学1972、1974、1975年各招1个班，共35人，学制三年半；复旦、华东师大、上外的培训班1972年又招了40人，学制四年；北京师院外语学校1971年开始招收阿拉伯语制两年，学制四年，第一期共21人，第二期十几人，两期毕业约35人	培养了一批阿拉伯语优秀人才	在严厉打压下没有放弃阿拉伯语的教学，因此才有今天阿拉伯语教育的成就和良好局面
快速发展期（改革开放十一届三中全会召开、中东局势和中阿关系的影响等因素）	党和国家领导人的重视，十一届三中全会召开，中东局势和中阿关系的影响等因素		新增18所院校：西北民族大学、云南大学、天津外国语学院、宁夏大学、黑龙江大学、大连外国语学院、西安外国语学院、四川外国语学院、南京大学金陵学院、广东外语外贸大学、青海民族学院等	根据2008年4月的统计，本科在校生总数为1379人，大专生28人，约为改革开放前的7倍。此外，北外被批准的发展是开办研究生教育：1980年，北外招收上海地区高等准为我国第一个阿拉伯语言文学硕士学位授予单位，并于1982年招收我国阿拉伯语言文学第一批硕士研究生。不久，北大、北外也获得授权；86年，北外被批准为阿拉伯语语言文学博士学位授予单位。北大、上外相继获得授权；进入21世纪，经贸大学、北二外、洛阳军外先后被批准为阿拉伯语言文学硕士学位授予单位。据2008年4月的统计，各校阿拉伯语专业共有在读硕士生90人，博士生21人	阿拉伯语教学在各方面均有很大的进步和飞跃，先后设立了硕士点和博士点	阿拉伯语专业教育获得长足发展，为其未来发展打下了坚实的基础

一方面回族人不愿意舍弃自己的语言文化和宗教信仰,另一方面又不可避免地受到中国语言文化的影响,在这样的情况下,回族人民创造出了自己的文字——小经文字。事实上,这种小经文字没有统一的称呼,也叫"小儿锦""消经""狭经""小经""忾达尼文字"等。小经文字读音都比较接近汉语读音,但却是用阿拉伯文或波斯文字母来拼写的。这种文字主要通行于部分回族与西北的东乡族、保安族与撒拉族。① 小经是一种拼音文字,用阿拉伯字母或波斯文字母拼写汉文,如明代时的词汇"Daimink(大明)""Fuma(驸马)""Du Chihuy(都指挥)"。② 可以说,小经文字对阿拉伯文明的传承起到了不可磨灭的作用,也为我国研究阿拉伯语早期有关情况提供了历史依据。

可见,回族的先民们不仅将阿拉伯语带入了中国,还促进了阿拉伯语在中国的传播与发展。直到今天,回族穆斯林依然对我国阿拉伯语教育发挥着重要的作用,他们是我国阿拉伯语人才储备的一支重要力量。

(二) 回族穆斯林与早期阿拉伯语教育

我国回族的先民们在推动我国阿拉伯语教育方面发挥过里程碑式的作用。据丁俊的研究,回族先民在我国阿拉伯语教育的探索中,主要经历过经堂教育模式、学校教育模式,并开创了我国现代高校阿拉伯语教育的新局面。③

1. 经堂教育

回族先民长期定居中国的必然结果是,通晓汉语的人越来越多,懂得阿拉伯语或波斯语的人越来越少。面对这种情况,回族的一些有识之士认为不能放弃自己的文明,便开始探索挽救的办法。明代,以胡登洲为代表的伊斯兰学者开创的"经堂教育"模式应运而生。"经堂教育"是阿拉伯传统的清真寺教育与中国的私塾教育相结合的一种产物,兼授阿拉伯语和波斯语。经过不懈的努力,"经堂教育"形成了自己独特的教学风格,也

---

① 刘迎胜:《社会底层的汉-伊斯兰文明对话——对回族语言演进史的简要回顾》,《南京大学学报》(哲学·人文科学·社会科学版)2004年第1期。
② 刘迎胜:《回族与其他一些西北民族穆斯林文字形成历史初探——从回回字到"小经"文字》,《回族研究》2002年第1期。
③ 丁俊:《回族穆斯林对中国的阿拉伯语教育事业的贡献》,载《第十四次全国回族学研讨会论文汇编》,2003。

培养了大批精通阿拉伯语和波斯语的优秀人才，还出版了很多备受推崇的优秀学术著作。可以说，"经堂教育"模式为现代阿拉伯语教育奠定了良好的基础，也为后来的中国阿拉伯语教育积累了宝贵的经验。

2. **学校教育**

"经堂教育"模式存在一些局限和弊端，教学内容上也太过注重母语和本民族文明的学习，而忽视了汉语等知识的教学，不能完全满足实际需要。因此，有识之士又开始探索新的教育模式——学校教育。其中，具有里程碑式意义的就是王浩然1907年在北京牛街礼拜寺创办"回文师范学校"。自此之后，大批新式学校如雨后春笋一样陆续出现。

新式学校教育与经堂教育有着本质上的不同，它主张"汉阿并重"，教学内容囊括了数学、历史、美术等多方面，丰富多彩，一改往日的狭隘做法。同时，新式学校不仅注重学生的国内学习，还积极派遣学生去阿拉伯伊斯兰国家留学，因而培养了大批既精通阿拉伯语，又精通汉语，还了解阿拉伯伊斯兰文化的新一代穆斯林学者。他们回国后，在教育、翻译、学术等各个方面，都发挥了重要作用。

新式学校教育是在经堂教育的基础上又一次质的突破。它的成功实践对我国现代阿拉伯语教育产生了深远的影响。

（三）现代穆斯林学者对高校阿拉伯语教育的贡献

早在新文化运动的影响下，穆斯林学者中的先觉之士便开始推动让阿拉伯语教育走出旧式教育窠臼的探索。以马坚、刘麟瑞、王世清为代表的回族穆斯林学者们赴埃及留学归来后，全身心投入到中国阿拉伯语教育事业中。1946年，马坚先生在北京大学开设了阿拉伯语专业，招收了第一批回族学生，开启了现代阿拉伯语教育之路。随后，在一批学者的努力下，越来越多的高校开始开设阿拉伯语专业，虽然体制还不完善，师资还不强大，却也迈出了意义非凡的一步。

阿拉伯语教育从民间教育到高校教育、从宗教性语言教育到专业性外语教育这一质的转变，以马坚为代表的一批回族穆斯林学者功不可没。也正是他们的努力，使阿拉伯语教育正式走上了现代化的发展道路。

改革开放以后，留学热潮掀起，不少回族学生纷纷前往阿拉伯国家去学习，这对于我国阿拉伯语人才的培养具有重要的意义。他们学成归国后壮大了我国阿拉伯语教育、研究和应用的人才队伍，为相关事业发展做出了贡献。

综上所述，我国回族是阿拉伯语教育事业的重要推动力量，也是我国阿拉伯语人才的优势储备。

四 对当今阿拉伯语教育的思考及建议

从以上我们对中国阿拉伯语教育情况的简单回顾可以看出，我国阿拉伯语教育总的趋势是不断发展的。但也应该看到，当今阿拉伯语教育的发展存在很多挑战。最显而易见的一点是英语等强势语种的挤压，加上普遍对阿拉伯语的作用认识不够，使得学生报考阿拉伯语的积极性不高。再则，相应的资源建设也较薄弱，有学者研究，中国出版发行的阿拉伯的学术专著和文学作品无论是在品种数量还是在单个品种印数上，都与 20 世纪 50~70 年代欣欣向荣的情况不可同日而语。① 就阿拉伯语教育自身的情况看，在师资力量、培养目标设计、课程设置、教材编写、条件建设等方面，也存在一些亟待解决的问题。

但是，我们知道，阿拉伯语教育对于我国建设和发展具有非常重要的意义。我国与阿拉伯国家向来友好。新中国成立之后，在西方国家对我国进行遏制和封锁的情况下，为了打开局面，周恩来总理亲自领导开展对亚非拉国家的外交工作，取得了很大的成效。1955 年在印度尼西亚召开的万隆会议，与会的 29 个国家中就有 9 个是阿拉伯国家。会议期间，周总理和阿拉伯国家代表团积极接触、深入交流，促成了与阿拉伯国家友好往来的局面，并于 1956 年与埃及建交，三年之后，叙利亚、也门、伊拉克、摩洛哥、阿尔及利亚和苏丹 6 个阿拉伯国家也先后与我国建立了大使级外交关系。② 半个多世纪以来，中阿一直保持着友好关系，中国也大力扶持阿拉伯语专业在中国的发展，培养了一批批优秀的阿拉伯语师资和其他领域的众多人才。随着我国和阿拉伯国家交往的不断深化，尤其是随着"一带一路"建设的推进，对阿拉伯语的需求会越来越多，而现有的阿拉伯语教育已经难以满足现实需求和未来发展。因此，必须根据新的形势，积极采取应对措施。鉴于各方面的情况，我们有如下几点思考和建议。

---

① 李振中：《中国阿拉伯语教育发展前景——从访问的黎波里学院谈起》，《阿拉伯世界》1997 年第 4 期。

② 戴炜栋、胡文仲：《中国外语教育发展研究（1949－2009）》，上海外语教育出版社，2009，第 379 页。

（一）加强需求调研和专业宣传

全球化发展和我国"一带一路"战略的实施，都为阿拉伯语教育的发展带来了新的机遇，应该组织力量，充分研究其有利条件和社会对阿拉伯语人才的需求，研究阿拉伯语对于我国发展和安全的重要意义，以提高社会对阿拉伯语重要价值的认识和对阿拉伯语人才发展前景的认识，争取更多的理解和支持。开设阿拉伯语专业或课程的高校，也应该做好专业宣传，以吸引更多的学生报考阿拉伯语专业，喜欢阿拉伯语专业。

（二）加强统筹协调和专业建设

我国阿拉伯语教育已经有了一定的规模基础，但就目前来看，发展很不平衡。因此，除了必要的新增阿拉伯语专业之外，更重要的是，要加强现有专业的统筹协调，整合各院校的优势资源，尤其是教师队伍，形成交流合作、互通有无的局面，特别要充分发挥优势院校的引领和辐射作用，促进全国阿拉伯语专业的协调发展。

（三）加强师资队伍建设

阿拉伯语师资力量薄弱是较普遍的问题，这是制约阿拉伯语教育发展的最大问题，应采取得力措施加快培养。一是要从毕业生中选拔优秀人才及时补充到教师队伍中来，包括积极引进海外人才和聘用外教；另一方面要对现任的阿拉伯语教师开展不同形式的培训，甚至送往国外访学，全面提高他们的整体素质和教学能力。

（四）充分利用现代科技手段

移动通信技术、计算机技术和互联网的飞速发展，为阿拉伯语教育的多样化创造了有利的条件。可以利用这些科技手段，大力开发阿拉伯语教学资源和研发教学工具。例如，可以开发适应不同需要的学习阿拉伯语的手机 App，方便学生们随时随地学习和训练；建设功能多样、开放共享的阿拉伯语学习服务网站、远程教学平台和微信平台等。

（五）支持社会力量办学

充分调动社会各方面的积极性，利用社会力量和民间资金发展阿拉伯语培训，以弥补学校正规教育的不足，缓解学校办学压力，满足社会对阿拉伯语人才的需求。而对于已有的民间培训机构，应加强引导和管理，给予一定的政策支持，确保不断提高办学质量。

（六）鼓励回族学生学习阿拉伯语

由于历史等原因，我国回族与阿拉伯语及阿拉伯文化有着密切的联系。在历史上他们曾为我国的阿拉伯语教育做出过卓越的贡献，是我国阿拉伯语人才储备中的一支有生力量。若积极鼓励并大力扶持我国回族学生学习阿拉伯语，他们势必会比其他民族的学生更有积极性，学习效率和效果也会更好。

南非语言政策及其对我国
语言规划的启示

李　明*

[摘要]　南非共和国在 1994 年废除了种族隔离制度之后，实施了多元化的语言政策，在缓和社会矛盾、促进经济发展、增强民族认同、提升语言能力等方面发挥了积极作用。其中一些做法，对于我国在"一带一路"背景下的国家语言规划具有一定的启示和借鉴意义。为了应对日益旺盛的多样化的语言需求，我们可以在语言教育的多元化尤其是加强更多语种的外语教育、强化政府多元化的语言服务职能、加强区域语言合作等方面积极进行新的探索，以不断增强我国国民和国家的语言能力。

[关键词]　一带一路；南非；语言政策；语言规划；多元化

在一个多民族、多种族的国家，正确处理语言问题对于国家的长治久安意义重大。南非于 1994 年结束种族隔离以后，在语言政策方面也发生了较大变化，开始由单一转向多元。具体而言，在教育领域采取附加型双语/多语的教学模式；在社会经济领域，政府高度重视多语种的翻译工作，提供多元化的语言服务；在语言传播和保护时注重加强国际合作。近年来，南非的公民语言能力得到提高，经济稳步发展，社会矛盾趋于缓和，民族凝聚力不断增强，在国际社会上的影响力也日益扩大，这在一定程度上证明了这一政策的积极意义。

中国与南非虽然相隔遥远，但却具有诸多的相似性：同为多民族国家，同为"金砖五国"之一，都在地区和全球事务中发挥着重要的影响力。在语言政策的制定和实施上如何取其长、避其短，为我国正在实施的"一带一路"战略服务，是一个颇具意义的话题。

---

*　李明，武汉大学文学院语言学及应用语言学专业硕士研究生。

一 语言政策的多元化转向

从 1652 年被荷兰殖民到 1994 年新南非成立，南非语言政策凡经数变，整体趋势是由一元转向多元①，具体而言，经历了荷兰殖民、英国殖民、荷裔白人统治以及新南非四个不同时期。

荷兰殖民统治时期是 1652~1086 年。这一时期内荷兰殖民者虽然没有明确的官方文件强调荷兰语的地位，但是事实上，政府部门、教育机构和商贸部门都使用荷兰语。到 1086 年左右，英国殖民者控制南非，推行英语化政策，要求法律诉讼、学校教学、商贸往来不得再继续使用荷兰语而必须使用英语，这又形成了英语独大的局面。1948 年，荷裔白人掌握国家政权并实行种族隔离制度，提升和强化了阿非利卡语（即南非荷兰语）的地位，且规定阿非利卡语和英语同为官方语言。

殖民统治时期的语言政策，将殖民者的语言凌驾于南非本土语言之上，对南非的本土语言文化造成了毁灭性的打击，南非人民和宗主国的矛盾日益尖锐；种族隔离时期的南非，白人有较多机会学习官方语言，从而掌握国家的政治、经济、文化资源，而本土的黑人因语言问题教育受限，因而长期处于社会的底层，这导致了社会的两极分化严重，种族冲突不断，严重威胁了南非的可持续发展。

随着 1994 年种族隔离制度的结束，南非共和国开始实施多元的语言政策，1996 年颁布的《南非共和国宪法》（以下简称《宪法》）更以国家根本大法的形式对语言政策进行了立法②，其中第一章第六节明确规定了南非共和国的语言政策，可概括为以下三方面。

（1）官方语言的多元化。《宪法》规定了包括荷兰语、英语、恩德贝勒语、北索托语、南索托语、斯瓦蒂语、聪加语、茨瓦纳语、文达语、科萨语和祖鲁语在内的 11 种语言均为南非的官方语言，而且提出这些官方语言应该享受平等的地位和公平的待遇，政府应该采取措施保障官方语言的推广。

（2）尊重和保护南非境内的其他语言。由于历史上非洲本土语言一直被压制，《宪法》特别强调了政府应该在改善非洲各语言的使用状况和地

---

① 白晓云：《南非语言政策及社会效应对中国语言政策的启示》，《才智》2014 年第 31 期。
② 《南非共和国宪法》，1996。

位上有所作为，如要促进科依桑语、那麻语和桑语的使用。其他南非社区语言如德语、希腊语、古吉拉特语、印地语、葡萄牙语、泰米尔语、泰卢地语、乌尔都语以及阿拉伯语、希伯来语、梵语和其他用于宗教目的的语言都应该得到保护和尊重。

（3）赋予地方一定的语言选择的权利。考虑到语言的使用性、可行性、地方财政支出等各种因素，也为了平衡整个省或大众对语言的需求和偏好，《宪法》并没有强制要求各省政府必须要把所有的官方语言都作为办公语言，而是赋予各省一定的权利，允许中央和各省政府可以使用任何官方语言作为行政语言；不过在语种数量上，要求必须使用至少两种官方语言。甚至连市政府都拥有一定的根据本市居民的语言使用偏好来选择办公语言的权利。

多元化语言政策的实施带来了一定的社会效益，具体体现在以下三个方面。

（1）经济的稳步发展。van der Merwe. T① 研究了南非的多语政策和经济发展的关系，发现经济学家过高估计了多语化的实施成本，而过低估计了多语化带来的经济效益。多语化是经济发展的有利外部因素，为了实施多语化的语言政策，政府的财政支出会改变整个社会的分配格局和社会福利。多语化催生的语言学习需求，扩大了多语人才的就业，推动了语言产业的发展。图1为南非国家储备银行发布的从1947～2008年南非经济运行态势图。

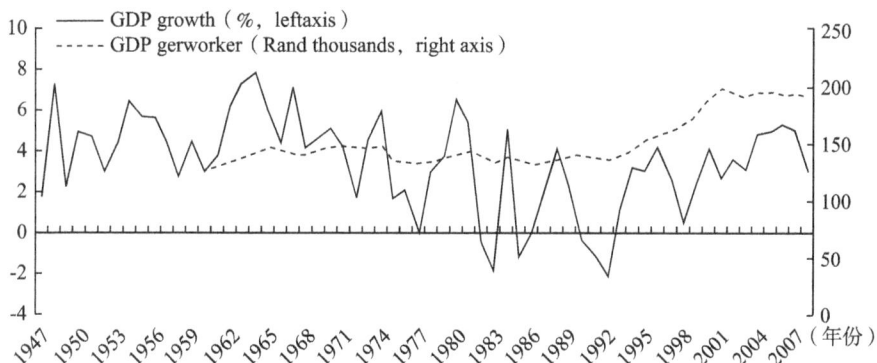

图1　南非1947～2008年的经济增长表现

来源：南非国家储备银行

---

① van der Merwe. T，"Economics and Multilingualism：Reconsidering Language Policies for South Africa"，TYDSKRIF VIR GEESTESWETENSKAPPE，2014，54，217 –234.

由图 1 我们可以看出，1994 年新南非诞生以后，国家整体经济的波动要远远小于 1994 年以前，且基本没有负增长，说明南非经济的自主性大大增强。同时从每个劳动者创造的国内生产总值来看，1994 年以后劳动者人均创造的国内生产总值直线上升，可见种族隔离的结束和多语化政策的实施大大改善了就业环境，调动了劳动者的积极性。

（2）社会环境的改善。对于有长期被殖民历史的发展中国家而言，如果只确立宗主国的语言作为官方语言，那么只有极少数的精英阶层能够从中受益，毕竟对于广大的南非黑人来说，根本没有机会掌握流利的英语、法语，因此在教育、行政、传媒等多个领域实现多语化，对于保护本土南非黑人的受教育权利，改善其就业环境和社会地位意义重大。这样，社会阶层的流动性将大大增强，阶层固化的问题也会有所改善，并且随着时间的推移，社会的公平正义也将在一定程度上逐步得以实现。

（3）国家认同感的增强。由于南非新《宪法》规定将英语、阿非利加语和 9 种南非本土语言作为官方语言，荷兰裔南非人不再享受高于其他种族语言优势地位，而是逐渐和其他民族、种族一样，作为多元化国家中的一分子而存在。与此同时，南非本土语言的地位得到提升，这意味着南非在摆脱殖民阴影、增强文化自信和民族认同上迈出了重要的一步。

以上从语言政策的宏观层面介绍了南非语言政策的核心精神——多元化，以下具体从语言教育、政府语言服务以及语言推广和保护的国际合作等三个角度，介绍南非政府如何贯彻落实语言多元化，并借以观察这些做法对于我国提高外语教育水平和国民多语能力，优化政府语言服务的职能，扩大国际合作，增强国家语言能力和文化软实力的借鉴意义。

二 多元化的语言教育

为了贯彻落实宪法精神，实现教育的公平，南非教育部于 1997 年和 2002 年出台了《语言教育政策》[①] 和《高等教育语言政策》[②]，倡导南非实行附加型的双语或多语制度，也就是以母语为基础从事教学活动，并且鼓励学生在母语的基础上去学习另外的一门或者多门语言。下面主要从母语教育的多元化和外语教育的多元化两个角度谈谈南非的相关做法，并探讨

① 南非教育部:《语言教育政策》，Pretoria，Department of Education，1997。
② 南非教育部:《高等教育语言政策》，Pretoria，Department of Education，2002。

其对我国语言教育的参考意义。

（一）母语教育的多元化

南非共和国《宪法》规定了 11 种语言作为官方语言，要求国家艺术文化部不遗余力地在全国推广官方语言的使用，但同时赋予了各个地方根据区域语言使用情况来选择至少两种语言作为官方语言的权利，各省中小学教哪一种或哪几种官方语言根据该省的语言分布情况决定。表 1 为南非九省的主要语言分布状况。

表 1　南非九省主要语言分布状况

省份	主要语言	省份	主要语言	省份	主要语言
东开普敦省	柯萨语（78.8%） 南非荷兰语（10.6%） 英语（5.6%）	夸祖鲁-纳塔尔省	祖鲁语（77.8%） 英语（13.2%） 南非荷兰语（1.6%）	北开普省	南非荷兰语（53.8%） 茨瓦纳语（33.1%）
自由州省	塞索托语（64.2%） 南非荷兰语（12.7%） 柯萨语（7.5%）	林波波省	北索托语（52.9%） 聪加语（17.0%） 文达语（16.7%）	西北省	茨瓦纳语（63.4%） 南非荷兰语（9.0%） 柯萨语（5.5%）
豪登省	祖鲁语（19.8%） 南非荷兰语（12.4%） 塞索托语（11.6%） 英语（13.3%）	姆普马兰加省	斯瓦蒂语（27.7%） 祖鲁语（24.1%） 恩德贝勒语（10.1%）	西开普省	南非荷兰语（49.7%） 柯萨语（24.7%） 英语（20.2%）

由表 1 可以看出，南非各省的主要语言分布状况差异很大，因地制宜，将本省优势语言作为该省官方语言和学校教学语言是必然选择。如果"一刀切"，强制学生学习某一种或者某几种语言，那么会造成新的矛盾和不平等；如果强制规定将所有的官方语言都作为学生学习的内容，那么学生将不堪重负。在官方语言的教学上坚持多元化的原则，既考虑了当地实际，又照顾了学生学习的实际，同时也使得宪法所规定的每一种官方语言的保护和推广都落到了实处，可谓一举多得。

南非母语教育的多元化对我国具有一定参考价值，但也不能全然照搬。对于我国而言，母语教育最重要的还是国家通用语言文字的教育，在充分保证国家通用语言文字教育的前提下，可以适当兼顾多样性的需要。如我国从 1956 年开展"推普"工作，至今已有近六十年时间，取得了巨大成效，但是不可否认的是，普通话普及率在各个地区差异较大。针对这一情况，应该鼓励地方结合本地实际，来进行教学大纲的制定和教材的编写。对于普通话水平较高的省份,其教材难度应该适度提升,"要促进学生的通用语言能力从有限语码发展为精细语码"。① 而对于普通话水平较低的省份,学校的普通话教育应该加强听说,使学生能够较快掌握基本语码。

此外,各个方言区在学习汉语普通话时遇到的困难并不相同,因此要加强本地方言和普通话差异的对比研究,在教材编写和教学的过程中都应该对这些难点着重讲解。正如第十八届全国"推广普通话宣传周"标语"依法推广普通话,提升国家软实力"所揭示的那样,普通话水平关系到中国国家软实力。随着"一带一路"战略的推进,我国对外开放水平将会有更大的提升,来中国的外国人将会越来越多,他们学习的多是标准的普通话。中国民族地区的地域风情对外国人具有很强的吸引力,如果当地居民不能很好地掌握普通话,在对外交往时产生障碍,就不能充分利用"一带一路"所带来的旅游业等方面的发展机遇,这对于我国民族文化、地域特色文化走向世界而言也是很大的遗憾。

(二) 外语教育的多元化

南非的外语教育同样坚持了多元化,为学生学习外语提供了很好的条件,下面从课程设置和师资培训两个方面加以介绍,并略述我国的相关情况。

(1) 课程设置。在初等教育领域实施附加型双语或多语政策,小学生必须学习母语,但同时可以选择一门或者多门其他语言。值得一提的是,随着中国综合国力的增强和国际影响力的提升,南非政府已经认识到中文教育的价值,已宣布从 2016 年 1 月 1 日起,将汉语列入南非学校 4 年级到12 年级的课程,为学生提供学习汉语的机会。②

反观我国,中小学教育领域中一般只设置了英语课作为必修课,对于其他外语的学习则必须由学生自己去参加社会培训。据统计,"一带一路"沿线涉及的通用语不下 50 种,再算上重要的民族或者部族语言,总数不下200 种,③ 但是我国对于这些语言的了解和储备还十分欠缺,教育部本科专业目录的外语语种目前还不到 70 种。在这样形势下,强调外语教育的多元

① 《南非儿童语言能力调查 被批忽视学前及家庭影响》,环球网,2013 年 7 月 2 日。
② 《汉语教育获南非重视 已被纳入南非国民教育体系》,央视网,2015 年 12 月 4 日。
③ 《"一带一路"需要语言铺路》,人民网,2015 年 9 月 22 日。

化自然而然成了题中之意。

语言的学习有一个关键期，较早地接触外语对于提升外语水平可以起到事半功倍的效果。国家应该评估各语种的战略价值，将那些具有重要战略意义的语言作为小学的选修甚至必修课程。只有从基础教育开始就重视外语教育，才能为高等教育阶段培养"表情、通心"的高级外语人才提供充足储备，国家外语能力的提升才能成为有源之水、有本之木。

（2）师资培训。南非政府与中国的孔子学院合作，直接选拔孔子学院的志愿者作为学校的老师，一方面减少了政府在培训外语教师上的成本，另一方面也确保了学生能够从小接触到地道的中文。要在中小学领域实施多元化的外语教育，师资是首要问题。我国作为一个发展中国家，经济发展不平衡，外语教育的师资培训会给财政造成一定的压力。在"一带一路"的框架下，我们可以倡导和别国互派语言老师，也可以联合创办语言大学，集中各国的优势，为沿线各国输送更优秀的语言人才和语言师资。

另外，南非在官方语言推广时强调突出地域特色，这一点可以迁移到我国的外语教育上来。"一带一路"战略中不同省份的定位不同，在语言资源的开发和保护上也可以有不同的侧重。例如宁夏作为古丝绸之路的重要节点，可以充分发挥民族和区域优势，提升对阿拉伯地区传播的理念，推进相关传播策略的顶层设计，从而打造面向阿拉伯国家开放交流的有效平台，建设中阿交流合作的"桥头堡"。① 同时云南靠近南亚、东南亚，在东南亚语言资源开发和舆情监测方面具有得天独厚的优势。而福建作为"一带一路"核心省份也拥有很好的机遇，宋元时期很多阿拉伯人到泉州投资经商，据说现在泉州拥有阿拉伯血统的人达三万之多，② 因此不妨鼓励福建多跟中东阿拉伯国家互动。外语教育发挥地方优势，形成地方特色，既兼顾我国地理环境、历史传统，又与"一带一路"的地区规划相协调，可谓一举多得。

三　多样化的语言服务

在国家的语言生活中，政府不仅要扮演语言监管的角色，还要做好语言服务工作。南非政府充分利用了国内丰富的语言文化资源，为创意文化

---

① 《为"一带一路"战略铺好"语言之路"》，宁夏新闻网，2015 年 10 月 12 日。
② 《发展"一带一路"要学点别的语言》，《厦门晚报》2015 年 5 月 22 日。

产业的发展搭桥铺路。同时为方便居民生活，尤其是为方便外来人员的生活，南非政府也狠下功夫，做了大量卓有成效的工作。

(一) 发展语言产业

南非有"彩虹之国"的美誉，语言文化资源十分丰富。南非艺术文化部部长就曾谈道，南非的艺术家特别善于利用这种"大熔炉"的文化资源优势，创造出独特的艺术产品。比如一部关于祖鲁王史诗的手稿，"采用祖鲁族的音乐和故事，但是语言又是欧洲的"。[①] 为了开掘这一语言文化资源，南非成立了创意产业联合会，在 2011 年就推出了发展创意产业的国家战略"姆赞希金色经济"（MGE-Mzansi Golden Economy）。这一战略通过开展文化活动刺激了当地经济发展，也为艺术家提供了稳定的经济收入保障。[②]

就全世界范围来看，中国的创意产业刚刚起步，2013 年其产值仅占国内生产总值的 3.63%。"一带一路"是中国创意文化产业大展身手的好时机，政府可以搭建平台，举办文化年，让地方有特色的语言资源，如戏曲、民歌等走向世界。《阿姐鼓》流行海外，《茉莉花》传唱不朽，都是对中国民间文化生命力的肯定。如果有机会为外国人民认识、理解，相信会有更多具有民族特色的艺术大放异彩。

南非历史上与欧美国家有很深的历史渊源，主要的贸易对象也是欧美国家，在企业走向国际化的过程中语言障碍比较少。因此，南非艺术文化部下设的主管语言翻译工作的司主要服务于国内语言的翻译。在"一带一路"的背景下，我国企业将有更多的机会开拓国际市场。就国内蓬勃发展的电商来说，如果想利用"一带一路"的机遇乘势而上，那么就必须要解决好语言问题。

由经济学人信息部开展的《全球公共组织和私营企业的 572 名高级主管的调查和深度采访》显示，64% 的受访者认为语言和文化差异导致企业很难在海外市场立足，而在中国，这一数据高达 79%；绝大多数受访高管认为，如果本公司的跨境沟通得以改善，那么其利润将会上涨 89%，收入将会提高 96%。[③] 俄最大搜索引擎公司 Yandex 大中华区总裁蔡学峰在全球

---

① 《创造新南非的多样文化——访南非艺术文化部部长》，国际在线，2004 年 7 月 23 日。
② 《文化元素最丰富的非洲国家》，《光明日报》2015 年 11 月 20 日。
③ 《传神外贸通助力跨境电商新路径》，亿邦动力网，2014 年 10 月 28 日。

跨境电商光谷论坛上就曾表示，语言文化已成为影响中俄贸易的一大瓶颈。"一个好的本地化的俄语翻译的网站，在线上的转化率，可以达到3.5%，一个俄语翻译不好的网站，在线上的成交转化率仅为 0.25%。""就俄罗斯这个独特的市场来说，重要的是做好本地化的工作，如何跟当地接地气，需要符合当地的文化，以及语言的需求，这是更重要的事情。"①

对于广大的中小企业来说，昂贵的翻译费用是一笔不小的成本。这就需要政府投入更多的人力物力财力，开发优质的翻译软件，搭建高效的语言翻译平台乃至语言电商服务平台。企业是国民经济的有机组成部分，如果中国企业在对外贸易上能够迈上一个新台阶，那么对我们避免"中等收入陷阱"，转变经济发展方式也能够提供更为有力的支撑。

（二）方便社会生活

南非警察总局于 2004 年成立了翻译中心，向各地警局推出自己的语言服务。到 2008 年初，中非翻译公司与该翻译中心建立了合作关系，使在南非警局推出汉语服务成为可能。近些年来，到南非投资、旅游的华人非常多。有时华人在买房、交通、司法等各个方面受到一些不公平的待遇，但因为语言障碍没能及时报案，有了汉语服务这一问题便迎刃而解。由于南非警察总局翻译中心每年都得到政府的专项资助，因此广大华人侨胞在警局内得到的汉语服务也是免费的。②

除此以外，南非警察总局、南非华人警民合作中心还与中国驻南非大使馆、中国公安部合作，开办了"南非华人警民合作中心警官中文培训班"，对南非警员开展初级中文培训，以加强南非警方对华人社区的了解和认识，提高警员的工作能力和效率。③ 南非警察局提供汉语翻译和加大对警员的汉语培训是政府提供多元语言服务的一个缩影，显示了在全球化背景下，南非政府应对语言方面的挑战的能力，这对于方便社会生活、树立南非良好的国家形象意义非凡。

就我国的情况来看，在提升多元语言服务能力方面已经有所起步。如2012 年北京市公安局出入境管理总队推出了 7 项针对出入境人员的便民措施。其中包括发放中外文对照的警民联系卡、《来京外国人生活服务手册》

① 《俄罗斯"百度"：影响中俄跨境电商的瓶颈——语言文化》，雨果网，2014 年 11 月 24 日。
② 《南非警局将推行中文翻译服务 华人报案不再犯愁》，新华网，2008 年 6 月 17 日。
③ 《南非警官中文培训班开课 加强警方对华社了解》，中国新闻网，2013 年 8 月 19 日。

以及中英、中韩双语的《报警求助服务卡》，这些措施得到了入境人员的广泛好评。[①] 随着"一带一路"合作向纵深推进，必定有更多的外国人员来华，政府应该提供更多的翻译服务，并且语种要尽可能拓宽，不能局限于英语、韩语、日语等语种，同时也要加强对相关部门工作人员的外语培训，使得他们能够掌握更多语种的基本交流用语。

四 多样化的语言区域合作

南非在进行语言区域合作时一方面依托了和南部非洲联系紧密的区域优势；另一方面也加强了和欧洲各国的联系，同欧洲高校合作，共同保护境内的濒危语言。

（一）官方语言的传播推广

南非的官方语言有 11 种，其中最为通行的是英语和南非荷兰语，在与周边国家加强合作，建立区域性组织时，南非政府非常注意这两种语言的传播。1992 年 8 月 17 日正式成立了南部非洲发展共同体。南部非洲发展共同体的工作语言是英语、法语、葡萄牙语和南非荷兰语。截至 2009 年 9 月，南部非洲发展共同体共有 15 个成员国，分别是安哥拉、博茨瓦纳、刚果（金）、莱索托、马拉维、毛里求斯、莫桑比克、纳米比亚、南非、斯威士兰、坦桑尼亚、赞比亚、津巴布韦、马达加斯加和塞舌尔。这 15 个国家的官方语言如表 2 所示。

表 2 南部非洲发展共同体国家的官方语言

国家	官方语言	国家	官方语言	国家	官方语言
安哥拉	葡萄牙语	斯威士兰	英语、斯瓦蒂语	坦桑尼亚	斯瓦希里语、英语
博茨瓦纳	英语	南非	英语、南非荷兰语、祖鲁语等 11 种	赞比亚	英语
刚果（金）	法语	纳米比亚	英语	津巴布韦	英语、绍纳语、恩德贝勒语
莱索托	英语、塞苏陀语	莫桑比克	葡萄牙语	马达加斯加	马达加斯加语、法语
马拉维	英语、齐切瓦语	毛里求斯	英语、法语	塞舌尔	克里奥尔语、法语、英语

---

① 《新推七项便民措施得到在京境外人员支持》，中国警察网，2012 年 5 月 29 日。

由表 2 可以看出，南非与区域内的 10 个国家都有相同官方语言——英语，这为南非加强与这些国家的联系减少了语言上的障碍。除此之外，南非荷兰语在南非有着广泛的使用，在纳米比亚、博茨瓦纳也有一定的使用人口，虽然在整个南部非洲的使用范围并不广泛，但是仍然作为南部非洲发展共同体的官方语言，这说明了南非政府注重扩大本国通用语的区域影响力，同时也说明南非在南部非洲发展共同体中举足轻重的地位和作用。

我们在进行汉语国际推广的过程中，可以先立足周边区域，以"汉字"作为联系各国的纽带。汉字不仅仅是中华文化的瑰宝，也对周边国家如日本、韩国等产生了深远的影响。日前首份《中日韩共用汉字表》，历时 6 年，完成制作。这份汉字表包含 808 个共同常用汉字，是中日韩文化渊源的见证。对此，中国教育国际交流协会会长章新胜指出，应推动中日韩联合大学的建立，把 808 个汉字融入学生课程中去，推广使用。① "一带一路"背景下，我们可以举办多层次的语言文化展，重点介绍包含中国传统思想智慧的汉字（如"礼""和"等），让世界更加了解中国。关于"一带一路"的背景下设立的"亚投行"等机构的工作语言的协定，要遵循公平、互敬的原则，同时也应为汉语的国际传播打开一个窗口。

（二）濒危语言的保护

联合国教科文组织日前发布的最新"全球濒危语言地图"显示，南非境内的科伊桑语属于极度濒危语言。据了解，科伊桑语的使用者不足 10 人，且都是老年人，他们的传统领地位于南非喀拉哈大羚羊国家公园。南非共和国《宪法》明确指出要保护濒临灭绝的科伊桑语。承担拯救科伊桑语任务的主要是南非高校，如南非开普敦大学的南非社会高等研究中心，做了大量的调查工作，并且提出要将科伊桑语词典化、档案化、规范化。这一工作不仅有南非周边国家博茨瓦纳高等学府的参与，同时也吸引了来自荷兰莱顿大学的研究人员，他们对科伊桑语的语言要素进行了仔细的描写。此外，德国马克斯普朗克心理语言研究所的很多研究者也专门就科伊桑语召开了研讨会。

我国的语言保护工作也刻不容缓。仅"一带一路"沿线的跨境濒危语言就有 14 种，涉及怒族、独龙族、仡佬族、塔塔尔族、鄂温克族、鄂伦春

---

① 《中日韩汉字表发布历时 6 年共 808 个汉字》，新华网，2015 年 12 月 3 日。

族、赫哲族等 7 个跨境而居的少数民族。相关的周边国家包括缅甸、越南、印度、俄罗斯、哈萨克斯坦、蒙古国，涉及的语系有汉藏语系和阿尔泰语系。① 在进行这些濒危语言保护时，可以由政府牵头，高校具体落实，如共同建设语料库，这样可以研究一种语言的地域变体和语言接触，对于拓宽学术研究的领域也大有裨益。当然也可以定期召开研讨会，沟通信息，避免研究课题的重复。高校之间的研究互动也是深化多元化的语言区域合作的重要途径。

当然，南非的多元化语言政策也并非尽善尽美，还存在一些实际问题需要探讨。比如，在 2010 年举办的南非世界杯上，由于南非国歌包含了五种语言：科萨语（第一节前两行），祖鲁语（第一节后两行），索托语（第二节），南非荷兰语（第三节）和英语（第四节），很多球员无法顺利唱完国歌。就我国而言，以汉语普通话为官方语言，有着深厚的历史根源，保证了广泛的认同和我国在国际交往中能够发出更有力的声音，因此在官方语言问题上不能盲目效仿南非的多元化。

此外，在南非政府将汉语作为公立学校的选修课后，一部分民众将其误解为新殖民主义，从而抵制汉语的学习，② 这也是南非多语化进程中的不和谐声音。怎样解决这些问题，还需要更多的探索。我们应该结合本国国情，借鉴南非语言政策中的积极因素，同时规避其消极因素，从而更好地提升国家的语言能力和文化软实力，服务于"一带一路"建设和国际化发展。

---

① 《"一带一路"带动跨境濒危语言研究》，《中国社会科学报》2015 年 11 月 24 日。
② 《南非公立学校设汉语课引争议，被指新殖民形式》，人民网，2015 年 8 月 14 日。

二　"一带一路"沿线国家语言国情

我国与"一带一路"核心区国家
跨境语言文字状况

黄　行[*]

[摘要]　"一带一路"的核心地区是内陆"丝绸之路"的中亚五国和海上"丝绸之路"的东南亚、南亚国家,我国与这些"一带一路"核心区国家分布着许多相同的民族和语言。本文全面列举和对比了"一带一路"核心区的中亚四国和东南亚四国与我国共有语言及其语言身份、语言地位和文字系统的构成状况。

[关键词]　"一带一路"核心区国家;语言文字状况;跨境语言;语言规划

一　我国与"一带一路"核心区八国跨境语言概况

"一带一路"核心区国家包括中亚的哈萨克斯坦、吉尔吉斯斯坦、乌兹别克斯坦、塔吉克斯坦、土库曼斯坦,东南亚的印度尼西亚、马来西亚、菲律宾、新加坡、泰国、文莱、越南、老挝、缅甸、柬埔寨、东帝汶,和南亚的尼泊尔、不丹、印度、巴基斯坦、孟加拉国、斯里兰卡、马尔代夫等国家。这些国家都有自己的国家语言或官方语言,同时也有一些与我国相邻地区跨境分布的共有的官方语言和少数民族语言。

我国与上述"一带一路"核心区国家共有跨境语言较多的主要是中亚的哈萨克斯坦、吉尔吉斯斯坦、乌兹别克斯坦、塔吉克斯坦四国,和东南亚的泰国、越南、缅甸、老挝四国。据相关资料(SIL International 主编的 *Ethnologue：Languages of the World*,2009 年第 14 版),我国与这八个"一带一路"核心区国家共有大约 40 种跨境语言。这些语言的系属分类相当

＊　黄行,中国社会科学院民族学与人类学研究所研究员,中国语言学会副会长,中国民族语言学会名誉会长。

广泛，包括：

藏缅语族：哈尼语、拉祜语、傈僳语、毕苏语、彝语、阿侬语、怒苏语、阿昌语、载瓦语、勒期语、浪速语、独龙语、景颇语、藏语；

侗台语族：傣语、壮语、仡佬语、拉基语；

苗瑶语族：苗语、瑶语、巴哼语；

南亚语系：佤语、布朗语、德昂语、克木语、越南语（京语）、宽话、布辛话；

突厥语族：哈萨克语、吉尔吉斯语（柯尔克孜语）、乌兹别克语（乌孜别克语）、维吾尔语、塔塔尔语、土尔克语；

印欧语系：俄罗斯语、塔吉克语；

汉语方言：粤语、客家话、闽语、东干话。

本文拟以与我国共有民族语言较多的八个"一带一路"核心区国家的语言文字状况开展初步的分析和比较研究。其中语言地位规划标准等级引自 Ethnologue（2009），即 1 级：国语或国家官方语言（national）；2 级：省区语言（provincial）；3 级：广泛交际语言（wider communication）；4 级：用于母语教育的语言（educational）；5 级：非通用语言（dispersed）；6a 级：保持一定活力的语言（vigorous）；6b 级：受到威胁的语言（threatened）；7 级：正在转用的语言（shifting）；8a 级：濒危语言（moribund）；8b 级：几近消失的语言（nearly extinct）；10 级：已经消亡的语言（extinct）。

二 中亚四国

（一）哈萨克斯坦

哈萨克斯坦总人口 1507 万（2007），其中哈萨克族人口约 800 万，根据该国宪法（1995），哈萨克语是哈萨克斯坦的国语，语言地位为 1 级（国语）。哈萨克族原来使用以古代突厥鄂尔浑字母为基础的文字，后来受伊斯兰教影响改为使用阿拉伯字母文字。苏联境内的哈萨克族于 20 世纪 20 年代和 1940 年以后分别采用以拉丁字母和以西里尔字母为基础的文字。

中国境内哈萨克族人口 146.3 万（2010），使用阿拉伯字母文字，20 世纪 60 年代曾推行过以拉丁字母为基础的新哈萨克文，但没有普及，80 年代恢复使用传统文字，语言地位为 3 级（广泛交际语言）。

哈萨克斯坦使用的其他与我国跨境分布的民族语言还有：塔塔尔语

(Tatar 境外语言译作鞑靼语),使用人口 32.8 万,语言地位为 4 级(用于母语教育的语言);维吾尔语,使用人口 30 万,语言地位为 4 级(用于母语教育的语言);乌兹别克语,使用人口 33.2 万,语言地位为 5 级(非通用语言);塔吉克语,使用人口 3.4 万,语言地位为 5 级(非通用语言)。

(二) 吉尔吉斯斯坦

吉尔吉斯斯坦人口 558.3 万(2012),其中吉尔吉斯族人口 400 余万,乌兹别克族人口约 80 万,俄罗斯族人口 44 万,东干族人口约 6 万,维吾尔族人口约 5 万,塔吉克族人口约 5 万,哈萨克族人口约 3.3 万,乌克兰族人口约 2.2 万。吉尔吉斯语为该国国语(2010 年宪法),语言地位为 1 级(国语),同时 2010 年宪法也规定俄语是该国的官方语言,语言地位也是 1 级。Kyrgyz 在中国译为柯尔克孜族和柯尔克孜语,中国柯尔克孜族人口 18.7 万(2010),柯尔克孜语使用人口约 16 万,语言地位为 3 级(广泛交际语言)。

柯尔克孜语历史上曾使用波斯 – 阿拉伯字母书写。苏联 1927 年改用拉丁字母,从 1940 年起改用西里尔字母书写。1991 年吉尔吉斯斯坦从苏联独立之后,有政治人物提议重新用拉丁字母书写,但至今的官方文字仍为西里尔字母文字。中国柯尔克孜族使用阿拉伯字母文字。

东干语是中国西北地区汉语中原官话和兰银官话在境外吉尔吉斯斯坦、哈萨克斯坦的特殊变体,其中又可细分为甘肃方言和陕西方言变体,其中吉尔吉斯斯坦大约有 6 万东干人,东干语在吉尔吉斯斯坦的语言地位为 4 级(用于母语教育的语言),在哈萨克斯坦为 5 级(非通用语言)。中国陕甘地区的中原官话和兰银官话仍很通行,但是该方言没有用于正式教育。

苏联 1954 年为东干语创制斯拉夫字母的拼音文字(以甘肃兰银官话语音为基础)取代之前的拉丁字母拼音,这套拼音文字曾用于东干语文学、报纸及课本。(海峰,2003)由于东干人历来不能识用汉字,因此东干文是唯一用以记录和书写他们母语的文字。东干文的实践在一定程度上说明汉语也可以用拼音文字书写。

吉尔吉斯斯坦使用的其他与我国跨境分布的民族语言还有:乌兹别克语,使用人口 65.7 万,语言地位为 5 级(非通用语言);塔吉克语,使用人口 3.4 万,语言地位为 5 级(非通用语言)。

（三）乌兹别克斯坦

乌兹别克斯坦全国人口约 3000 万（2012），乌兹别克斯坦是中亚人口最多的国家。乌兹别克斯坦是一个由 130 多个民族组成的多民族国家。乌兹别克族人口 2300 多万，俄罗斯族人口 132 万，塔吉克族人口约 150 万，哈萨克族人口 117 万，鞑靼族（塔塔尔族）人口 33 万，吉尔吉斯族（柯尔克孜族）人口 141 万。乌兹别克语为国语，俄语为官方语言，语言等级均为 1 级（据 1995 年《官方语言法》）。中国的乌孜别克族人口仅有 1.1 万，多已兼用或转用维吾尔语，语言等级为 5 级（非通用语言），但是有些仍会母语的人能使用乌兹别克斯坦拉丁字母文字书写乌孜别克语。

苏联 1928 年开始使用拉丁字母书写乌兹别克语，1940 年包括乌兹别克语在内的各族语言都改用西里尔字母。苏联解体之后，乌兹别克斯坦很多地方的教育改回使用拉丁字母。2001 年乌兹别克斯坦的货币、路牌和 2004 年以后的政府网站也改用拉丁字母，并删除 1928 年文字中的非拉丁字母。1928 年拉丁字母乌兹别克文也包含一些非拉丁字母形式，到 21 世纪拉丁字母乌兹别克文基本采用标准拉丁字母。（李琰，2014）

乌兹别克斯坦使用的其他与我国跨境分布的民族语言还有：哈萨克语，使用人口 117 万，语言地位为 4 级（用于母语教育的语言）；塔吉克语，使用人口 150 万，语言地位为 5 级（非通用语言）。

（四）塔吉克斯坦

塔吉克斯坦全国总人口 816 万人，塔吉克族人口 650 万，乌兹别克族人口约 65 万，俄罗斯族人口约 8 万。此外，还有帕米尔、塔塔尔、吉尔吉斯、土克曼、哈萨克、乌克兰、白俄罗斯、亚美尼亚等民族。塔吉克语为国语，语言地位 1 级（1994 年《宪法》）。中国的塔吉克族人口只有 5.1 万（2010），使用的语言地位等级为 6b（受到威胁的语言）。

中国新疆塔吉克族的语言，学术界也称其为 "塔吉克语"，但并不等同于塔吉克斯坦所使用的塔吉克语，国际上将其认定为东南伊朗语言帕米尔语族的萨利库尔语（Sarikoli）和瓦罕语（Wakhi、Vakhan）。（M. Paul Lewis et al.，2009，2013）中国的塔吉克语由于广泛受到维吾尔语、汉语等语言的影响，与塔吉克斯坦所使用的标准塔吉克语差异较大，与帕尔米高原上其他邻近国家的塔吉克语方言变体以及伊朗语比较接近。（西仁·

库尔班、庄淑萍，2008）

塔吉克人 1928 年在苏联被迫放弃阿拉伯 - 波斯字母而改用改进的拉丁字母，后又改用西里尔字母。居住于阿富汗的塔吉克人却坚持使用阿拉伯 - 波斯字母。

我国的"塔吉克语"即萨里库尔语没有正式的书写文字，有文化的人士多使用标准的平原塔吉克语（即标准波斯语）书写，彼此使用波斯语进行交流。中国社会科学院民族学与人类学研究所高尔锵编写的《塔吉克汉词典》（1996）采用了拉丁字母的《塔吉克语拼音方案》和国际音标来记录萨里库尔话，该《塔吉克语拼音方案》多数字母遵从《汉语拼音方案》。苏联科学院塔蒂亚娜·尼古拉耶芙娜·帕卡琳娜采用拉丁字母，兼用少数西里尔字母、希腊字母以及国际音标符号记录中国塔吉克族的瓦罕语。

塔吉克斯坦使用的其他与我国跨境分布的民族语言还有：吉尔吉斯语，使用人口 6.4 万，语言地位为 4 级（用于母语教育的语言）；俄罗斯语，使用人口约 8 万，语言地位为 3 级（广泛交际语言）；北部乌兹别克语，使用人口 87.3 万，语言地位为 5 级（非通用语言）；瓦罕语（Wakhi），使用人口约 1.5 万，语言地位等级为 6b（受到威胁的语言）。

三 东南亚四国

（一）越南

越南官方正式认定公布的民族共有 54 个。依据越南统计总局 2010 年所公布的人口普查结果，全国总人口约 8584 万。其中主体民族"京"族（Kinh）人口 7356 万，占 85.7%，其余 53 个少数民族人口 1228 万，占 14.3%。越南语是国语，语言地位等级为 1 级。和中国的情况类似，如果按语言的分类和数量，越南的语言群体数量远多于 54 个，根据 Ethnologue（Lewis，2009：537）的记录，越南境内共有 105 种语言，约 90% 的少数民族人口可不同程度地使用越南语，这一比例远远高于我国少数民族通汉语的程度。

历史上越南先后共出现过汉文、字喃、国语字（越南罗马字）三种文书系统。汉文（Hán Văn）是越南历史上的官方文书系统。"字喃"（Chữ Nôm，照汉语定 - 中语序意为"喃字"）大概是从 10 世纪开始发展起来的，早期的字喃主要作为汉字读写的辅助工具。

17 世纪欧洲传教士创制了越南语拼音罗马字，17 世纪初到 19 世纪中期为教会使用，19 世纪后半期法国殖民者推广到全社会使用。第一本越南罗马字的词典《越南、葡萄牙、拉丁语三语对照词典》于 1651 年由法籍传教士亚历山大·罗德（Alexandre de Rhodes）编写出版，该罗马字拼字系统经过不同时期的调整修改，带有明显的法文字母痕迹。经过 20 世纪前半期的越南民族主义者的推动，越南罗马字的地位在 1945 年越南独立后，进一步取得了国家唯一正式书写文字"国语字"的地位。（蒋为文，2005）

中国的京族人口为 2.8 万（2010），京族使用的京语是越南语变体，与越南的越南语北方话差异不大，可以互相通话，京语的语言地位等级为 6b（受到威胁的语言）。京族多会汉语粤方言钦州系的"白话"，另因日常生活与当地汉族密切相关，近现代的新生词语多取自粤语或普通话，在词汇方面与标准越南语产生分歧。（韦树关，2006）中国境内的京语文字与越南境内的标准越南语"国语"文字一致，先前还使用过喃字，有些京族家户还保存字喃书籍，并在民间开展字喃和"国语字"的识字培训。（韦家朝、韦盛年，2003）

越南与我国跨境分布的少数民族语言有（括号内为中国有关语言的方言分类）：哈尼语、阿卡哈尼语（哈尼语哈雅方言）、拉祜语、苦聪拉祜语（拉祜语苦聪方言）、濮拉彝语（彝语东南方言）、傣仂傣语（傣语西双版纳方言）、傣哪傣语（傣语德宏方言）、白傣语（傣语金平方言）、Dai 壮语（壮语南部方言文马土语）、Yang 壮语（壮语南部方言德靖土语）、邕南壮语（壮语南部方言邕南土语）、左江壮语（壮语南部方言左江土语）、红仡佬语（与中国云南文山州麻栗坡县的仡佬语相同）、拉基语、白苗苗语（苗语川黔滇方言）、青苗苗语（苗语川黔滇方言）、优勉瑶语（瑶语勉方言）、金门瑶语（瑶语金门方言）、巴哼语、克木语、汉语粤方言。

（二）缅甸

缅甸国语为缅甸语，共有 117 种语言，其中 103 种语言处于语言活力 5 级以下。与我国跨境分布的民族语言有：阿昌语、Akeu 哈尼语（哈尼语哈雅方言）、阿卡哈尼语（哈尼语哈雅方言）、傈僳语、拉祜语、拉祜熙拉祜语（拉祜语拉祜熙方言）、怒苏语、阿侬语、景颇语、独龙语、载瓦语、勒期语、浪速语、Khams 藏语（藏语康方言）、傣仂傣语（傣语西双版纳方言）、傣哪傣语（傣语德宏方言）、青苗苗语（苗语川黔滇方言）、巴饶克佤语（佤语巴饶克方言）、布朗语、德昂语。

分布在缅甸的少数民族语言多数有拉丁字母形式的文字，主要为西方传教士 19 世纪末所创制。而我国只有景颇语、拉祜语、佤语巴饶克方言在原传教士创文字基础上进行了改革或改进，20 世纪 50 年代新创了不同于境外文字的景颇族载瓦文、哈尼文、傈僳文（现已恢复传教士创老傈僳文）、川黔滇苗文等。

（三）老挝

老挝国语为老挝语，共有 86 种语言，其中 82 种语言处于语言活力 5 级以下。与我国跨境分布的民族语言为：哈尼语、白苗苗语（苗语川黔滇方言）、优勉瑶语（瑶语勉方言）、克木语、宽话、拉祜语、白傣语（傣语金平方言）、傣哪傣语（傣语德宏方言）、布辛话。

（四）泰国

泰国国语为泰语，共有 74 种语言，其中 66 种语言处于语言活力 5 级以下。与我国跨境分布的民族语言主要有：Akeu 哈尼语（哈尼语哈雅方言）、阿卡哈尼语（哈尼语哈雅方言）、毕苏语、布朗语、汉语客家话、汉语闽东方言、汉语闽南方言、汉语粤方言、白苗苗语（苗语川黔滇方言）、青苗苗语（苗语川黔滇方言）、优勉瑶语（瑶语勉方言）、克木语、拉祜语、拉祜熙拉祜语（拉祜语拉祜熙方言）、傈僳语、傣仂傣语（傣语西双版纳方言）、白傣语（傣语金平方言）、傣雅傣语（傣语红金方言）、巴饶克佤语（佤语巴饶克方言）。

泰国的语言文字与傣族的语言十分接近，文字也属同一字母体系。泰文（อักษรไทยàksǒn thai）是泰国用于书写泰语和一些其他少数民族语言的字母。傣文、泰文虽然都来自古代印度的巴利文，但是实际使用的傣文、泰文差异很大。

四　跨境语言的语言规划差异

跨境分布的同一民族和语言，存在族群内部语言文化认同和不同国家语言文化认同的问题，也存在由于不同国家语言本体规划和地位规划所产生的差异，因此这些跨境分布的相同民族语言在语言身份、方言划分、文字和书面语、语言社会使用功能等方面可能存在一定的差异。（黄行、许峰 2014）

(一) 语言身份

一般来说，我国民族语言的身份识别和数量统计标准与国际上有很大的不同，我国尽量把一个民族使用的不同语言识别为同一语言的不同方言，而国外通常将没有内部沟通度和认同度的语言视为独立的语言，所以境外的语言数量往往会多于中国。中国许多仅为语言以下的方言或土语，在境外国家为独立的语言，国际标准化组织为每种语言指定了独立的语言代码。

以中国和东南亚国家跨境语言为例，境外的44种跨境语言在中国仅为29种语言及其语言内部的方言。例如（见表1）：

表1 中国和东南亚国家跨境语言身份比较

语言代码	境外语言	国内语言
［khg］	Khams 藏语（Tibetan, Khams）	藏语康方言
［hni］	哈尼语（Hani）	哈尼语
［aeu］	Akeu 哈尼语（Akeu）	哈尼语方言
［ahk］	阿卡哈尼语（Akha）	哈尼语方言
［lhu］	拉祜语（Lahu）	拉祜语拉祜纳方言
［lhi］	拉祜熙拉祜语（Lahu Shi）	拉祜语拉祜熙方言
［lkc］	苦聪拉祜语（Kucong）	拉祜语苦聪方言
［phh］	濮拉彝语（Phula）	彝语东南方言
［khb］	傣仂傣语（Lü）	傣语西双版纳方言
［tdd］	傣哪傣语（Tai Nüa）	傣语德宏方言
［cuu］	傣雅傣语（Tai Ya）	傣语红金方言
［blt］	白傣语（Tai Dam）	傣语金平方言
［zyg］	Yang 壮语（Zhuang, Yang）	壮语南部方言德靖土语
［zhd］	Dai 壮语（Zhuang, Dai）	壮语南部方言文马土语
［zyn］	邕南壮语（Zhuang, Yongnan）	壮语南部方言邕南土语
［zzj］	左江壮语（Zhuang, Zuojiang）	壮语南部方言左江土语
［gir］	红仡佬语（Red Gelao）	仡佬语方言
［mww］	白苗苗语（Hmong Daw）	苗语川黔滇方言
［hnj］	青苗苗语（Hmong Njua）	苗语川黔滇方言
［prk］	巴饶克佤语（Wa, Parauk）	佤语巴饶克方言
［ium］	优勉瑶语（Iu Mien）	瑶语勉方言
［mji］	金门瑶语（Kim Mun）	瑶语金门方言
［yue］	汉语粤语（Chinese, Yue）	汉语粤方言
［hak］	汉语客家语（Chinese, Hakka）	汉语客家方言
［nan］	汉语闽南语（Chinese, Min Nan）	汉语闽南方言
［cdo］	汉语闽东语（Chinese, Min Dong）	汉语闽东方言

(二) 语言地位

跨境的同一民族语言受不同国家语言环境和语言政策的影响,可能处于不同的语言活力和地位等级,从语言威望角度分析,地位等级高地区的语言会向地位等级相对较低地区的语言施加影响。以中国和中亚国家及越南跨境语言为例,如表 2 所示。

表 2　中国和中亚国家及越南跨境语言地位比较

语　言	中国语言地位	地位	国　家	境外国家语言地位
哈萨克语	3 级:广泛交际	<	哈萨克斯坦	1 级:国语
吉尔吉斯语	3 级:广泛交际	<	吉尔吉斯斯坦	1 级:国语
乌兹别克语	6b 级:受到威胁	<	乌兹别克斯坦	1 级:国语
乌兹别克语	6b 级:受到威胁	<	吉尔吉斯斯坦	5 级:非通用
乌兹别克语	6b 级:受到威胁	<	哈萨克斯坦	5 级:非通用
乌兹别克语	6b 级:受到威胁	<	塔吉克斯坦	5 级:非通用
塔吉克语	6b 级:受到威胁	<	塔吉克斯坦	1 级:国语
塔吉克语	6b 级:受到威胁	<	哈萨克斯坦	5 级:非通用
塔吉克语	6b 级:受到威胁	<	吉尔吉斯斯坦	5 级:非通用
塔吉克语	6b 级:受到威胁	<	乌兹别克斯坦	5 级:非通用
越南语(京语)	6b 级:受到威胁	<	越南	1 级:国语
东干语	5 级:非通用	<	吉尔吉斯斯坦	4 级:用于母语教育
俄罗斯语	6b 级:受到威胁	<	塔吉克斯坦	3 级:广泛交际
塔塔尔语	7 级:正在转用	<	哈萨克斯坦	4 级:用于母语教育
拉基语	8b 级:几近消失	<	越南	6b 级:受到威胁
维吾尔语	2 级:省区语言	>	哈萨克斯坦	4 级:用于母语教育
哈萨克语	3 级:广泛交际	>	乌兹别克斯坦	4 级:用于母语教育
吉尔吉斯语	3 级:广泛交际	>	塔吉克斯坦	4 级:用于母语教育
拉祜语	4 级:用于母语教育	>	越南	6b 级:受到威胁
傣语傣仂方言	4 级:用于母语教育	>	越南	6b 级:受到威胁
傣语傣哪方言	4 级:用于母语教育	>	越南	6b 级:受到威胁
哈尼语	6a 级:保持一定活力	>	越南	6b 级:受到威胁
拉祜语苦聪方言	6b 级:受到威胁	>	越南	7 级:正在转用
苗语白苗方言	5 级:非通用	=	越南	5 级:非通用
瑶语勉方言	5 级:非通用	=	越南	5 级:非通用

续表

语 言	中国语言地位	地位	国 家	境外国家语言地位
苗语青苗方言	6a 级：保持一定活力	=	越南	6a 级：保持一定活力
瑶语金门方言	6a 级：保持一定活力	=	越南	6a 级：保持一定活力
傣语金平方言	6a 级：保持一定活力	=	越南	6a 级：保持一定活力
壮语德靖土语	6a 级：保持一定活力	=	越南	6a 级：保持一定活力
壮语邕南土语	6a 级：保持一定活力	=	越南	6a 级：保持一定活力
壮语左江土语	6a 级：保持一定活力	=	越南	6a 级：保持一定活力
瓦罕语	6b 级：受到威胁	=	塔吉克斯坦	6b 级：受到威胁
克木语	6b 级：受到威胁	=	越南	6b 级：受到威胁
巴哼语	6b 级：受到威胁	=	越南	6b 级：受到威胁
彝语濮拉方言	6b 级：受到威胁	=	越南	6b 级：受到威胁
壮语文马土语	6b 级：受到威胁	=	越南	6b 级：受到威胁
红仡佬语	8b 级：几近消失	=	越南	8b 级：几近消失

从表 2 可知，多数境外的语言地位高于中国的语言，或者语言地位基本持平，这说明我国少数民族语言的地位和活力总体上要低于境外相同民族语言。

（三）文字体系

跨境民族文字体系的差异要比跨境民族语言的差异更为明显。（黄行、许峰 2014）

突厥语族的哈萨克语、柯尔克孜语、乌兹别克语、塔塔尔语由于伊斯兰教的影响，历史上均已改用或采用阿拉伯字母形式的文字；而属独联体国家的哈萨克斯坦、吉尔吉斯斯坦、乌兹别克斯坦的相同民族语言，在苏联时期的 20 世纪 20 年代都改用以拉丁字母为基础的文字，40 年代又全面使用与俄文相一致的斯拉夫或西里尔字母为基础的文字。

20 世纪 90 年代苏联解体以后，各独联体国家也纷纷去俄语化，那些创制或改革为斯拉夫字母的民族文字出现既不使用俄文字母也不恢复传统文字而转向拉丁字母化的趋势。

越南王朝对汉文化十分重视和扶植，随着科举制的正规化，汉语和汉字的社会影响不断扩大和深入，历史上汉语文曾是越南正式的官方语言文字。十三世纪汉喃字产生以后，汉字在越南的统治地位才慢慢降低。1935

年，17 世纪传教士创拉丁字母越南文正式成为越南全国通用文字，致使汉字日渐式微，直到终止使用。中国的京族多数已改用当地的汉语粤方言，使用汉字，但京族在民间开展过学习喃字的培训。

分布在东南亚国家的诸少数民族语言一般都含有西方传教士 19 世纪末以来所创制拉丁字母形式的文字，而我国只有少数几种民族语言在原传教士所创制文字基础上进行了改革或改进。受苏联少数民族语言政策规划的影响，20 世纪 50 年代我国曾开展过大规模的为少数民族创制和改革文字的运动，但是没有苏联进行得彻底，许多少数民族语言文字问题并没有解决，已经创制或改革的少数民族文字也没有得到预期的试验推行效果。因此新创或未创文字的少数民族（占我国少数民族的大多数）一般都使用汉语文或当地其他通用民族语文，文字和书面语的缺失是一些没有文字民族语言无法传承而趋向濒危的主要原因之一。改革开放以来，一些境外的少数民族文字也不同程度地传入我国。

由于境内外同一民族语言采用不同的文字体系而引起以下语言本体规划的问题：（1）境内外同一语言由于使用不同的文字体制，造成相同民族语言书面语交际的困难。（2）20 世纪 50 年代我国曾为十几个少数民族创制和改革文字，但是新创与改革少数民族文字没有得到预期的试验推行效果。而周边国家的相同民族语言，一般都已不同程度地解决了文字问题，这些民族文字很容易传播到我国同一民族语言地区。（3）所谓"汉字文化圈"国家（朝鲜、越南等）弃用汉字，反映出其去中国化的倾向。（黄行、许峰 2014）

从上述中国与"一带一路"核心区国家语言状况和语言规划的分析看，我国在跨境语言身份认同、文字书面语体系的创制和完善、语言社会使用活力等级、语言的传播力和影响力等方面，基本没有优势可言。这是在当前实施的"一带一路"国家战略与国际合作新平台所要求的平等的文化认同框架中，如何体现语言文字认同框架下和平、交流、理解、包容、合作、共赢的精神，必须面对和正视的问题。

参考文献

[1] E. A. 孔德拉什金娜：《1993 前苏联的语言状况》，杨艳丽译，《民族译丛》第 2 期。

［2］M. Paul Lewis et al. ，*Ethnologue*：*Languages of the World*，SIL International，Dallas，2009，2013。

［3］陈雪玲：《苏联少数民族的语言状况及其俄罗斯化的因素》，《苏联问题参考资料》1985 年第 2 期。

［4］海峰：《中亚东干语言研究》，新疆大学出版社，2003。

［5］海淑英：《吉尔吉斯斯坦的语言政策及其双语教育》，《民族教育研究》2013 年第 1 期。

［6］《韩国会议员徽章去汉字换韩文或威胁韩国汉字文化》，韩国《朝鲜日报》2014 年 4 月 9 日。

［7］何俊芳：《中亚五国的语言状况》，《世界民族》2001 年第 1 期。

［8］黄行、许峰：《我国与周边国家跨境语言的语言规划研究》，《语言文字应用》2014 年第 2 期。

［9］蒋为文：《越南"去殖民化"与"去中国化"的语言政策》，载《语言、认同与去殖民》，台湾成功大学，2005。

［10］李琰：《乌兹别克斯坦语言地位规划研究》，《新疆社会科学》2014 年第 3 期。

［11］沈晋：《苏联民族语言问题的历史与现时》，《苏联东欧问题》1991 年第 6 期。

［12］孙宏开等：《中国的语言》，商务印书馆，2007。

［13］韦家朝、韦盛年：《京族语言使用与教育情况调查报告》，《中央民族大学学报》2003 年第 3 期。

［14］韦树关：《中国京语的变异》，《广西民族大学学报》（哲学社会科学版）2006 年第 2 期。

［15］西仁·库尔班、庄淑萍：《中国塔吉克语色勒库尔方言概述》，《语言与翻译》2008 年第 1 期。

［16］张宏莉、刘敬敬：《俄罗斯诸共和国语言问题探析》，《西伯利亚研究》2010 年第 6 期。

［17］中国社会科学院民族学研究所等：《中国少数民族文字》，中国藏学出版社，1992。

［18］中国社会科学院民族学研究所等：《中国少数民族语言使用情况》，中国藏学出版社，1994。

［19］周庆生：《中苏建国初期少数民族文字创制比较》，《民族语文》2002 年第 6 期。

中亚五国语言状况的特点与走向

王新青　池中华*

[摘要] 中亚五国语言状况的特点是：语言呈多样化态势；俄语地位降中有升；主体民族语言地位提升至国家语言；在文字方面，有去西里尔文推行字母拉丁化倾向。中亚五国语言发展呈现出多极化走向：主体民族语言强势发展，俄语继续回升，英语、土耳其语正在缓慢发展，汉语呈迅速上升趋势。鉴于此，我国应适当增加外语专业语种和小语种专业，加强汉语国际推广，培养跨专业国际交流的复合型人才。

[关键词] 中亚五国；语言状况；语言特点；语言走向

一　引言

西汉时期张骞出使西域开辟了以长安为起点，经关中平原、河西走廊、塔里木盆地，到达中亚锡尔河与阿姆河之间的河中地区，再经波斯，最后联结地中海各国的陆上通道。这条古丝绸之路在历史上为东西方经济、文化的交流做出了重要贡献。2013年9月7日，习近平主席在哈萨克斯坦纳扎尔巴耶夫大学发表题为《弘扬人民友谊，共创美好未来》重要讲话时，首次提出了用创新的合作模式，建设"丝绸之路经济带"。① 今天的丝绸之路经济带是在古丝绸之路概念基础上形成的一个新的经济发展区域，往东连接亚太经济圈，向西贯通欧洲、非洲经济圈，是当今世界最具发展潜力的经济区域。中亚五国地处亚欧腹地，是东西方经济贸易文化交

* 王新青，新疆大学语言学院教授，新疆中亚汉语国际教育研究中心、新疆师范大学国际文化交流学院兼职教授及俄语翻译；池中华，新疆师范大学国际文化交流学院讲师。
[基金项目] 新疆维吾尔自治区普通高校文科基地中亚汉语国际教育研究中心2013年招标重点项目"吉尔吉斯斯坦教科书中的中国形象研究"（XJEDU040713B06）。

① 习近平：《弘扬人民友谊，共创美好未来——在纳扎尔巴耶夫大学的演讲》，《人民日报》2013年9月8日。

流的必经之地，具有重要的战略地位。其中哈萨克斯坦、吉尔吉斯斯坦、塔吉克斯坦三国与我国为邻，共同的边境线有 3300 多公里。中亚五国是多民族国家，其主体民族哈萨克族、乌兹别克族、吉尔吉斯族、塔吉克族等在中国新疆均有跨境民族。中国的维吾尔族、回族、蒙古族、俄罗斯族、塔塔尔族在中亚地区也有跨境民族。因此，研究中亚五国语言状况的特点与发展趋向，不仅可以从语言的角度为实现丝绸之路经济带战略文化认同提供一些帮助，而且对相应地调整我国语言规划也具有重要的现实意义。

二 中亚五国语言状况的特点

(一) 语言呈多样化态势

苏联解体前，从语言到文字推行的是单一的斯拉夫俄语化政策，作为加盟共和国的中亚五国的国家语言均为俄语，少数民族语言均使用俄文字母的西里尔文。通过普及俄语教育，俄语得到了强势发展，中亚各主体民族及一些少数民族受到了良好的俄语教育，俄语水平通常高于少数民族母语水平；因此苏联解体前，中亚主体民族语言作为苏联的少数民族语言，其发展受到了限制。例如：哈萨克斯坦独立初期，1/3 的哈萨克人不会或基本不会使用自己的母语，在哈国能够流利地使用哈语的不超过总数的30% 。哈萨克语被戏称为"厨房用语""生活用语"。[①]

苏联解体后，中亚地区打破了俄语一统天下的局面，各主体民族语言从少数民族语言一跃成为国家语言，俄语仅为官方语言、族际交际语言或通用语，即原来只有 1 种国家语言——俄语，变成了有 5 种国家语言，而各国的少数民族语言也得到保护和发展，这些语言总计 46 种。哈萨克斯坦有 14 种语言，其中 5 种是成熟的语言，7 种正在发展中，1 种处境艰难，1种濒临消亡；吉尔吉斯斯坦列出 5 种语言，其中 2 种是发展成熟的语言，2 种是正在发展的语言，还有 1 种处境艰难；乌兹别克斯坦列出 9 种语言，其中 2 种是发展成熟的语言，5 种是发展中的语言，1 种是有活力的语言，1 种是正在消亡的语言；土库曼斯坦列出 5 种语言，其中 2 种是发展成熟的语言，2 种是正在发展中的语言，还有 1 种已经消亡；塔吉克斯坦共列出 13 种语言，其中机构工作语言有 2 种，开发中的语言有 4 种，蓬勃发展

---

① 哈斯木·霍加：《哈萨克斯坦概况》，新疆人民出版社，1992，第 25 页。

的语言有 3 种，处在危机中的语言有 4 种。从生存状态看这些语言多数活力不断提高，与苏联解体前形成鲜明对比，可以说解体后语言的多样性成为中亚五国语言现状的一个显著特点。如表 1 所示：

表 1　中亚五国语言种类比较及活力程度

国家	解体前		解体后							
	国家语言	少数民族语言	国家语言	俄语	语言种类	活力程度				
						发展成熟	正在发展	正在开发	处境艰难	正在消亡
哈萨克斯坦	俄语	哈萨克语	哈萨克语	官方语言	14	5	7		1	1
吉尔吉斯斯坦	俄语	吉尔吉斯语	吉尔吉斯语	官方语言	5	2	2		1	
乌兹别克斯坦	俄语	乌兹别克语	乌兹别克语	族际交际语	9	2	5			1
土库曼斯坦	俄语	土库曼语	土库曼语	通用语	5	2	2			1
塔吉克斯坦	俄语	塔吉克语	塔吉克语	族际交际语	13	2	3	4	4	

（二）主体民族语言提升至国家语言

苏联时期，中亚主体民族语言仅为少数民族语言。有学者认为，独立前夕，言论自由引发了苏联历史上又一场思想解放运动，苏联社会的政治禁锢由此被打破。[①] 在戈尔巴乔夫新的语言政策的作用下，中亚五国民族意识逐渐增强，相继出台自治共和国语言法、独立宣言、宪法等，以法律的形式赋予主体民族语言以国语地位。比如，1989 年吉尔吉斯斯坦语言法规定吉尔吉斯语为吉尔吉斯斯坦国语，俄语为族际交际语言。1989 年土库曼斯坦《语言法》规定土库曼语为土库曼斯坦的国语，俄语为族际交流语言。乌兹别克斯坦 1989 年《国语法》、1991 年《主权宣言》、《宪法》均规定乌兹别克语为共和国国语，俄语为族际交际语。塔吉克斯坦 1989 年《语言法》、1994 年《宪法》均宣布塔吉克语为国语，俄语为族际交际语。同时教育法第 7 条规定，塔吉克斯坦学校教学语言为国语，确保公民用国语接受普通教育。1997 年《哈萨克斯坦共和国语言法》、《2001－2010 年语言使用和发展国家纲要》均规定："哈萨克语是哈萨克斯坦的国语，俄

---

① Савин И. С. Реализация и результаты культурно-языковой и образова тельной политки в Казахстане в1990-е год ы//Этнографическое образрение .2001 г . № 6. С . 114.

语为国家的官方语言。"① 国家保护非主体民族语言发展的权利，并为其提供必要的条件。

（三）俄语地位降中有升

独立前后，中亚五国先后颁布了《自治共和国语言法》《宪法》等相关的语言法规和政策，规定主体民族语言为国语，俄语在中亚五国的地位由国家语言降至族际交际语或通用语。但是，这一语言政策在中亚国家受到操俄语居民的强烈抵制，语言政策的突变引起社会的冲突与动荡。因此，哈萨克斯坦对语言政策的态度比较谨慎，俄语作为官方语言的地位受到法律保护，大量数据显示，哈萨克斯坦的俄语使用人数不降反升。哈萨克斯坦总统纳扎尔巴耶夫在会见学者时说，会说俄语是哈萨克人的一笔巨大财富与优势。当地媒体援引纳扎尔巴耶夫的话说，许多年来俄罗斯一直是哈萨克斯坦的战略伙伴，毕竟两国说着同一种语言。他说："有一些哈萨克斯坦知识分子批评俄语用得太广泛，我认为，哈萨克斯坦人的俄语讲得比一些俄罗斯人还好，这是一笔巨大的财富。"纳扎尔巴耶夫表示，哈萨克斯坦和俄罗斯是"历史形成的必然伙伴"，希望俄罗斯也如此看待哈萨克斯坦。五国中哈萨克斯坦、吉尔吉斯斯坦两国俄语化程度最高，两国主体民族语言普及率较低，语言自身发展还不够完善，于是，从 1997 年以后，哈萨克斯坦②和吉尔吉斯斯坦③先后颁布新的语言法规，通过立法规定俄语为官方语言。哈萨克斯坦、吉尔吉斯斯坦政府适时地、不断地调整和完善语言政策，从而使俄语的地位降中有升。

（四）民族文字出现拉丁化倾向

中亚五国独立后，不同程度地表现出了去俄罗斯化和去俄语化的倾向。其中最为明显的莫过于原有民族文字弃西里尔文改用拉丁化文字。土库曼斯坦（2000）和乌兹别克斯坦（2005）已经全面推行民族文字拉丁

---

① Савин И. С. Реализация и результаты культурно-языковой и образова тельной политики в Казахстане в1990-е год ы//Этнографическое образрение . 2001г. № 6. С. 114.

② Савин И. С. Реализация и результаты культурно-языковой и образова тельной политики в Казахстане в1990-е год ы//Этнографическое образрение . 2001 г . № 6. С . 114.

③ 刘赛、王新青：《独立后吉尔吉斯斯坦俄语发展现状研究》，《新疆大学学报》2013 年第 3 期。

化。哈萨克斯坦也就字母拉丁化问题展开过讨论，支持者和反对者各执一词，字母拉丁化被推迟,^① 政府宣布至晚在 2025 年推行拉丁化文字。^② 吉尔吉斯斯坦对字母拉丁化反应冷淡。^③ 塔吉克斯坦就西里尔字母波斯化的问题还在讨论中，目前仍然保持西里尔字母的使用状态。该国一些民族主义者们一直在谴责是苏联把西里尔字母强加给他们，结果把塔吉克斯坦的文化与同根的波斯文化疏远开来。^④ 伊朗十分重视与塔吉克斯坦的关系，两国之间互派学者进行文化学习与交流，塔吉克斯坦也派一些人到伊朗接受波斯语字母表的培训。^⑤ 民族文字转用拉丁化字母代表着国际化和现代化，也反映出与苏维埃单一文化主义分道扬镳，向着更加西化和"去俄罗斯化"的方向转变。^⑥

三　中亚五国语言走向

20 世纪 90 年代初独立后，中亚五国语言呈现多极化走向：主体民族语言呈强势发展走向，俄语部分回升，英语、土耳其语缓慢发展，汉语作为世界第二大经济国语言呈迅速上升趋势。

（一）主体民族语言呈强势发展态势

独立后，中亚五国主体民族意识崛起，通过多种立法形式规定主体民族语言为国语，掌握国语是每个公民应尽的义务。从国家机构、各级政府、机关学校、新闻媒体等方面制定出了推行国语的政策和法规，逐步推进主体民族语言化进程，主体民族语言使用范围不断扩大。在总统竞选的条例中，五国均明确规定熟练掌握国语的共和国公民才可以参选总统。对公务员考试也做出明确规定，通过国语考试者方可录用。这无疑从族别、

---

① Jacob M. Langdau and Barbara Kellner-Heinkele. *Language Politics in Contemporary Central Asia.* I. B. Tauris & Co Ltd, New York, 2012：102 – 105.

② http://en. rian. ru/world/20130118/178857464. html.

③ Jacob M. Langdau and Barbara Kellner-Heinkele. *Language Politics in Contemporary Central Asia.* I. B. Tauris & Co Ltd, New York, 2012：126 – 128.

④ Jacob M. Langdau and Barbara Kellner-Heinkele. *Language Politics in Contemporary Central Asia.* I. B. Tauris & Co Ltd, New York, 2012：182.

⑤ Jacob M. Langdau and Barbara Kellner-Heinkele. *Language Politics in Contemporary Central Asia.* I. B. Tauris & Co Ltd, New York, 2012：183.

⑥ Jacob M. Langdau and Barbara Kellner-Heinkele. *Language Politics in Contemporary Central Asia.* I. B. Tauris & Co Ltd, New York, 2012：53 – 56.

语言上否定了其他民族参选总统、公务员的可能性。哈萨克斯坦总统纳扎尔巴耶夫再三强调，“哈社会要以应有的态度对待国语，尊重国语、学好国语，尤其是公职人员”。此外，学校教育、新闻媒体等也加大了推行国语的力度，中亚五国主体民族语言呈强势发展态势。例如，2001～2006 年乌兹别克斯坦中学生数量比例，按语言进行统计划分，就可见一斑（见表2）。

表2　2001～2006 年乌兹别克斯坦中学生数量（按语言划分）（百分比）①

	2001～2002	2005～2006
合计	100.0	100.0
乌兹别克语（国语）	74.0	81.4
俄语（族际交际语）	20.1	14.1
英语（全球性外语）	—	0.2
卡拉卡勒帕克语（少数民族语言）	3.4	3.6
哈萨克语（少数民族语言）	0.5	0.5
塔吉克语（少数民族语言）	0.1	0.2
土库曼语（少数民族语言）	0.1	0.0
其他（少数民族语言）	1.8	0.0
合计	100.0	100.0

从表2 数据可以看到，在全国中学中，2005～2006 年乌兹别克语的学习人数占全体中学生的81.4%，而作为族际交际的俄语学习人数仅占14.1%。中亚其他四国的主体民族语言在中学的教学比例均有提高，俄语的教学比例相应地减少。总之，中亚五国主体民族语言呈强势发展态势。

（二）俄语有所回升，英语、土耳其语缓慢发展的态势将继续保持

由于主体民族语言缺乏专业术语，修辞体系不太完善，规范化程度不高，因此很难做到短期内在科学、技术、教育及国民经济等领域内能与俄语平等使用，无法全面取代俄语的社会功能。② 据统计，1994 年哈萨克斯

---

① 数据来源：乌兹别克斯坦国家统计委员会，另见 Brunner 和 Tillett，2007，第164 页。
② 参见〔苏〕B. H. 别诺乌索夫《学习和普及双语的现实问题》，塔什干，1989，第8～10 页。

坦全国 55008 个国家机关中只有 16.6% 的公文使用哈萨克语和俄语两种语言，而 73.3% 的公文只用俄语。哈萨克斯坦俄语教学出现了学习人数逐年增加的现象，2001～2006 年俄语学校从 2043 所增加到 2100 所。在高等院校中，用俄语学习的有 27 万人，占大学生总人数的 78%。① 现在哈萨克斯坦的 1300 多家报纸中，只有约 300 家报纸使用哈萨克文，而国家媒体总数量的 60% 仍然使用俄语。② 由于俄语电视节目内容丰富新颖，制作精美，极具吸引力，因此俄语节目在哈萨克斯坦很受欢迎。③

在吉尔吉斯斯坦，吉尔吉斯语在农村地区占优势，俄语则在城镇非常普及。尽管民族主义分子鼓励人们学习吉尔吉斯语，但俄语学校因提供"有前途的""容易就业"的语言教学而更有社会吸引力。近期，吉尔吉斯斯坦人口中学习俄语的兴趣明显有所提高，这很可能是因为懂俄语能够增加在俄罗斯找到工作的机会。

从表 3、表 4 数据可以看出，俄语在哈萨克斯坦、吉尔吉斯斯坦学习人数持续增长，此外，俄罗斯在中亚创办了一些旨在推广俄语的学校，例如吉尔吉斯 - 斯拉夫大学、塔吉克 - 斯拉夫大学等，开展俄语教学，组织俄罗斯文化节等活动。近年来，塔吉克斯坦为谋求更多的利益，经常利用俄语的地位和使用问题对俄罗斯施压，俄语问题成为塔俄两国进行"文化博弈"的筹码和工具。此外，2006 年，塔吉克斯坦市面上的日报和期刊有 300 多种，像《亚洲之声》《杜尚别晚报》之类的报纸比较受欢迎（均为俄语），《人民报》《金融报》等报刊居塔吉克斯坦俄文报之首。

在乌兹别克斯坦的俄罗斯人中会说乌兹别克语的不到 5%，一些非主体民族，宁愿说母语或俄语，也不愿说乌兹别克语。朝鲜人在语言上则已经被严重俄化了。④ 一些乌兹别克民族主义者十分清楚这一点，试图努力地想改变它，但是语言乌兹别克化的实际工作一直过于迟缓。实际上乌兹别克斯坦的科技文化精英们普遍认为，在社会实践活动中，俄语是一种使用最为方便、最为直接的语言，俄语作为族际交流语言仍然受到乌兹别克

---

① 周庆生主编《国家、民族与语言——语言政策国别研究》，语文出版社，2003，第 61 页。
② 许涛：《哈萨克斯坦民族宗教概况》，《国际资料信息》2002 年第 7 期。
③ 张宏莉、张玉艳：《俄语在中亚的现状及发展前景》，《新疆社会科学》2010 年第 6 期。
④ Jacob M. Langdau and Barbara Kellner-Heinkele. *Language Politics in Contemporary Central Asia*. I. B. Tauris & Co Ltd, New York, 2012：47 - 49.

斯坦民众的普遍重视。① 这与 2005 年以后乌兹别克斯坦与西方关系变得疏远，与俄罗斯重新建立起友好关系，并且政府鼓励民众学习俄语不无关系。②

土库曼斯坦以俄语为教学媒介的学校在 1995～2009 年间被不断削减，至 2009 年，只有首都阿什哈巴德的一所普京中学得到保留。第二届总统别尔德穆哈梅多夫上任后，恢复了俄语使用者的一些权利，这可能是出于政治、经济或教育方面的原因，期待俄罗斯能提供一些帮助或启动交换留学生计划等，教育机构又重新引入了俄语。由于以俄语为教学媒介的中小学被认为优于以土库曼语为媒介的学校，所以社会上对以俄语为媒介的学校的需求比较旺盛，新恢复的几所俄语学校门庭若市，备受青睐。

总之，独立后虽然中亚五国在国家机构、政府机关、社会生活等方面更多地强调使用国语，但俄语仍然坚守住自己的阵地，成为中亚地区第二大语言，呈继续回升走势。

英语、土耳其语在中亚五国的发展情况，见表 3、表 4。

表 3 2000～2006 年哈萨克斯坦国内高等教育机构学生授课语言情况③

语言	2000～2001	2001～2002	2002～2003	2003～2004	2004～2005	2005～2006
哈萨克语	132698	162166	216559	254084	298798	330199
俄语	305237	348731	375863	397928	439119	438032
英语	2043	2444	3223	3937	5660	7139
其他	737	1397	1844	2157	3527	3920
学生总数	440715	514738	597489	658106	747104	779290

表 4 吉尔吉斯斯坦中等学校学生授课语言情况（按授课语言划分）④

语言	1998～1999	1999～2000	2000～2001	2001～2002	2002～2003
吉尔吉斯语	39980	50378	61382	61450	59718
俄语	87544	104408	123769	140050	135149
英语	96	58	308	375	1290

---

① 张馨:《俄语成为吉尔吉斯斯坦官方语言》,《中亚信息》2002 年第 1 期。
② Jacob M. Langdau and Barbara Kellner-Heinkele. *Language Politics in Contemporary Central Asia*. I. B. Tauris & Co Ltd, New York, 2012: 47.
③ 数据来源: Brunner 和 Tillett, 2007, 第 81 页。
④ 数据来源: 吉尔吉斯斯坦官方统计数据 (n. a 表示数据无从获取)。

续表

语言	1998～1999	1999～2000	2000～2001	2001～2002	2002～2003
土耳其语	n. a	237	n. a	n. a	1470
乌兹别克语	2092	3231	3361	5563	2574
哈萨克语	n. a	n. a	n. a	n. a	186
塔吉克语	n. a	880	n. a	n. a	n. a

从表3、表4外语学习的情况来看，国际通用的英语学习人数在哈萨克斯坦、吉尔吉斯斯坦缓慢增加，土耳其语学习人数也有所增加。但是，英语、土耳其语相对于俄语显得较为薄弱，作为高等教育机构的外语正在缓慢推进。

（三）汉语呈迅速上升趋势

截至目前，中国在中亚先后成立了9所孔子学院：乌兹别克斯坦共1所（兰州大学与乌兹别克斯坦塔什干国立东方学院2004.6）；塔吉克斯坦共1所（新疆师范大学与塔吉克斯坦国立大学2008.10）；哈萨克斯坦共有4所（西安外国语大学与哈萨克斯坦欧亚大学2006.12，兰州大学与哈萨克斯坦阿里－法拉比国立民族大学2009.2，新疆财经大学与哈萨克斯坦阿克纠宾斯克国立师范学院2011.6，新疆石河子大学与哈萨克斯坦卡拉干达国立技术大学2012.11）；吉尔吉斯斯坦共有3所（新疆大学与吉尔吉斯斯坦比什凯克人文大学2008.6，新疆师范大学与吉尔吉斯斯坦国立民族大学2009.5，新疆师范大学与奥什国立大学2013.1）。

这9所孔子学院不仅开展汉语教学，同时还主动承担起当地汉语教师的培训任务，积极开展中国文化的传播活动，介绍中国改革开放的成就，以增进中亚人民对中国的了解，2007年乌兹别克斯坦塔什干国立东方学院孔子学院被评为全球20所优秀孔子学院之一。中亚地区对汉语人才的需求与日俱增，学习汉语的人数与日增多，据不完全统计仅阿拉木图市就有三千多名汉语学习者。哈萨克斯坦高校青年对学习汉语表现出极大的热情，连中小学生也渴望学习汉语。[①] 各国的孔子学院在周边的大中专院校及中小学开设了汉语专业及汉语课程。目前，孔子学院已经发展成为包括本专

① 杜娟、R. U. 阿谢里别科夫：《管窥哈萨克斯坦汉语热》，《云南师范大学学报》（对外汉语教学与研究版）2009年第5期。

科、中小学、幼儿园各类培训班在内的多种层次和模式的汉语教学实体。据报道，在塔吉克斯坦国立民族大学孔子学院，2009 年仅招收了 40 名学生，而 5 年之后已经增加到 3000 人的规模，晚来的学生排队等半年之久还上不了课。中国企业在塔吉克斯坦投资生产，需要大批懂汉语的人才，加上"上合"组织峰会后，习近平主席在塔吉克斯坦的访问，在塔吉克斯坦掀起了一股汉语热。目前，中亚地区汉语教学面临的最大困难就是严重缺乏汉语教师。①

总之，在中亚地区孔子学院汉语国际教育的推动下，汉语作为世界第二大经济国语言正呈迅速上升趋势，学习汉语的人数日益增多。

四 问题与思考

当前，在丝绸之路经济带建设中，我国面临着各种发展机遇，但同时也面临着一些问题。在交流与合作中首先离不开的就是语言这个交际工具。根据对中亚语言状况特点及其走向的研究，现提一些问题并进行思考。

(一) 调整外语教学和研究，开设多语种外语专业

在中亚地区，英语作为国际通用语言才开始受到重视，但是发展比较慢；俄语虽然失去了国家语言地位，但在中亚地区仍是官方语言、族际交际语或通用语，普及率较高；而目前我国的俄语教学和研究，由于历史的原因和英语教学的普及化，许多省份和地区的中学甚至没有开设俄语教学。虽然随着中俄关系的发展，我国的俄语教学有所突破，但在丝绸之路经济带的建设中，还应在基础教育和高等教育中加强俄语教学和研究。

除此之外，中亚地区信奉伊斯兰教，受波斯、阿拉伯、土耳其伊斯兰语言文化的影响较深，阿拉伯语、波斯语、土耳其语在西亚占据着重要地位；西亚因位于亚洲、非洲、欧洲三大洲的交界地带，位于阿拉伯海、红海、地中海、黑海和里海之间，所以被称为"五海三洲之地"，是联系亚、欧、非三大洲和沟通大西洋、印度洋的枢纽，地理位置十分重要。中亚与西亚地区的阿拉伯伊斯兰文化联系密切，建设丝绸之路经济带，需要与中亚、西亚地区开展经济文化的交流与合作，在反恐维稳、打击极端宗教势力方面更需要多方的合作与参与。

---

① http://finance.people.com.cn/n/2014/0924/c387602 - 25725145.html。

因此，建议有条件的高校或研究机构调整外语专业，立即着手开设在中亚地区有重要影响的俄语、波斯语、阿拉伯语、土耳其语专业，为丝绸之路经济带建设培养急需的翻译与研究人才队伍。

（二）调整外语专业的定势思维，重视和支持小语种专业的开设

随着中亚五国的独立，中亚主体民族语言跃居成为国家语言，呈强势发展趋势。在今天丝绸之路经济带的建设中，应该调整外语专业的定势思维，着眼于丝绸之路经济带建设的实际需要，开设诸如哈萨克语、乌兹别克语、吉尔吉斯语、土库曼语、塔吉克语、土耳其语等小语种专业。如引言所述，中亚五国中有三国与我国新疆相邻，五国中的主体民族与我国新疆的一些少数民族同属跨境民族，语言文化方面有着强烈的认同关系。习近平主席 2013 年访问中亚之后，新疆与中亚地区经济文化交流与合作日益频繁，中国政府加大了来华留学奖学金的力度，目前，来新疆和内地学习汉语和中国文化的中亚留学生络绎不绝，掀起了中亚学生留学中国的高潮。因此，新疆及内地有条件的高校或研究机构应开展中亚五国主体民族小语种专业的教学与研究，促进国家间的交往与交流。

（三）调整国际汉语教育战略，在中亚地区新建更多的孔子学院

如前所述，截至目前，我国在中亚地区仅开设了 9 所孔子学院，但分布不平衡，如塔吉克斯坦和乌兹别克斯坦都只有 1 所孔子学院，据报道，这两所孔子学院根本无法满足该国汉语学习的需求。在丝绸之路经济带的建设中，汉语国际教育肩负重任，应该在中亚建立更多的孔子学院，除了输送汉语教师、志愿者外，还应该培养更多的中亚本土教师，以扩大汉语国际教育的规模，实现汉语教学、教师本土化，形成良性的可持续性发展。

（四）调整思想观念，利用好新疆地区与中亚比较一致的语言景观

新疆语言景观（linguistic landscape）主要表现在公共和商业标语中比较广泛地使用汉语、维吾尔语、哈萨克语、柯尔克孜语和俄语等多种语言，与中亚地区的语言景观有相似性，这显然与新疆地区和中亚地区在生

活习俗、饮食习惯、宗教信仰、语言文化等方面有着较多的相似性和共性有关，许多中亚留学生来到新疆留学，感觉和在自己国家差别不大。例如，街道两边琳琅满目的各种小吃，如抓饭、包子、烤肉、馕饼、拌面等传统美食，在中亚五国都很常见，而且食物的名称与中亚留学生母语基本一致；街道两边店铺匾牌用维语、汉语、哈语、柯语、俄语、英语等多种语言文字书写，也令中亚留学生在新疆大有宾至如归之感。这些相似的语言景观和文化景观都会深深地吸引中亚留学生来新疆留学、生活，从而进一步密切我国新疆与中亚地区的联系与交流。

（五）中亚文字拉丁化对我国新疆地区民族文字规范化有启示作用

文字体制与特定的文化、宗教相关，如信仰伊斯兰教的民族通常使用阿拉伯字母文字。但是非通用民族文字的拉丁转写是现代化、国际化和便于信息交换的必然趋势，国家语言文字工作部门已将我国少数民族文字的拉丁转写列为"十一五规划"以来重要的语文规范化任务。例如为了便于计算机处理维吾尔文，新疆大学和维吾尔计算机信息协会已设计了一套维吾尔文拉丁化转写方案，并由新疆维吾尔自治区政府推广实施，这套拉丁维文在国际上还被广泛接受。[①] 土耳其文改用拉丁字母及上述中亚国家民族文字的拉丁化尝试，也可对我国新疆地区民族文字的拉丁转写提供参考。

---

① http://baike.baidu.com/link? url = 373epLPJ － lRaYMnUk3ZlM5YkEFwjlHOhvVdhmxGTwuNW y6sNrrh6U0wxwM0pfGQRwwacwqmKhP7UrBz － 9YsRrm3CSGgsF1JEtu3rz － _ rU6Qe9Fe3h01Y6 MbIwhE － t － dcxt1hOHIWb_ － u5VBzTM6zga，新疆语委《维吾尔文拉丁化方案》，2008。

中亚地区的语言文字嬗变述略

申镇纲*

[摘要] 语言文字作为人类文明进程中的重要成果和重要工具，受到本国历史、政治、民族关系、经济发展、国际关系、国家语言政策等多方面因素影响，往往呈现出多样化的发展轨迹，这一点在中亚地区体现得尤为明显。将中亚地区语言文字的嬗变更替与其民族历史的演进结合起来考察，可以从中把握该地区族群关系的演变脉络，可为"一带一路"建设的实施和我国与周边国家的合作交流提供参考。

[关键词] 中亚；语言文字；突厥化；伊斯兰化；一带一路

中亚处于欧亚大陆的交汇处，在古代海上丝绸之路建立之前，这里是东西南北陆上交往的重要通道，因此被称为"文明的十字路口"，是东西两大文明的碰撞之地。

中亚的范围界定大体有狭义和广义两种：狭义上仅指苏联解体后独立的五个以"斯坦"命名的苏联加盟共和国——哈萨克斯坦、吉尔吉斯斯坦、塔吉克斯坦、土库曼斯坦以及乌兹别克斯坦的总称；而广义上的中亚则指亚洲中部地区，涵盖西至里海，东到中国，南到阿富汗，北到俄罗斯的广大区域，除了中亚地区五个"斯坦"之外，还包括阿富汗、伊朗东部的呼罗珊地区、巴基斯坦北部、蒙古等地，有时还包括中国西部的新疆和西藏以及西伯利亚南部。

本文所讨论的中亚地区不仅包括中亚的核心区域，还包括中亚的周边区域，即蒙古、阿富汗，以及中亚周边的伊朗和中东地区的土耳其等国。①

从历史上看，周边的民族和国家，如伊朗（阿赫门王朝、安息王朝）、

---

* 申镇纲，武汉大学文学院语言学及应用语言学专业硕士研究生。

① 来自维基百科"中亚"词条。

希腊（亚历山大、塞琉古王朝）、中国（汉、唐、西辽、蒙元）、阿拉伯（黑衣大食）、俄罗斯（沙俄帝国、苏联）等都曾时间不等地统治过中亚地区。中亚西部的民族，在建立起强大的国家之后，几乎都向东征服；原来在亚洲东北部的一些游牧民族，在他们被迫向西迁徙的过程中，也都曾在此地驻足。这些民族经过长期的历史演变、融合、同化，最终形成了今天在中亚地区的现代诸民族。

现在中亚地区影响较大的民族主要有哈萨克族、土库曼族、乌兹别克族、吉尔吉斯族、塔吉克族和俄罗斯族。①

一　中亚语言文字嬗变的基本线索

中亚地区在历史上是游牧民族和农耕民族共同生活的地区，不同民族为了争夺生存权和统治权，在历史上发生过多次战争，先后建立了不同的民族国家。波斯人、希腊人、阿拉伯人、突厥人、蒙古人和俄罗斯人建立的民族国家对中亚地区的民族和文化以及语言文字都产生了深远的影响。

王朝国家的更迭和不同民族生活区域的变动导致不同文化圈的边界不甚固定。一个地区处在不同的民族和国家的统治下，该地通用的语言和文字往往也会有所变化，这就给以历史演变的线索梳理语言文字变化带来了困难，因此在对部分国家的语言文字认定上，均采取主流观点，只列举主要的语言和文字。另外，在现阶段国家疆域分界的范围内，同一历史时期，可能会有不同的国家和民族并存，因此会出现两种甚至多种语言并存的情况。

如哈萨克斯坦在历史上直到公元前 2 世纪才有比较可靠的史料，证明该地的主要居民是乌孙人和康居人，由于时代久远，其语言和文字尚无定论，因此相关信息存疑。历史时期的排列，选取最具代表性的国家和王朝，不同的王朝帝国以建国时间先后为序，不同的帝国可能在同一时期并立，分别控制不同的地区，在历史上的统治区域也会随着国力的盛衰变化而变化，因此针对某个地区不属于该王朝统治的情况，在表格中会用括号加以注明。如阿富汗在公元前 3 世纪到公元前 1 世纪左右属于希腊巴特克里亚王朝时期。

---

① 许勤华：《青年学者看世界——当代中亚概况（民族、宗教、能源）》，世界知识出版社，2007，第 2 页。

现以今天的中亚国界为据，将中亚核心区域和周边区域语言文字嬗变的基本线索分别列为表 1 和表 2。

表 1　中亚核心区域语言文字演变

历史时期	哈萨克斯坦	土库曼斯坦	乌兹别克斯坦	吉尔吉斯斯坦	塔吉克斯坦
阿契美尼德王朝时期 （前 550 ~ 前 330）	语言文字不详	楔形文字 阿拉米亚文	楔形文字 阿拉米亚文	塞人部落[1] 语言文字不详	楔形文字 阿拉米亚文[2]
亚历山大帝国 塞琉古王朝 （前 330 ~ 前 64）	语言文字不详	希腊语 希腊字母 （到安息王朝建立前）	希腊语 希腊字母	东伊朗语 大宛人[3]	希腊语 希腊字母
安息王朝 （前 247 ~ 224）	乌孙人、康居人[4] 语言文字不详	中古波斯语	不详	东伊朗语 （大宛人）	巴克特里亚语 希腊字母 （公元前 2 世纪巴克特里亚王朝）[5]
贵霜王朝 （1 ~ 5 世纪） 萨珊波斯王朝 （224 ~ 651）	乌孙人 康居人 语言文字不详	中古波斯语 阿拉伯字母 （公元 4 世纪前归萨珊王朝）	巴克特里亚语 希腊字母[6]	巴克特里亚语 希腊字母	巴克特里亚语 希腊字母
嚈哒人 （5 ~ 6 世纪） 西突厥汗国 （6 ~ 8 世纪）	突厥语 突厥文	突厥语 突厥文 （公元 4 世纪后归西突厥）	突厥语 突厥文	5 世纪归入嚈哒人 语言文字不详	突厥语 突厥文
阿拉伯帝国 （7 ~ 13 世纪） 萨曼王朝 （874 ~ 999）	突厥语 突厥字母	阿拉伯语 阿拉伯字母	1. 阿拉伯语 阿拉伯字母 2. 波斯语 阿拉伯字母 （萨曼王朝）	（黠戛斯人）[7] 属阿尔泰语系	波斯语 阿拉伯字母 （萨曼王朝）[8]
喀喇汗王朝 哥疾宁王朝 塞尔柱克王朝 （10 ~ 12 世纪）	1. 阿拉伯语 阿拉伯字母 2. 突厥语 突厥字母（葛逻禄人）	突厥语 突厥字母	突厥语 突厥字母	突厥语 突厥字母	突厥语 突厥字母
钦察汗国 察合台汗国 （13 ~ 15 世纪）	1. 钦察语 蒙古文 2. 钦察语 察合台文	1. 钦察语 蒙古文 2. 钦察语 察合台文	蒙古语 察合台文[9]	察合台语 察合台文	察合台语 察合台文

续表

历史时期	哈萨克斯坦	土库曼斯坦	乌兹别克斯坦	吉尔吉斯斯坦	塔吉克斯坦
希瓦汗国 布哈拉汗国 浩罕汗国 （15～19世纪）	突厥语 阿拉伯字母	突厥语 阿拉伯字母	突厥语 阿拉伯字母	突厥语 阿拉伯字母	塔吉克语 阿拉伯字母
沙皇俄国 （18～20世纪）	俄语 基里尔字母 哈萨克语 阿拉伯字母	俄语 基里尔字母 土库曼语 阿拉伯字母	俄语 基里尔字母 乌兹别克语 阿拉伯字母	俄语 基里尔字母 吉尔吉斯语 阿拉伯字母	俄语 基里尔字母 塔吉克语 阿拉伯字母

[1] 刘庚岑、徐小云：《吉尔吉斯斯坦》，社会科学文献出版社，2005，第34页。
[2] 刘启芸：《塔吉克斯坦》，社会科学文献出版社，2006，第38页。
[3] 刘庚岑、徐小云：《吉尔吉斯斯坦》，社会科学文献出版社，2005，第34页。
[4] 赵常庆：《哈萨克斯坦》，社会科学文献出版社，2004，第27～28页。
[5] 刘启芸：《塔吉克斯坦》，社会科学文献出版社，2006，第38页。
[6] 孙壮志等：《乌兹别克斯坦》，社会科学文献出版社，2004，第37页。
[7] 刘庚岑、徐小云：《吉尔吉斯斯坦》，社会科学文献出版社，2005，第37页。
[8] 刘启芸：《塔吉克斯坦》，社会科学文献出版社，2006，第40页。
[9] 胡振华：《中亚五国志》，中央民族大学出版社，2006，第272页。

表2　中亚周边区域的语言文字演变

历史时期	土耳其	伊朗	阿富汗	蒙古
阿契美尼德王朝 （前550～前330）	楔形文字 阿拉米亚文	楔形文字 阿拉米亚文	楔形文字 阿拉米亚文	语言文字不详[1]
亚历山大帝国 塞琉古帝国时期 （前330～前64）	希腊字母	希腊字母	希腊语 希腊字母 （巴克特里亚王朝）	语言文字不详
安息王朝 （前247～224）	拉丁语 拉丁字母 （罗马帝国时期）	中古波斯语	1. 希腊语 希腊字母[2] （塞琉古帝国时期） 2. 古印度语 孔雀王朝[3]	匈奴语
贵霜王朝 （1～5世纪） 萨珊波斯王朝 （224～651）	拉丁语 拉丁字母 （拜占庭帝国）	中古波斯语 阿拉伯字母 （萨珊王朝）	佉卢文 婆罗米文字	鲜卑语
嚈哒王朝 （5～6世纪） 西突厥帝国 （6～8世纪）	拉丁语 拉丁字母 （拜占庭帝国）	中古波斯语 阿拉伯字母 （公元7世纪前萨珊王朝）	1. 嚈哒人 2. 中古波斯语 阿拉伯字母 （萨珊王朝）	突厥语

续表

历史时期	土耳其	伊朗	阿富汗	蒙古
阿拉伯帝国 （7～13世纪） 萨曼王朝 （874～999）	希腊语 希腊字母 （拜占庭帝国）[4]	阿拉伯语 阿拉伯字母 （公元7世纪后阿拉伯帝国）	阿拉伯语 阿拉伯字母	黠戛斯人 属阿尔泰语系
喀喇汗王朝 哥疾宁王朝 塞尔柱克王朝 （10～12世纪）	希腊语 希腊字母 （拜占庭帝国）	突厥语 突厥文	突厥语 突厥文[5]	契丹语 （契丹、辽）
钦察汗国 察合台汗国 （13～15世纪）	奥斯曼土耳其语 阿拉伯字母 （奥斯曼土耳其帝国）	蒙古语 波斯语 （伊尔汗国）	察合台语 察合台文	蒙古语 回鹘式蒙古文 （元朝）
奥斯曼帝国（14～20世纪初）	奥斯曼土耳其语 阿拉伯字母	波斯语 阿拉伯字母	普什图语 阿拉伯字母[6] （莫卧儿王朝以及萨菲王朝）[7]	蒙古语 回鹘式蒙古文 （明清）

[1] 蒙古高原在公元前6～前4世纪时，民族系属不明，没有确切的文字对语言文字状况记载。

[2] 来自《中国大百科全书》第1卷，中国大百科全书出版社，2009，第441页。

[3] 王凤：《阿富汗》，社会科学文献出版社，2007，第72页。

[4] 来自《中国大百科全书》第2卷，中国大百科全书出版社，2009，第8页。

[5] 来自《中国大百科全书》第22卷，中国大百科全书出版社，2009，第355页。

[6] 王凤：《阿富汗》，社会科学文献出版社，2007，第37页。

[7] 王凤：《阿富汗》，社会科学文献出版社，2007，第81页。

资料来源：马大正、冯锡时《中亚五国史纲》，王治来《中亚史》等。

二 古代中亚地区的语言文字演变

在古代时期，对中亚语言文字影响最大的就是波斯化、伊斯兰化、突厥化以及后来的蒙古化。其中，伊斯兰化对中亚的影响最为深远，使中亚形成了伊斯兰化的突厥人和伊斯兰化的波斯人，伊斯兰教成为中亚地区众多民族的共同宗教，阿拉伯语成为中亚地区的通行语言，阿拉伯字母更是用来标注波斯文和突厥文以及后来的察合台文。

（一）波斯王朝时期印欧语占统治地位

从公元前550年波斯人建立阿契美尼德王朝开始，直到公元999年波斯萨曼王朝被突厥人所灭，波斯对中亚的影响持续了一千多年。这一千多年中，印欧人种在中亚占据政治上的统治地位。无论是波斯人的阿契美尼德王朝、萨珊王朝、萨曼王朝，还是亚历山大大帝建立的马其顿王朝及其后继的塞琉古王朝和巴克特里亚王朝，都属于印欧语族的王朝。中间虽然有闪族阿拉伯人的征服，但倭马亚朝统治时间不到一百年，并没有根本改变中亚的语言格局。萨曼王朝公元 999 年的灭亡，标志着东伊朗语族在中亚的全面统治结束①。

在波斯语族时代，中亚地区先后经历了古波斯语时期（公元前 3 世纪前），中古波斯语（前 3 ~ 8 世纪）和新波斯语时期。中古波斯语后期，由于阿拉伯帝国的统治，阿拉伯语和阿拉伯字母在伊朗高原已经广泛使用，萨曼王朝时期尽管官方语言是波斯语，文字却采用了阿拉伯字母，这一时期的中古波斯语又称为新波斯语。此后，中亚波斯语的统治地位逐渐被阿拉伯语所取代。

（二）伊斯兰教的传播和阿拉伯语的进入

阿拉伯帝国在公元 651 年消灭了伊朗高原的萨珊王朝，建立了倭马亚王朝（661 ~ 750，中国称之为白衣大食）和后继的阿拔斯王朝（750 ~ 1258，中国称之为黑衣大食）。阿拔斯王朝在公元 751 年的怛罗斯之战中战胜大唐帝国，开始控制中亚地区，由此开启了中亚地区宗教上的伊斯兰化和语言文字上的阿拉伯化。

阿拉伯人统治中亚时期，规定当地各族人民信奉伊斯兰教可以免税，于是大量人口改教。波斯人和中亚的东伊朗语民族，或为免缴人头税、土地税等歧视性的捐税，或为享受更多的自由和安全，普遍放弃了自己原来的宗教信仰而改信伊斯兰教。公元 9 世纪中叶，伊斯兰教成为中亚的主要宗教。② 宗教语言的权威地位和穆斯林群体的壮大，促进了阿拉伯语的传播。同时，阿拉伯统治者将阿拉伯语定为国语和标准语，当地的方言也用阿拉伯语来拼写。③ 由于种种影响，在伊斯兰教成为中亚主要宗教以前通行于中亚地区的文字逐渐被排挤。无论是波斯语还是突厥语，都开始采用阿拉伯字母来书写。此后，即使是在波斯文化复兴的时期，也未能排除这

---

① 王治来：《中亚通史（古代卷）上》总序，新疆人民出版社，2004，第 3 页。
② 王治来：《中亚史》，人民出版社，2010，第 97 页。
③ 彭树智、黄杨文：《中东国家通史·阿富汗卷》，商务印书馆，2000，第 71 页。

种用阿拉伯字母拼写的习惯。① 13 世纪，蒙古人建立的察合台汗国，根据阿拉伯字母创制了察合台文，可见阿拉伯字母对中亚诸民族的深远影响。

（三）突厥化对中亚语言文字的影响

11～13 世纪，是中亚历史上一个十分重要的时期，其显著特征是伊斯兰化和突厥化。早在六七世纪时，操突厥语的部落（西突厥汗国）开始迁到中亚，与当地居民逐渐融合。回鹘西迁后建立的喀喇汗王朝在河中统治了 200 余年，一系列由操突厥语民族建立的王朝（如喀喇汗王朝、哥疾宁王朝和塞尔柱克王朝）更加速了这一进程，操突厥语民族开始在中亚占据优势。操突厥语民族的统治对于加速突厥游牧人迁入中亚和中亚居民的突厥化，起了很大的作用②。

突厥化，是指操突厥语民族人口与当地原有操伊朗语的居民通婚、混血，并使突厥语成为当地居民普遍使用的语言。应该指出，"突厥"一词这时已经成为一个语族的名称，操突厥语的各族都有各自的部落名称，如古思人、塞尔柱克人、葛逻禄人、钦察人、乌兹别克人、哈萨克人、土库曼人等，而不自称为突厥人。③

突厥化时期，也是突厥人伊斯兰化的重要时期。早在突厥化之前，一部分迁到中亚的突厥人在和穆斯林接触后已信奉了伊斯兰教。喀喇汗朝 10 世纪宣布伊斯兰教为国教，使得伊斯兰教在突厥人中迅速传布，同时接受了这种宗教的载体——阿拉伯语和阿拉伯字母，形成了一种突厥伊斯兰文化，阿拉伯字母在突厥人的生活中逐渐占据了重要地位。突厥人与当地民族逐步在民族、宗教、语言、文化、风俗、习惯等方面加速融合。

（四）蒙古统治下语言文字状况

13～15 世纪，蒙古人在中亚地区建立了强大的帝国，但落后的蒙古文化刚进入中亚多民族文化圈，很快就被突厥化、伊斯兰化和波斯化。④ 蒙古人统治时期，这一地区仍通行波斯语（印欧语系印度－伊朗语族东伊朗语）和阿拉伯语。在察合台汗国时期，原来使用的突厥语发展成了察合台

---

① 王治来：《中亚史》，人民出版社，2010，第 98～99 页。
② 王治来：《中亚史》，人民出版社，2010，第 117 页。
③ 王治来：《中亚通史（古代卷）上》总序，新疆人民出版社，2004，第 3～4 页。
④ 王新中、冀开运：《中东国家通史·伊朗卷》，商务印书馆，2002，第 187 页。

语（东突厥语支），察合台语的书面文字是一种用阿拉伯字母拼写的突厥文，被称为察合台文。15 世纪之后产生了大量用察合台文书写的作品。同时，15~16 世纪以后，察合台语也出现了方言的分化，逐渐形成了今天中亚突厥语族不同的民族语。

察合台文是采用阿拉伯字母系统的音素文字，共有 32 个字母，其中包括 28 个阿拉伯字母和 4 个波斯字母，采用从右到左的顺序书写。中央民族大学李森认为，察合台语是突厥语族的东支，是察合台汗国的突厥人和突厥化的蒙古人所使用的语言，在帖木儿帝国时期得到了发展并成为汗国的交际语，直到 19 世纪末，仍然是维吾尔、哈萨克、柯尔克孜、乌兹别克、塔塔尔等突厥语族共同的书面语。他同时指出，察合台文对中亚地区产生了深远的影响，现代维吾尔语言文字是察合台语言文字的延续。

三 近现代中亚地区的语言文字演变

在 15~18 世纪，中亚地区各民族逐渐形成并建立了民族国家，各民族都有自己稳定的语言文字系统。到了 19 世纪，沙俄入侵中亚，① 强制推行大国沙文主义的语言政策，沙俄统治区域内俄语成为官方语言，各民族语言作为民族内部的交际语仍然在使用。苏联时期，实行民族平等，各民族语言获得了一定的发展，但没有改变单一的俄语政策。苏联解体后，独立的原各加盟共和国的主体民族语言都获得了国语的地位，俄语在这些国家则降为官方语言或者族际交际语。这一时期，除了进行语言方面的变革，各国也积极开展文字改革。

（一） 苏联时期各民族语言的地位和文字的基里尔化

苏联时期，列宁主张取消"义务国语"，各民族语言在理论上取得了与俄语同样的地位。② 20 世纪 30 年代之前，苏联境内的哈萨克族、土库曼族、塔吉克族、乌兹别克族、吉尔吉斯族，仍然保留使用阿拉伯字母的习惯，乌兹别克人使用的是以阿拉伯字母为基础的"察合台文"。③ 在文字方面，由于苏联时期国家语言政策的变动，中亚地区先后进行了三次改革。

① 王治来：《中亚史》，人民出版社，2010，第 226 页。
② 周庆生：《国家、民族与语言——语言政策国别研究》，语文出版社，2003，第 3 页。
③ 胡振华：《中亚五国志》，中央民族大学出版社，2006，第 228、246、254、261、272 页。

第一次改革是完善旧文字体系。在 20 世纪 20 年代的前半期，哈萨克、鞑靼、乌兹别克等民族开始改革原来使用的阿拉伯文字，使其更符合本民族语言的语音体系。改革的主要目的在于保留文化传统（识字的人不用重新学习）和实行世俗文化（新字母不可能与宗教有联系）。[1]

第二次改革是从"十月革命"成功到 1936 年。这 19 年是苏联各民族文字拉丁化的时期。这一时期新创制的文字基本上都是以拉丁字母为基础的，同时大部分旧字母形式的文字也实行了拉丁化，甚至有些原来已经使用基里尔字母的民族也转用了拉丁字母。随着苏联国内拉丁化运动的开展，中亚五国改革旧有的文字体系，使用拉丁字母代替原有的阿拉伯字母。

第三次文字改革是从拉丁字母到基里尔字母。到 20 世纪 30~40 年代，一些学者认为拉丁字母在表音结构方面不如俄文字母系统完善，因为拉丁字母表只有 26 个字母，其中许多字母彼此重复，而俄语字母表有 33 个字母，并且没有一个字母与别的字母相重。同时因为在拉丁化之前，苏联境内的一些民族传统上使用基里尔字母，并且已经创制了字母表，放弃基里尔字母会疏远民族之间的联系。[2] 因此，到了 1937 年，绝大多数已经拉丁化的民族开始转用基里尔字母。大概到 1940 年，中亚民族都完成了从拉丁字母到基里尔字母的转换。

中亚民族经历的三次文字改革如表 3 所示。

表 3　沙俄及苏联时期中亚民族的文字改革

	哈萨克族	土库曼族	乌兹别克族	吉尔吉斯族	塔吉克族
阿拉伯字母	1929 前	1928 前	1929 前	1928 前	1930 前
拉丁字母	1929 ~ 1940	1928 ~ 1940	1929 ~ 1940	1928 ~ 1941	1930 ~ 1940
基里尔字母	1940 后	1940 后	1939 后	1940 后	1940 后

资料来源：《中亚五国及其语言文字》[3]《吉尔吉斯斯坦》[4]。

（二）苏联解体后各主体民族语言的地位提升和文字的再次改革

苏联解体后，各主要民族走上了独立发展的道路，一些民族也同时努

---

[1]　周庆生：《国家、民族与语言——语言政策国别研究》，语文出版社，2003，第 6 页。
[2]　吴宏伟：《中亚文字改革问题》，《语言与翻译（汉文）》2002 年第 3 期。
[3]　胡振华：《中亚五国及其语言文字》，《中央民族大学学报》1996 年第 5 期。
[4]　刘庚岑、徐小云：《吉尔吉斯斯坦》，社会科学文献出版社，2005，第 29 页。

力摆脱俄罗斯的影响。中亚各独立共和国都是多民族的国家,俄罗斯人在中亚各国中都占相当的比例,因此俄语在中亚地区仍然具有重要的影响力。各国在提高主体民族语言地位、限制俄语的过程中,并不是一帆风顺的。

各独立国家在语言政策方面的表现主要是提高主体民族的语言地位,将其提升为国语并且大力推广,扩大国语的使用范围、场合、人群,同时将俄语作为族际交际语,逐步缩小其使用范围和人群。如吉尔吉斯斯坦1989年颁布了《国语法》,明确规定吉尔吉斯语为该国国语;1989年土库曼斯坦《语言法》规定土库曼语为土库曼斯坦的国语,俄语为族际交际语;乌兹别克斯坦1989年《国语法》、1991年《主权宣言》和《宪法》均规定乌兹别克语为共和国国语,俄语为族际交际语;塔吉克斯坦1989年《语言法》、1994年《宪法》均宣布塔吉克语为国语,俄语为族际交际语;哈萨克斯坦在苏联解体前夕,通过决议将哈萨克语作为国语,将俄语作为族际交际语,独立初期仍然着力宣传哈萨克语的国语地位。

独立后不久,各国由于语言国情的不同以及和俄罗斯关系亲疏有别,面临着不同的抉择。土库曼斯坦去俄语化态度坚决,甚至取消了俄语作为通用语的法律规定。俄语在哈萨克斯坦和吉尔吉斯斯坦境内影响较大,独立后不久两国分别出台法律将俄语作为官方语言,提升了俄语的地位。1997年哈萨克斯坦新《语言法》规定,在国家组织和地方自治机关中俄语和哈萨克语可以同等使用。① 2000年吉尔吉斯斯坦通过了《官方语言法》,规定俄语为该国官方语言。

苏联解体后,由于中亚民族意识的凸显,各国纷纷开始文字上的"去俄罗斯化",进行文字的再次拉丁化改革。1993年,土库曼斯坦首先进行了文字改革,1996年采用了拉丁字母,2000年开始在国家机关使用新的字母表。② 2001年起,乌兹别克斯坦开始使用拉丁字母拼写乌兹别克语,到2005年完全取代了俄文字母,③ 延续了半个多世纪的基里尔字母退出舞台。

与上述两国情况相似的还有蒙古国。蒙古国独立之前使用回鹘式蒙古文标注蒙古语,1946年独立后,为亲近苏联,废弃传统蒙古文而采用基里尔蒙古文。苏联解体后,1992年,蒙古国国家大呼拉尔(议会)决定逐步

① 周庆生:《国家、民族与语言——语言政策国别研究》,语文出版社,2003,第65页。
② 施玉宇:《土库曼斯坦》,社会科学文献出版社,2005,第27~28页。
③ 孙壮志等:《乌兹别克斯坦》,社会科学文献出版社,2004,第22页。

恢复使用回鹘式蒙古文。蒙古国政府于 2008 年出台促进使用回鹘式蒙古文的政策，并于 2010 年发布总统令规定："蒙古国总统、蒙古国国家大呼拉尔（议会）主席、蒙古国总理及蒙古国政府成员与国际机构和国外同级别官员进行交流时，公文和信函必须使用回鹘式蒙古文。"①

哈萨克斯坦自 1991 年独立之后，文字改革的呼声不断，但缺乏统一意见。有人主张恢复以前使用的拉丁字母，有人主张继续使用现在的基里尔字母，有人主张使用古代突厥文，有人主张使用阿拉伯字母，更有人主张新造一种书写字母。直到现在，哈萨克斯坦的文字改革还没有出台正式的改革方案。②

吉尔吉斯斯坦独立之后尚未进行文字改革，沿用基里尔字母为基础的吉尔吉斯文。

塔吉克语不属于突厥语，而属于印欧语系的印度 – 伊朗语族，与波斯语基本上是同一种语言。现行塔吉克文是以基里尔字母为基础的文字，波斯文则是以阿拉伯字母为基础的文字。③ 塔吉克斯坦自 1940 年文字改革之后，基里尔字母的文字一直沿用至今，由于历史、地缘等原因，塔吉克语还有很多俄语借词。

语言文字是民族文化的载体，体现了各民族不同的文化心理。各民族采用何种语言文字反映了不同民族之间亲疏关系的发展变化。中亚主体民族的成分较为复杂，一部分来自西方的希腊、波斯、阿拉伯，一部分来自蒙古高原附近以及东北亚地区西迁的民族。同时由于历史上西域和中国一直保持着密切的关系，今天中亚地区的主体民族绝大多数是跨界民族（如中国境内的哈萨克族、柯尔克孜族、塔吉克族等）。因此，对中亚地区语言文字的嬗变与更替情况进行梳理，有助于我们更好地认识中亚，为"一带一路"战略的实施提供参考。

---

① 新华网，http://news. xinhuanet. com/world/2010 – 07/07/c_12309296. htm。
② 周庆生：《国家、民族与语言——语言政策国别研究》，语文出版社，2003，第 64 页。
③ 胡振华：《中亚五国志》，中央民族大学出版社，2006，第 247 页。

试论欧盟东扩对中东欧国家
语言政策的影响

臧　岚[*]

[摘要] 欧盟东扩对中东欧国家产生了巨大的影响，语言政策也不例外。本文分析了欧盟东扩对中东欧国家语言政策产生的影响，根据所受影响程度及政策走向的不同，将其划分为三种情况，并从语言教育、俄语地位的变化等不同角度加以考察。受其启发，最后结合我国"一带一路"战略提出几点认识和建议。

[关键词] 欧盟东扩；中东欧国家；语言政策；俄语地位；一带一路

中东欧国家地处俄罗斯和西欧之间，这一独特的地理位置使其难以在世界格局演变中独善其身，有时甚至难以避免剧烈动荡。冷战结束后，欧盟逐步实施了东扩战略，目标直指经历过苏联解体和东欧剧变的中东欧国家。欧盟东扩，对中东欧的政治、经济、文化等产生了巨大的影响，促使相关国家政策发生了不同程度的变化。语言政策是国家政策的重要组成部分，欧盟东扩自然也会对中东欧国家的语言政策产生不同程度的影响，成为左右中东欧国家语言政策的一个重要因素。

本文根据中东欧国家语言政策受欧盟影响的不同程度及其走向，将其分为三类情况，并从语言教育、俄语地位的变化等不同角度进行考察。最后结合我国"一带一路"战略谈几点认识和建议。

一　欧盟："巨大的语言挑战"

20世纪50年代，法国、德国、意大利、荷兰、比利时、卢森堡六国通过协商，初建欧盟雏形，此后欧盟成员国的数量一直不断增加。20世纪

---

* 臧岚，武汉大学文学院语言学及应用语言学专业硕士研究生。

末，欧盟开始东扩，中东欧国家纷纷加入欧盟，为欧盟再次注入新鲜的活力。具有超国家性质的欧盟，政策涵盖政治、经济、文化各个方面。其中，欧盟的语言政策作为促进欧洲一体化进程中重要的一环，发挥着十分重要的作用。

欧盟作为欧洲的政治、经济共同体，在行使权力方面有其局限性，与拥有社会权力的国家机构相比，语言政策的意义会有所不同。欧盟的语言政策不具备严格的政治约束力，因此欧盟语言政策的具体内容更多的是为解决语言问题所制定的具体计划、行动、措施。我们据周晓梅研究成果将欧盟语言政策的代表性内容整理如表 1 所示。①

表 1　欧盟语言政策代表性内容

时间	具体语言政策
1976	Systran 机器翻译系统开发计划
1981	外来移民后代母语教育计划
1981	区域及少数语言推广计划
1982	欧罗巴计划
1989	共同体外语教学推广计划
1997	将 2001 年定为"欧洲文化年"
2002	促进语言学习和语言多样性行动计划
2005	多语言主义新构架策略

欧盟语言政策具有较强的连贯性，坚持语言平等和多样性是其一直奉行的理念，随着欧盟不断东扩，这一理念的主导作用也越来越强。如今，欧盟的官方语言已由最初的 6 种增至 24 种。这意味着所有官方文件，包括以往多达 9 万页的条约和协议，都必须使用 24 种语言的译本。坚持语言平等和多样性的原则在欧盟东扩后弊端凸显，过多数量的官方语言逐渐成为一体化进程中的障碍，这种障碍被欧洲议会称为"巨大的语言挑战"。

"巨大的语言挑战"使欧盟难以平衡效率与公平之间的关系。一方面，官方语言之间的平等，需要花费巨大的翻译成本来维系。欧盟的翻译团队非常庞大，分为笔译和口译两个部分，各种会议、文件等内容的传达都需要翻译团队的努力。以笔译人员为例，截至 2011 年，欧盟笔译人员已增至

---

① 周晓梅：《欧盟语言政策研究》，云南大学出版社，2012。

2500 人，年均文字翻译量大约为 230 万页，年财政支出 11 亿欧元，相当于平均每个欧盟成员国公民需要负担 2.5 欧元。[①] 另一方面，东扩后的欧盟，由于官方语言已达到 24 种，可能出现的翻译组合有 552 种之多，将过多的精力投入在烦冗的翻译工作上，必然导致欧盟工作效率的降低。

多年来，欧盟一直积极解决语言平等原则所带来的问题，但并非易事。2010 年，欧盟委员会提出将英语、法语和德语作为欧盟"共同专利体系"的官方语言，立刻遭到意大利和西班牙的反对。语言问题往往牵涉各成员国在欧盟中的政治地位，同样也会对经济造成很大的冲击。[②] 各成员国为了强化自己在欧盟中的地位和优势，在语言问题上丝毫不退让，简化欧盟工作语言的想法不但没有解决欧盟的现实问题，而且成了影响成员国之间和谐相处的潜在不利因素，语言问题的解决一度陷入僵局。

因欧盟在语言使用问题上多生龃龉，欧盟语言问题的解决不得不另辟蹊径——加强对欧盟语言教育政策尤其是外语教育政策的实施力度。与欧盟语言政策相对应，欧盟制定了一套与语言政策相辅相成的语言教育政策。欧盟鼓励成员国民众学习其他成员国的语言，并出台了各种规划和政策，促进多语言教育的发展，如"语言学习与欧洲公民身份"跨世纪规划、里斯本策略、欧洲语言学习、教学与评估共同参考框架等。欧盟语言教育政策的实施，在一定程度上缓解了官方语言平等原则所带来的一些问题。在欧盟成立 20 多年后，大多数成员国民众已经可以使用三到四种语言进行交流。

欧盟语言政策虽因其一直以来坚持的语言平等原则而充满挑战，但在总体上还是对成员国起到了一定的作用。后加入的中东欧成员国的语言政策也深受其影响，其中共同体外语教学推广计划、促进语言学习和语言多样性行动计划、多语言主义新构架策略对中东欧语言政策产生的影响最为明显。据英孚教育发布的《2014 年英语熟练度指标报告》显示，波兰、爱沙尼亚、拉脱维亚、匈牙利、捷克、斯洛伐克等中东欧国家国民的英语熟练程度分别位列第 6、8、14、17、19、22 位，远高于中国香港的 31 位和

---

① 王位：《欧盟成员国又陷语言困局》，http://epaper.ccdy.cn/html/2010 - 07/17/content_28364.htm，2015 年 11 月 16 日。

② 《2014 年英语熟练度指标报告》，南方网，http://edu.southcn.com/jygd/content/2014 - 11/21/content_112722197.htm，2015 年 11 月 17 日。

中国大陆的 37 位,① 足以看出共同体外语教学推广计划在中东欧国家的推广成效。同时,欧盟的多语言环境普遍提高了成员国民众的多语能力,欧盟内部的中东欧成员国民众普遍会说四到五种语言,由此可见欧盟促进语言学习和语言多样性行动计划、多语言主义新构架策略的实施成效。

二 中欧四国的有限多元外语教育

在欧盟东扩过程中,中欧国家波兰、捷克、斯洛伐克和匈牙利四国纷纷选择主动投入欧盟的怀抱。这主要是由于在苏联解体与东欧剧变之前,这些国家虽然在体制上一直深受苏联影响,但在地缘上并没有成为苏联的一部分,仍保持着较高的独立性。入盟后,这些国家在语言政策方面也根据欧盟的要求做出了相应的调整,其中以语言教育领域最为显著。

首先,中欧四国外语教育政策开始从单一向多元转变,但这种多元是一种有限制的多元,多集中于对欧洲强国语言的学习。据欧盟官网数据显示,1990 年的波兰大约有 18000 名俄语教师,但其他语言的教师奇缺(例如英语教师只有 1200 名)。但加入欧盟的数十年后,2002~2003 年的国家报告就显示波兰英语教师、德语教师、法语教师的数量分别上升到 36289 名、20182 名和 2929 名,俄语教师的数量下降到 6914 名;② 在捷克,越来越多的学生学习英语成为不争的事实,小学、语言学校和职业定向高中学习英语的比例分别是 87%、100%、74%;德语在捷克通常作为第二外语,但从 2011 年开始,法语和西班牙语也变得流行起来;③ 在斯洛伐克,只有英语、德语、俄语、法语、西班牙语和意大利语这六种语言是斯洛伐克法律所认定的教学外语;④ 匈牙利为国家的小学教育提供了广泛的语言选择,当然这种语言的选择要以欧盟的语言优先,学生可以选择英语、法语、拉丁语、意大利语和德语。然而,这种广泛的语言选择只能在大城市得到保障,在大多数学校,外语的学习还是以英语和德语为主,亦即只能在英语

① Pokrivčáková S. Bilingual Education in Slovakia: A Case Study. *Journal of Arts and Humanities*, 2013, 2 (5): 10-19.

② 汪明:《捷克的教育发展状况及其若干改革趋向》,《外国教育研究》2004 年第 4 期。

③ Ministry of National Education, Poland. Language Education Policy Profile: Poland. 28.

④ Szabó I. Foreign Language Teaching in Primary Education in Hungary. Encuentro Revista De Investigación E Innovación En La Clase De Idiomas, 2007: 23-27.

和德语之间选择。①

　　同时，中欧四国加快了建设双语学校的步伐，双语学校在教育体系中的地位凸显，并且在语言的选择上出现了较为明显的亲欧特征。在波兰，双语学校发挥着培养学生多语能力、提高学生多语意识的作用，除了欧洲主流语言（英语、法语、德语、西班牙语）之外，没有其他语言的双语课程；② 在捷克，为适应欧洲一体化的进程，"双语学校"和普通学校的"双语班"应运而生，为国家培养了不少讲法语的人才。以布拉格耐鲁达市立中学为例，该中学从 1990 年开始建立双语班，学制为六年，在前两年的教学中以强化法语为主要教学目标，学生一周约有十个小时的时间学习法语；③ 在斯洛伐克，官方的双语教育教学文件通常被视为一份保护欧洲语言多样性、欧洲多语言能力的文件。多语言能力的表述在欧盟多份文件中都曾被提及，它要求所有欧洲人至少能使用三种语言进行沟通。④

三　波罗的海三国俄语地位急剧下降

　　波罗的海三国（即爱沙尼亚、拉脱维亚和立陶宛）曾经是苏联的一部分，但在苏联解体和东欧剧变之后，都迅速倒向欧洲并成为欧盟正式成员国。此后三国在语言政策方面也发生了相应的变化，其中最突出的表现是俄语在三国的地位急剧下降。

（一）苏联时期俄语的一统地位

　　苏联建国初期奉行民族平等政策，各民族语言在理论上取得了与俄语同等的地位。但从 20 世纪 60 年代开始，苏联开始加速提高俄语的地位，在教育改革中不断扩大俄语的使用范围，并规定各加盟共和国和自治共和国的中等学校必须学习俄语。同时，受苏联教育政策的影响，学校教学更重视俄语的学习，如在爱沙尼亚共和国，用爱沙尼亚语授课的学校，俄语课时为 1200 小时，而用俄语授课的学校中，爱沙尼亚语课时仅 600 小

---

① Pokrivčáková S. Bilingual education in Slovakia: A Case Study. *Journal of Arts and Humanities*, 2013, 2 (5): 10 – 19.

② BAB. LA MEMBER. DO CZECHS SPEAK ENGLISH?. http://www.lexiophiles.com/english/do - czechs - speak - english.

③ Ministry of National Education, Poland. Language Education Policy Profile: Poland. 26.

④ 周庆生主编《国家、民族与语言——语言政策国别研究》，语文出版社，2003。

时。① 20 世纪是俄语最为普及的一个时期，俄语在全世界范围内都有着举足轻重的地位，在波罗的海三国更是处于强势地位。

（二）欧盟东扩后俄语的弱势地位

1990 年到 2015 年的 25 年间，俄语的地位在波罗的海三国发生了翻天覆地的变化。独联体和波罗的海三国掌握俄语的人口数量由一亿一千九百多万急降至八千四百多万。俄语在波罗的海的地位变化多为三国有意为之。

东欧剧变、苏联解体后，波罗的海三国迅速转向欧洲。由于独立前的少数民族成为独立后的主体民族，为宣示本民族的主体地位，波罗的海三国不约而同地将主体民族的语言（爱沙尼亚语、拉脱维亚语、立陶宛语）确立为官方语言，进而取代俄语长期以来的主导地位。三国语言政策变化最明显的特征就是"去俄罗斯化"。

爱沙尼亚于 1995 年通过颁布语言法规的形式将俄语定位为外语，并且缩小了俄语的使用范围——只有在与家庭和朋友的交流时才可以使用俄语。2011 年，爱沙尼亚再次通过新的语言法来巩固爱沙尼亚语的地位，确保其在公共生活领域中的使用；2012 年 2 月 18 日，拉脱维亚就是否给予俄语官方语言地位进行了公投，反对俄语成为拉脱维亚官方语言的公民数量占投票总人数的 74% 之多，以压倒性的优势取得了公投的胜利。这一结果导致这个拥有 40% 以俄语为母语的居民的国家将俄语看作外语，并位列英语、德语等外语之后；从 1996 年到 2011 年，立陶宛刻意减少俄语学校的数量，由原来的 85 所降至现在的 34 所，学生人数也由原来的 53200 人减少到 16000 人。②

四 乌克兰与白俄罗斯相左的语言政策

与波罗的海三国不同，曾也是苏联一部分的乌克兰和白俄罗斯，在苏联解体后并没有出于经济利益而选择立即倒向欧洲，在独立初期两国的语言政策也都没有明显的转变。近几年来，随着乌克兰逐渐转向亲欧，并出现了克里米亚等事件，乌俄关系陷入僵局，其语言政策也发生了相应的变

---

① 刘娟：《拉脱维亚对俄语说"不"》，《世界知识》2012 年第 8 期。
② 侯昌丽：《试析乌克兰语言政策的去俄罗斯化》，《西伯利亚研究》2012 年第 3 期。

化。与乌克兰不同，白俄罗斯走亲俄路线，在语言政策上也与乌克兰迥然不同。

（一）乌克兰：语言上“去俄罗斯化”

多年以来，周旋于欧盟与俄罗斯之间的乌克兰，力图在两股势力之间保持平衡，在语言政策的制定方面也是如此。自1991年乌克兰宣布独立后，欧盟在其东扩的过程中频频向乌克兰示好，乌克兰也表达了愿意加入欧盟的愿望。于是，独立之后的乌克兰极力从各个方面削弱俄语的影响力。首先，通过《乌克兰宪法》和《乌克兰语言法》确定了乌克兰语作为国语、俄语作为少数民族语言的地位。其次，政府通过出台政策法规从教育层面、大众传媒层面不断缩小俄语的使用范围。最后，对国语的拼写形式和词汇的使用等也做了相应的规定，力图减少俄语词汇的使用，并主张采用乌克兰语古词、新词和方言词等替代俄语词汇。[①] 虽然乌克兰在社会的各个方面制定了相关的“去俄罗斯化”的语言政策，但执行的效果却很不理想，仍有大批民众和官员不会讲乌克兰语，甚至连前乌克兰总理尼古拉也是从63岁才开始学习自己的“母语”，其深意不言而喻。语言政策看似严苛，但由于内外压力，其实有很多“放水”的成分，俄语虽然不是乌克兰的官方语言，但却是乌克兰许多行政区域内的地区官方语言。

2013年末，克里米亚事件开始发酵，乌俄两国关系陷入紧张局面，此前一直摇摆不定的乌克兰高调宣布重返欧洲。随之，2014年2月23日，乌克兰议会通过法律取消了《国家语言政策基本原则法》，这意味着俄语丧失了在乌克兰近半数行政区域内的地区官方语言地位。乌克兰借语言再次明确表明了自己的政治立场。

（二）白俄罗斯：俄语强势不减

作为俄罗斯最坚定的盟国，白俄罗斯的语言政策中也透露着亲俄的倾向。在独立初期，白俄罗斯从民族主义的角度出发，仅将白俄罗斯语定为本国的官方语言，而后来出于实用主义的考虑，加之民众的大力支持，经全民公投，俄语最终以83%的支持率也获得了白俄罗斯官方语言的地位。

---

① 王彦、李凤艳：《俄白关系中的民族认同因素分析：白俄罗斯视角》，《俄罗斯中亚东欧研究》2012年第5期。

近些年，白俄罗斯人对俄语作为官方语言的支持率仍然居高不下。根据"独立社会经济与政治研究所"2009 年的调查，[①] 在俄语是否应该成为白俄罗斯的官方语言这一问题上，65% 的白俄罗斯人仍然持支持态度，持反对态度的公民仅占 20%。另据该机构 2010 年的调查，[②] 人们在日常生活中使用俄语的频率极高，单纯使用俄语、俄白混用的比例之和高达 97.7%；同为官方语言的白俄罗斯语和俄语，在日常交际中使用的比率相差悬殊，其中俄语在日常交际中所占比例为 63.8%，而白俄罗斯语的使用比例仅为 2.1%。

五 认识和建议

欧盟东扩对中东欧国家语言政策产生的巨大影响，很值得关注和研究。其中也不乏启示和借鉴意义，尤其在我国积极推进"一带一路"建设的背景下，更有必要深入探讨。

互联互通是"一带一路"战略的核心，而语言相通则是互联互通的基础。中东欧国家是"一带一路"的重要一环，随着"一带一路"建设的推进，必然会扩大中国与中东欧各国之间的联系，这就需要把面向中东欧国家的语言问题纳入"一带一路"建设的整体规划之中，为"一带一路"建设提供语言保障。为此，我们提出如下建议。

第一，应加快高校中东欧小语种专业建设。据我们调查，除北京外国语大学和广东外语外贸大学外，其他高校鲜有开设波兰语、捷克语、斯洛伐克语、克罗地亚语等中东欧小语种专业的，因而亟待有计划地加快建设，为"一带一路"建设培养相关语言人才、提供相关语言服务。

第二，加强中国对中东欧国家的汉语推广。虽然积极增设中东欧小语种专业有益于中国和中东欧各国之间的沟通交流，尤其有利于促进我国对中东欧国家的了解，但仅此不够。这对于增进中东欧各国对我国的认识，提升我国在中东欧国家的影响力等，作用还是非常有限的。因此，应该借助"一带一路"战略的实施，加大在中东欧国家的汉语推广，在为"一带一路"建设做好铺垫工作的同时，也为我国国际影响力的提升发挥作用。

[①] 王彦、李凤艳：《俄白关系中的民族认同因素分析：白俄罗斯视角》，《俄罗斯中亚东欧研究》2012 年第 5 期。

[②] 王彦、李凤艳：《俄白关系中的民族认同因素分析：白俄罗斯视角》，《俄罗斯中亚东欧研究》2012 年第 5 期。

第三，要实时关注中东欧国家的语言政策。通过上文的分析可以看出，中东欧国家的语言政策经常成为其政治的晴雨表和风向标，因此，可以通过观察中东欧国家语言政策动态来把握该国的政治动向，为 "一带一路" 建设的实施提供必要的信息和建议。

三 面向"一带一路"的语言学术服务

"一带一路"需要语言学提供
更多的支持和服务

—— 对我国五大科研基金语言规划类课题的思考

苏新春[*]

[**摘要**]"一带一路"战略的实施，需要语言学"先行""铺路""支撑""服务"，但语言学并未做好准备。从我国五大科研基金过去十年的语言学立项情况可以看出，研究国内语言的多，研究国外语言的少；研究西方发达国家语言的多，研究其他国家和地区语言的少；研究语言本体的多，研究现实语言生活的少；综而论之的多，研究对策的少。显然，我国现有的语言学研究离"一带一路"的国家发展战略要求还有相当大的差距，需要在研究理念、研究重心、研究范围、研究内容、研究目的等方面有所转变。

[**关键词**] 一带一路；语言学研究；国家科研基金；语言服务；语言规划

一 引言

2015 年我们曾对"国家社科基金课题"2008 年至 2013 年的语言学课题进行过分析，发现社会语言生活日益成为语言研究的关注热点。[①] 2015 年 3 月，笔者承担了编制《国家语委"十三五"科研规划》的预调研任务，对我国五大科研基金过去十年语言学立项课题调研，以更好地把握规律与特点，了解语言学的发展趋势，感受成果，发现不足。这五大科研基

---

* 苏新春，两岸关系和平发展协创中心文教融合平台首席专家，厦门大学嘉庚学院人文与传播学院院长、教授，厦门大学国家语言资源监测与研究教育教材中心主任。

① 苏新春、刘锐：《社会语言生活研究方兴未艾——2008～2013 国家社科基金立项课题一瞥》，《新疆师范大学学报》2015 年第 3 期。

金是"国家哲学社会科学基金""国家自然科学基金""全国教育科学规划课题""教育部哲学社会科学规划课题""国家语委科研规划课题"（下文简称为"国家社科""国家自科""教育科学""教育部""国家语委"）。调查范围为 2005 ~ 2014 年，调查资料来自该基金网站。①

"一带一路"国家发展战略的提出与实施是习近平主席 2013 年访问中亚与南亚时提出的："'一带一路'倡议顺应了时代要求和各国加快发展的愿望，提供了一个包容性巨大的发展平台，具有深厚历史渊源和人文基础，能够把快速发展的中国经济同沿线国家的利益结合起来。要集中力量办好这件大事，秉持亲、诚、惠、容的周边外交理念，近睦远交，使沿线国家对我们更认同、更亲近、更支持。"② "一带一路"是我国发展战略的一大转变、一大提升，在我国的理论界、应用界、产业界产生了重大反响。国家的经济活动、经济利益、产业拓展、外交触角延续到哪里，当然要求我们的认知、应对也应当同步发展到哪里。语言学就应该承担这样的排头兵作用。语言调查、语言传播、语言研究、语言服务，一样都不能少。不依靠语言，我们就无从认识对方；不依靠语言，我们就无从与对方沟通；不依靠语言，我们就无从表达意愿、宣示主张、维护利益。在国家的国际发展战略下，语言学的作用就是"先行""铺路"，就是"支撑""服务"。近代资本主义的扩张历史，哪一个不是语言学先行？19 世纪历史比较语言学的兴起，就是直接在资本主义大扩张下带动起来的。20 世纪的美国，充当世界警察，执掌"世界霸权"，也带来了美国语言学的发展，其研究语种的丰富性、语言学习手段的多样性、语言教学单位的繁多、语言研究力量的雄厚，都是直接服务于美国的国家战略需求。

从这个角度来观察，我国现有的语言学研究离"一带一路"的国家发展战略要求还差得很远，尽管我们曾把"关注语言生活中的重要问题、现实问题"作为国家社科基金 2008 ~ 2013 年间语言学课题的第一特点，但从"一带一路"国家发展战略的角度来看，语言学仍未做好准备。因为那时所关注的主要还只是国内语言生活，而不是国外；重点是对国内汉语生

---

① 国家哲学社会科学基金，http://www.npopss - cn. gov. cn；国家自然科学基金，http://isisn.nsfc. gov. cn/egrantindex/funcindex/prjsearch；全国教育科学规划课题，http://www.nies. net. cn/ky/qgjyghkt/lxkt；中国高校人文社会科学信息网，http://sinoss. net；国家语委科研数据库，http://www.ywky. org/prjquery. aspx。

② 《习近平：尽快确定"一带一路"时间表》，《新京报》2014 年 11 月 7 日。

活的调查研究与提出对策，而不是为我国的国际发展提供语言服务与对策措施。我们的语言研究，在"一带一路"所需的相邻相近国家的认知上，在语言先行、语言服务上有许多方面还是空白。下面试从两个方面加以分析。

二 从立项课题涉及的国别与地区看存在的缺失

五大科研基金过去 10 年共设有语言学课题 4272 项。① 从总体上看"语言应用"类课题已超出"语言本体"类课题，数量为 1858 项（43.49%）对 2414 项（56.51%）。对语言应用、语言生活的关注已经成为学术界的主流。其中属于语言规划类的课题有 94 项，其中有关国外语言规范问题的课题有 28 项。如下所示：

2005 年：

外语政策与国家安全和社会发展——中国与美国、欧洲外语政策比较研究（国家社科）

2006 年：

中美官方语言的文化差异及其语言策略研究（国家社科）

美国的语言政策研究及借鉴（国家社科）

2007 年：

语言规划经典研究（国家语委）

2009 年：

和平繁荣视野下中国和东盟国家外语政策的对比研究（国家社科）

2010 年：

美国语言政策研究（教育部）

中美外语教育与政策比较研究：1990～2010（教育部）

外国语言政策国别研究（教育部）

原苏联国家语言现状和语言政策研究（教育部）

2011 年：

新时期国家利益视角下的语言规划研究——中美个案对比（国家社科）

---

① 整个立项情况可见苏新春、陈文革《我国五大科研基金语言学课题立项情况调查报告》，《语言战略研究》2016 年第 1 期。

中东国家语言政策与实践研究（国家语委）

东盟国家语言状况及广西语言发展战略研究（教育部）

泰国语言政策、外语竞争及其对汉语国际传播的启示研究（国家社科）

各国语言文字管理体制的比较研究（国家语委）

美、俄、德、日、韩五国语言文字管理体制的比较研究（国家语委）

"金砖五国"语言管理体制与语言政策比较研究（国家语委）

国际与地区组织的语言政策制定及其实施研究（国家语委）

2012 年：

美国关于恐怖主义的话语策略研究（2001～2011）（国家社科）

土库曼斯坦语言政策研究（国家社科）

美国、法国、俄罗斯、巴西国家外语能力研究（教育部）

2013 年：

国际化城市的外语规划：上海与纽约、东京的比较研究（国家社科）

欧盟国家外语教育政策的比较研究（教育科学）

美国国防语言规划研究（国家社科）

2014 年：

语言安全政策主体的多元互动研究——以中美对比为视角（国家语委）

中国和东盟国家的民族语言政策对比研究（国家语委）

美国"关键语言战略"及其对中国面向东盟语言战略的启示（国家社科）

东盟国家外语教育政策及其对汉语国际传播战略的启示研究（教育部）

国家认同视角下的国外少数民族语言政策研究（国家语委）

这 28 项课题从立项时间上看，2010 年之前不多，从 2010 年起明显增多，体现出我国的语言规划研究者们借他山之石的意识开始增强。从涉及的国别、地区和语种来看，有这样几个特点。

1. 关注点的国家和地区主要是西方发达国家

具体国家中以对美国的关注为最高，有 8 项是专门针对它的研究，另有 3 项是兼及研究，占了 28 项课题的近 40%。涉及的语言问题有"语言规划""语言政策""语言安全""官方语言""外语政策""外语能力"

"城市外语规划""恐怖主义""管理体制""关键语言""国防语言"。这表明对美国的关注是相当细的,有的甚至还是关于城市之间的对比。关于外国普遍情况的有 6 项,排第 3 位的是东盟,有 5 项。其他有关于欧盟、中东、金砖五国、苏联的等。该专题课题表现出关注西方发达国家和活跃的经济实体的特点。

2. 统而论之的多,分而论之的少

除美国外所涉及的国别和地区多是统而论之,针对具体国家的少,符合有地缘经缘特点的课题只有不多的几项,如"土库曼斯坦语言政策研究"(国家社科)"泰国语言政策、外语竞争及其对汉语国际传播的启示研究"(国家社科)。从"一带一路"战略发展来看,将关注的重点从西方发达国家转到与我国有地缘经缘关系的相邻相靠国家,由概而论之的概览式研究转为对具体国家的深入研究,是有必要的。

以上是对"语言规划"类课题的分析,如果就所有课题来说,国别与地区的孰轻孰重表现得更为明显。如紧邻新疆的中亚五国,只有一个课题是关于土库曼斯坦的(见上),其他四个"斯坦"国都无专门的课题涉及,只是统为"中亚"而论,其实中亚五国的国情、文化、与中国的亲疏关系都很不一样。另外对许多关系密切、利益紧要的国家和地区,在课题立项中还都是空白,如"印度""巴基斯坦""阿富汗""孟加拉国""斯里兰卡""伊朗""伊拉克"等。以整个东南亚为研究对象的课题相对稍多,但国别的研究只有关于泰、缅、越的几个课题,关于柬、新、老的各只有 1 个课题,而关于马、菲等的还是空白。

课题的这些特点与我国前几十年的开放态势是相吻合的,即加强对西方的认识,向西方发达国家学习,努力参与到世界事务中去。但从当前"一带一路"国家发展战略来看,这样就很不够了,语言学面临着繁重的"语言先行""语言服务"的任务和压力。

三 从立项课题关注的内容看存在的偏颇

按课题研究的语种,可分为汉语、外语、民语三大类。关于"汉语"的有 2328 项(54.49%),关于"外语"的有 1332 项(31.18%),关于"民语"的有 612 项(14.33%)。外语类课题看上去不少,似乎显示我们对国外语言状况应该有相当了解,但实际上并非如此。

1. 关注重点是"语言本体"而非"语言生活"

在以外语为对象的 1332 项课题中，属于语言本体研究的有 300 多项。语言本体关乎语言结构、语言形式、语言自身的发展规律等。对语言本体的关注更多是语言学圈内的事，体现出更多的学理性。这种研究注重对语言的纯客观研究，注重研究对象自身是什么，而非社会存在与社会功能。本体研究在 20 世纪的语言学中，有着特别强的传统。而"一带一路"的国家发展战略，要求语言学者更多关注"语言"的"用"，关注语言与社会、文化、民族、观念、习俗、国情的关系。如对东南亚各国的研究中，对"泰国""泰语"的关注算是最多的，共有 6 项课题，可有 4 项是从语言本体角度来研究的（如"壮语与泰语谚语比较研究""中泰跨境苗语对比研究""面向互联网的泰语 - 汉语双语语料获取及对齐方法研究""泰语汉语关系词历史层次研究"）；从语言社会角度研究的只有 2 项（如"泰国语言政策、外语竞争及其对汉语国际传播的启示研究""泰国汉语快速传播模式及其对汉语国际传播的启示研究"）。

2. 关注重点是"大语种"，忽略了"小语种"

以外语为对象的课题中，专门探讨外语教学的有 448 项。涉及我国小学、中学、大学不同阶段的外语教学，其中又以高校为多。按语种来分，主要是关于英语的，在 448 项中有 384 项，占 85.7%，表明我国外语教学呈现出一语独大的局面。外语教育本质上仍是使我们获得对外部世界的认知能力，特别是获得对以英语为代表的西方国家的认识沟通能力。外语能力的获得固然是为了走出去，可走出去的目的地仍是西方，向别人学习，这与"一带一路"的走出去，在方向、内容、功能方面都迥然不同。"一带一路"的走出去首先是要走向周边国家，走向与我们有着地缘经缘关系的近邻国家，主要是第三世界国家，是要发挥我们国家的影响，目的是"共同打造政治互信、经济融合、文化包容的利益共同体、命运共同体和责任共同体"。而目前我们国家盛行的是以英语为主的外语教育，这反映了前 30 年面向西方世界全面开放的需求，但在今天则未必是最合适的。

四　思考与对策

通过以上考察，可以看到过去十年我国五大科研基金的语言学课题立项情况，主要反映了面向西方国家、发达国家、西方大国的眼光，表现出以学习和融入为主的特点。而从我国"一带一路"的国家发展战略来看，这种情况却与之很不适应。"一带一路"要求我们必须首先关注周边国家和地区，关注与我国经济发展和经济利益攸关的地区，做到沿带沿路国家的互联互通互信、共商共建共享。要做到这些，当然必须首先要做到了解国情、知晓文化、通达语言。而目前恰恰是对与"一带一路"紧密相连国家的语言国情、语言政策、语言使用了解不够、研究不足。作为语言学研究者和立项单位，有责任为国家发展战略提供更充分的服务。

（一）要充分认识"一带一路"的延伸，必须语言先行，沟通先行，发展国与国、地区与地区之间的和谐关系先行。对所在国家的语言现状、语言政策、语言习俗有深入了解，应是先行先做的第一步。要从科研指南、立项导向、扶持力度上做出明确、方向性的倾斜和引导。

（二）语言研究与课题立项的重点要努力实现以下几点转变。

1. 研究重心的转变：由"向西方"到"向邻国""向利益攸关国家/地区"的转变。要求做到对与"一带一路"有关联的国家和地区，有关注，有研究，有对策，有措施。

2. 研究范围的转变：由"概而统之"到"分而化之"的转变，应落实到具体的国家和地区。要一个国家一个地区地去研究，对一些重要国家和地区，还要有深度，对来龙去脉，对原因影响，都要做到心中有数，为后续的经济、政治、文化的跟进做好语言准备。

3. 研究内容的转变：由"语言结构、语言知识"到"语言生活、语言政策"的转变。要把长期以来形成的本体研究、结构研究、形式研究的语言研究范式，转向对语言生活、语言政策、语言文化的研究。把语言作为文化现象、政治政策、思想意识的体现物来研究，突出语言的交际性、文化性、民族性研究。

4. 研究目的的转变：由外语学习的"学习型"到"输出型"转变。我国持续注重外语教育是一件好事，只是过往的外语学习都是为了强大、丰富、完善自己的"学习型"学习，学别国语言是为了更好向对方学习，所以学习的都是势力强大的语言，重视的是语言的听说读写，突出的是语言的通畅使用。而现在的外语学习则是为了了解对方，为了沟通，为了更好地寻找共同点，为了更好地共商共建共享，为了使我们自己更好地"强身健体""全面出击"。

5. 研究语种的转变：由"大英帝国"到"国际足联"的转变。这要求改变外语即英语、全民学英语的状况，克服"英语走遍天下"的"日不落"的旧观念。我们要看到在今后的国际发展中，小国小地区，虽国小地偏，但对"一带一路"国家战略的实施却有着关键作用；要重视其地控南北、位处要津，或"一国一票"在国际团体中有着关键一票的重要作用。

《马达汉西域考察日记（1906－1908）》中的数字地名

张延成　代玲玲*

[**摘要**]　《马达汉西域考察日记（1906－1908）》记载的地名数以千计，其中200多个包含数字的地名具有鲜明的地域和文化特色。这些数字地名主要以数词（或带名量词）加中心语构成，中心语主要是聚落单位或行政单位名，如"户""道""堡""铺""坝""家""旗"等。探讨这些数字地名使用特点、得名理据及其历史源流，对于地名学、社会语言学、人文地理、政治学、区域史等都有重要意义。

[**关键词**]　马达汉西域考察日记；西域；数字地名；移民；屯垦

二十世纪初，马达汉以芬兰男爵的身份，奉俄军总参谋部之命赴中国西北执行一项为期两年的侦察任务，搜集中国军事、政治、经济和社会情报。在这次特殊的旅行中，马达汉以日记形式记录了从俄属突厥斯坦到中国的新疆，以及穿越甘肃、陕西和山西直至北京的横跨中国八个省份的人文地貌。后在日记基础上几经整理撰成巨制《马达汉西域考察日记（1906－1908）》[①]。该书出版后在地理学、考古学、历史学、人类学等研究领域引起广泛反响。这部考察日记中所囊括的关于西域各民族的自然环境、体质特征、考古文化、语言文字、生产习俗等方面的内容是研究中国边疆史的宝贵资料，对相关语言学研究也大有裨益。例如，出于侦察

---

*　张延成，武汉大学文学院教授，中国语情与社会发展研究中心副主任；代玲玲，武汉大学文学院汉语国际教育专业硕士研究生。
　　[基金项目]　武汉大学"70后"学者学术团队建设计划（第三批）"面向理论与应用的中古汉语多维研究团队"项目。
①　〔芬兰〕马达汉：《马达汉西域考察日记（1906－1908）》，王家骥译，中国民族摄影艺术出版社，2004。

目的，马达汉详细记录了这次长达 14000 公里旅程中数以千计的地名，其中 200 多处包含数字的地名具有鲜明地域特色。探讨这批数字地名的分布信息、使用特点、得名理据以及历史源流，对地名学、社会语言学和地名区划研究等都有重要意义。

这些数字地名主要由数词（或带名量词）加中心语构成，中心语主要是历史形成的聚落单位或行政单位名，主要有"户""道""堡""铺""坝""家""旗"等。

户

带"户"字的地名主要分布于乌鲁木齐（"十七户"）、吉木萨尔（"六十户""八家户""十户里堡子"）、阜康（"八户沟村"）。

在考察日记中，以户数命名的现象只存在于新疆乌鲁木齐市以及往北的阜康市和吉木萨尔县地区。沿用至今的还有位于新疆乌鲁木齐县的六十户乡，据《西域地名考录》①记载其位置在今安宁渠西北部，因清代在此安置六十户屯民而得名。另外一处则是新疆昌吉州阜康市滋泥泉子镇的八户沟村，村庄现在规模比当初"八户"大多了，目前还是回汉混居，不过以回民居多。这其中不乏在同治年间陕甘回民西迁时散落在此的回民后代，其语言今称新疆土话。以户数命名的现象古今皆然。如新疆博州精河县也有类似的"八家户"地名。经走访询问当地的老人，得知他们搬迁至此地时人烟稀少，仅有八户人家，故称八家户。在清代移民初期，天山北麓地广人稀，移民多以单户或宗亲家族迁徙一地，开垦种植，以所迁居民户数命名所在地是可以理解的。

道

与"道"字相关的数字地名主要分布于阜康（"二道河村"）、巴里坤（"三道河""三道口""二道沟"）、安西城（"二道沟""三道沟""十道沟"）。

考察日记中，作者是这样记载与"道"相关的数字地名的："走了约 11 俄里的路之后，我们进入了一条密密长着芦苇的小山沟，我们在那里放牧了马。再往前走半俄里路后，我们沿着一条筑得很好的堤坝，越过了一条相当于湖泊的山沟。再往前走 6 俄里，我们越过一条自北而来的 2 尺宽的河流，然后就走在了一条约 20 尺宽的长着芦苇的山沟底部。当地居民把

---

① 钟兴麒：《西域地名考录》，国家图书馆出版社，2008。

这个地方叫做六道沟。"① 又如："在三道沟东面，道路伸展到一条河床里去，并沿着河床走了一段路程。河床宽 2 尺，水量很少。当地居民把它叫做三道沟河。"② 考察日记中提到的"道"字地名，多是标明当地地貌特征的量词。据史料记载，迪化府及镇西府，乾隆年间在屯垦时，大力开挖河渠，不仅出现了大量以"某某渠"命名的地名，还出现了按渠道划分和浇水的顺序而命名的地名。这些地名的命名方式多以数字编号，也有按参加屯田开渠的人数、耕地面积等命名的。今天农户称呼所承包的土地"一条田""二条田"虽然不是一地之名，但多少可以看出地广人稀的新疆用"序数＋量＋名"命名的一些共性。

堡

和"堡"字有关的数字地名涉及哈密（"二堡""三堡马跑站"）、嘉峪关城（"沟堡""八里堡""六坝堡""八坝堡""九坝堡""十坝堡"）、凉州城（"双塔堡"）、河州城（"胡四堡集"）、陇州（"两堡里"）。

考察日记中带有"堡"字的地名主要集中于新疆和甘肃两省区。新疆哈密地区的"二堡"在《新疆游记》中也有记载："（三月八日）十里，二堡，缠语（维吾尔语）曰阿思他纳，谓先贤墓地也。"③

清代新疆的屯垦事业分为五种类型，即兵屯、户屯、回屯、旗屯和犯屯。其中"堡"字地名就与兵屯有关。后来，许多军台改为驿站，"堡"（又写作"铺"字）字地名就出现了。此时就和军事措施有关，带"堡"的地点或为驻军小据点，或为烽火台，同时兼有驿站的作用。

铺

含"铺"的数字地名涉及吉木萨尔（"五里铺子""四十里铺"）、肃州城（"二十里铺""八里铺""七八铺"）、甘州（"三十里铺""十里铺""二十里铺""四十里铺"）、凉州城（"二十里铺"）、岷州城（"三十里铺"）、宁远县（"五十里铺""三十里铺""二十里铺""十里铺"）、秦州（"六十里铺""五十里铺""四十里铺""三十里铺""二十里铺"）、灵宝县（"三十里铺"）、陕州城（"十里铺"）、河南府（"五里铺""二十里铺"）、郑州

① 〔芬兰〕马达汉：《马达汉西域考察日记（1906－1908）》，王家骥译，中国民族摄影艺术出版社，2004，第 55 页。
② 〔芬兰〕马达汉：《马达汉西域考察日记（1906－1908）》，王家骥译，中国民族摄影艺术出版社，2004，第 343 页。
③ 谢彬：《新疆游记》，新疆人民出版社，1990，第 89 页。

城（"二十里铺""三十里铺"）、归化城（"二十里铺""三十里铺"）。

考察日记中频繁出现的数字地名就是以"里数"加"铺"的形式使用的。这种地名往往是因为村与村之间隔一段距离，原先或是根据相对于附近某个重要都城远近里数而命名的。今天看来，里数并不精确。

坝

含"坝"字的数字地名涉及肃州城（"三塘坝"）、凉州城（"七坝村""六坝墱村"）、归化城（"五里坝"）、怀安县（"二坝村"）。

坝是拦截水流的建筑物，用以抬高水位、积蓄水量、修建水库以及造田等，在新疆有重要功能。考察日记中的这些地名在今天已经不存在了，但在乌鲁木齐市米东区现今还有个叫做"三道坝"的乡镇。据《西域地名考录》记载，清光绪四年（1878）被裁湘军曾安置于此，后来此地成为新疆最负盛名的水稻区。由此看出，是历史上的政府军垦行为造就了今日盛产水稻的米泉，留下了"三道坝"这个地名。

现今新疆巴里坤县有上涝坝村和下涝坝村，因处于河流上下游而得名。康熙年间，有 500 名屯田兵在河流的下游蓄水屯田，故命名为下涝坝。宣统年间，有民众在此河的上游一带屯垦，又命名为上涝坝。据考察日记中所描述的凉州城来看，马达汉一行所行经的涉坝之地都是沙砾和石子道路，如"宽阔的砾石河床""踩过路边经常夹杂小石子的黄土地，常常是刚走完一个洼地又进入另一个洼地"。① 由此推断，在与新疆有相似地理风貌的甘肃地区，当地居民很可能也是拦河成坝，以灌溉农田。由以上可知这是因生产活动而命名的地名。

家

考察日记中有不少中心语为"家"的数字地名，与尧乎尔语命名的地名共存。尧乎尔语是裕固族现在还使用的两种语言之一的西部裕固族语，主要分布在张掖大河乡、明花乡、皇城镇西部。例如：

汉语	尧乎尔语
五个家	Paiat tavyn otock
八个家	Neiman
六个家	Kurke

---

① 〔芬兰〕马达汉：《马达汉西域考察日记（1906－1908）》，王家骥译，中国民族摄影艺术出版社，2004，第 414 页。

四个马家	Dorven kolma（Durben kolma）
五个马家	Shetok 或 Harben tabyn golma
八个马家	Neiman golma octock
十一个马家	Janga 或 Harban Niga golma

这里的"家"是以家庭为单位确定地名的，可与裕固语"部落"对译。据马达汉日记中记载的资料可知，这里的居民主要是汉族和裕固族人，有两套语言系统，即汉语和尧乎尔语。其中汉语的名字是根据缴税的户数取的，是多少"家"，就有多少户缴税。尧乎尔语的名字则是根据河流名或地域名取的。可见少数民族与汉族地点命名的理据有别：汉族人命名据人的活动、行政制度，而少数民族则多据自然资源和地理实体。就裕固族来说，这和他们传统上是一个游牧民族有很大关系，他们一年四季逐水草而居，随着季节的变化和畜场的转移而流动。另外，裕固族在此地居住的历史要早于汉族，而汉族作为统治阶层或在行政管理上占据优势。

旗

涉"旗"的数字地名涉及巴里坤（"东四旗""四旗库"）、凉州（"北八旗""十万旗"）、河州（"双镇旗""六堤旗""七堤旗"）、新城（"八旗"）。

用作地名的"旗"在《现代汉语词典》中释作"内蒙古自治区的行政区划单位；相当于县"。据《清代蒙古政教制度》所释，盟旗名称，来源于盟旗制度。盟旗制度是清朝中央政府为了统治蒙古游牧部落，在蒙古原有的鄂托克、爱玛克的基础上，参照满洲八旗制度建立起来的。据李作南、李仁孝二人考证，旗是清代蒙古语"固山"的标准语，也是满语"固山"一作"固萨"的汉译，最初是清太祖努尔哈赤在"牛录"制的基础上，建立的一种军事与生产相结合的组织。其蒙古语原意泛指"三角形的尖端"，引申为"先锋、前锋"。后来，清廷借用汉语的"旗"逐渐代替了固山，成为满语借词。"旗"从此获得了许多新义。

"旗"正式作为中央政权领导下的军政合一的基本单位始于清代。可以想到，考察日记中记载的地名在时间上，应该也是清代才出现的；在规模上，与其所谓的行政单位不能同日而语，是当时只有几十户人家的小村庄。且这些地方只集中于巴里坤和凉州两地。考察日记中，马达汉曾这样描述巴里坤："巴里坤府治地区也许是全新疆省最单纯的汉人城镇。在城里做生意的少量回民和维吾尔族人只占地区人口的极少比例。附近村庄里也都住着汉人，他们是从中国中部地区，主要是从甘肃迁移过来的。两个世纪以来，还不断流放一些罪犯到这里，他们组成了当地居民的一部分。在北边和西北边远处山脚下，有上千帐蒙古毡包和牧群。"①

自古以来，历代统治者都不曾疏于对此地的行政管辖。尤其是清代的移民潮时期，巴里坤作为"丝绸之路"新北道的咽喉要塞，是移民的两大主要迁入地之一。移民主要来自陕甘两省。由此看来，巴里坤和凉州在"旗"字地名的命名上是有共同背景的。巴里坤从元代至清乾隆年间，一直为蒙古准噶尔部的牧居地，这里的地名命名语言大都是蒙古语，其次是汉语，哈萨克语地名是在清末和民国期间才出现的。另外，在清代的史籍中称巴里坤湖为"巴尔库尔淖尔"，"淖尔"是蒙古人对"湖"的称谓。可见，"旗"类数字地名的产生深受蒙古语的影响。

经过对以上数字地名分析后，我们不难发现，相同的地名所处的大致方位，在文化上可能存在着千丝万缕的联系，以这种方式去找寻丝绸之路上散落各地的文化现象，应该会有新的发现。

在《马达汉西域考察日记（1906－1908）》中出现较为零散，但又具有一定特点的数字地名举例说明如下。

六道湾：根据马达汉在书中的描述，这个村子位于乌鲁木齐市北部，是一个只有 20 户人家的小村子，以农耕为主。现在乌鲁木齐周边已经没有这个村庄了，但以"湾"命名且多数带有数字的地方，在乌鲁木齐市一带很普遍，如卡子湾、大湾、八道湾、七道湾、九湾乡等。"湾"本义为河水弯曲之处。后来人们多以此地理特征来给村庄命名。乌鲁木齐市的金家湾，就因其地形弯弯曲曲，且姓金的住户较多而得名。

在山东省西北部分地区的农村，把村庄里建村伊始用于取土建房或后来自然原因形成的低于周围而又常年蓄有大量水源便于养殖莲藕、鱼虾等的水域称为"湾"，相当于某些地区的"塘"。在湖北一些地区，湾也可以解释为村的意思，比如"你是哪个湾的"和"你是哪个村的"是一个意思；有些村子可径用湾来称呼，如沈个中湾、潘个湾等。用于表示村落的wan，可写作"塆"。在马达汉的整个考察日记中带有"湾"字的地方十分少见，而这个字确实是汉语地名，出现的时间比山东、湖北等口内的地方要晚，或许它是内地人口的流动带去西域的。

---

① 〔芬兰〕马达汉：《马达汉西域考察日记（1906－1908）》，王家骥译，中国民族摄影艺术出版社，2004，第 313 页。

三台村：据《嘉庆重修一统志》之《哈密·台站》载，哈密设有如"头堡台""三堡台""星星峡台"等台站。清朝在天山北麓的交通沿线设立了许多军事驿站，以维护交通畅通。这些具有军事性质的驿站逐步发展演化成为地名。至今新疆从精河至伊犁的途中还存有这样的驿站地名：三台、四台。沿途有少量的几间土房供歇脚之用。由于自然条件的限制，几乎没有居民在此居住。

二工：维语叫做曲旺克尔，即现今新疆鄯善县曲旺克尔村。类似以数字加"工"字命名的地方有很多。在清代，因有大量军队入疆，并直接从事农田屯垦，便出现了相应的以屯田编号为主的军队屯垦地名。《嘉庆重修一统志》之《新疆统部·建置沿革》记载："军队驻军屯田，便以编号为中营一、二、三工的屯区而得名。"由此可知"工"为军事屯田地名。与此同名的还有位于吉木萨尔县的二工乡，距首府乌鲁木齐 160 公里。其历史可追溯到乾隆中期，时值驻军受清廷命令，在东自木垒县，西到阜康一带，筑城建堡，屯田储粮，当时这片土地为"皇工"屯田之所在，按顺序为"头工""二工"，因而得名"二工"。

七角井（七个井子）：有水的站点，即今新疆哈密市西北、接木垒和巴里坤县界的七角井镇。据《七角井设治局组织概况沿革》记载："清代左宗棠部营宿此地，饮水困难，掘井而得水，为数七个，故此得名。"[1] 据《新疆图志》卷八十，鄯善县即七角井驿所在地。据《西域地名考录》，此处北经陶赖泉至巴里坤，西北经木垒达奇台，东经茇茇槽子抵哈密，南下鄯善吐鲁番，为交通枢纽。

七克台：乡名，新疆鄯善县七克台镇。数字"七"可能是民族语翻译的。这个地名的一名多译现象显示新疆数字地名的复杂性。据考察日记，七克台原来叫做奇胜木，是维语 Tshiktym 的汉译。椿园《西域闻见录》（1777）中为"七克腾木"。陶保廉在《辛卯侍行记》中作"齐克塔木"（1891），是 Chiktam 的汉译。《西域图志》卷十四作"七克塔木"，斯坦因《西域考古记》同此。1916 年至 1917 年谢彬在《新疆游记》中这样记载："（三月十五日）十四里，七克腾木，回语七克塔木，言得泉水也。"傅恒等《西域同文志》（1763）认为穆斯林语言中"齐克"意为"长"，"塔木"意为墙，这个地方因为围绕着矮墙而得名，从而修正了谢彬在《新疆

---

[1] 张仁干：《哈密市志（1977－2000 年）》，新疆人民出版社，2007，第 8 页。

游记》中的"得泉水"之说。据《唐地志》"罗护西百九十里至赤亭守捉"、王延德《高昌记》"鬼谷口西至泽田寺",陶保廉以为赤亭、泽田皆七克腾之本音也,① 唐代的赤亭即宋代的泽田,也就是清代的齐克塔木(一作"七克腾")。

双峰七井村:一个有七户人家的村子,每家有一口井。

另外,诸如一棵树、双岔河子村、二安谷、三官庙、三甲集、四家庄、五岔镇、五韶岭山口、六苏木、六岔岭、红七里、八亭子村、清十里、十五里庙、二十里栓闸、二十里界碑、四十里町子、百家井村等,当地居民所取的这些数字地名也都充满生活气息。

结　语

综上,考察日记中出现的数字地名的显著特点是命名理据多样且具整体特征。地名得名之由,或因地理标志,或因地貌特征,或因行政区划,或因集镇聚散,或因道路里程,或因宗教信仰,或因军事活动,或因语言接触等,各具特色。概括起来看,因新疆地广人稀、地理参考标志少,以序列数字加特征名词命名便于地名的空间区分。假如户数很多的话,"×户""×家"命名形式就难以出现。再如,新疆中心都城或重要军事据点往往是占据水草丰茂、地势险隘之地,在干旱缺水环境中,它们对于生存的意义不言而喻,以之为地标参照并按里数进位(一般是十进位)命名一些地方就不难理解了。另外,数字地名的被饰成分多是地貌特征、水源特征,颇具新疆特色。

很多数字地名的出现与清代移民密切相关。据史料记载,从乾隆年间开始,清政府对新疆实施的移民实边政策,使天山北麓地区迁入大量的人口。人口迁移的高峰主要在乾隆年间和同治年间,移民迁入地主要分布在天山北麓东段的乌鲁木齐、巴里坤一带和伊犁河谷两个地区。迁入天山北麓东段的人口多为陕西、甘肃的贫困农民。这也就不难理解为什么在整个考察途中具有相同特征的地名里,在新疆和甘肃境内同时出现的情况最多。再者,数字地名区多是汉族和少数民族混居地,存在一地多名、一名多译、音译不准、地名重复等现象。1978 年我国在全新疆进行了第一次地

---

① 陶保廉:《辛卯侍行记》(光绪刊本)卷六,第 24 页。

名普查，进行了少数民族语地名的汉字译写标准化与维吾尔语地名拼写和转写的规范化，地名体系有相当的变化。考察日记保留大量重复地名、消失地名是记载当地居民生活、流动的宝贵原始资料，对它们进行描写说明，对认识今天新疆地名源流、丰富新疆地名学研究、推动地名管理规范以及促进相关文化史、语言学研究都有重要价值。

附　录

一　马达汉西域考察数字地名路线图

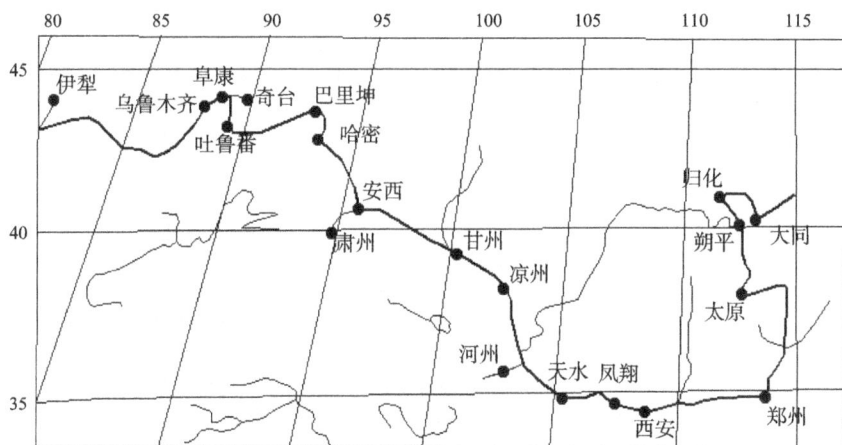

二　考察日记中数字地名汇总

省份	地区	地　　名
新疆	伊犁	六苏木
	乌鲁木齐	十七户、六道湾、三台子村
	阜康	八户沟村、二道河村、四十泉子村、三台村
	吉木萨尔	双岔河子村、二工庙、四十里町子、大泉子、十户里堡子、六十户、二工地、五里铺子
	奇台	小屯村、四十里铺、八家户、小三屯、三山沟
	吐鲁番	东二工

续表

省份	地区	地　　名
新疆	鄯善	二工村、三工村、七克台梁子、曲旺克尔（二工）、奇胜木（七克台）、七个井子、七角井
	巴里坤	东四旗、三仙谷、十五里庙、二十里栓闸、二修公闸、四旗库、三旗库、二大河、三道河、三道口、二道沟、三道沟、三头箩笆
	哈密	一棵树、二堡、三堡马跑站、三道岭站、二盖特
甘肃	安西	三道沟、六工西城、六工村、十工、九工、八工、六工、四工、三工、二渡谷、双塔、三仙子山、五道沟村、十道沟村、三水梁村、四家滩村、五家滩村
	敦煌	泗山塘、泗宁、新泗宁、四亭柱
	玉门县城	二道沟
	嘉峪关城	双井子
	肃州城（酒泉）	二十里马坊、双井子、三塘坝、二家湾、双井子站、二十里铺、八里铺、六坝堡、七沟堡、八里堡、七八铺、八坝堡、九坝堡、十坝堡、十里壕、双树墩、八亭子村
	甘州（张掖）	五个家、六个家、八个家、四个马家、八个马家、十一个马家、十五个马家、二十里铺、三十里铺、十里铺、四十里铺、四家庄、八城营、七坝河
	凉州城（武威）	七坝村、四十里堡村、二十里铺、北八旗、六坝燈村、双塔堡、五韶岭山口、二十里界碑、五岔镇、一叠瓦片、小一叠瓦村、三墩营、十万旗、小四谷、四合井、五玄山庙
	河州城（临夏）	六堤旗、七堤旗、双镇旗、三甲集、胡四堡集、双城村
	新城（今临潭县）	八旗、四塔寨村、三岔村
	岷州城（岷县）	四谷、二安乡、三十里铺、八十里、四谷里
	漳县	四族川、四屹塬、三塔
	宁远县（武山）	十里铺、二十里铺、三十里铺、五十里铺
	秦州（天水）	四河谷、六十里铺、四十里铺、三十里甸子、清十里、三十里井、四福井、百家井村
陕西	陇州城	两堡里、两川里
	千阳城	四谷村、三阳里、一泉里、红七里、五里庙村、三原、三十里铺、十里铺、五里河、五里铺、八里山、二十里铺、七里河、峰七井村、三官庙
	凤翔府	三阳里、一泉里、红七里
	乾州城（乾县）	五里庙村
	西安城	三原

续表

省份	地区	地　　名
河南	灵宝县	三十里铺
	陕州城（陕县）	十里铺
	铁门城	五里河
	河南府（洛阳）	五里铺、八里山、二十里铺、七里河
	汜水县城	峰七井村
	郑州城	二十里铺、三十里铺、三官庙
山西	忻州	七堰村
	五台县城	四匝梁山口、六岔岭、四路村、二堡、五卡窖村、四十里庄
	朔平府城（朔州市）	三岔谷
	天镇县城	杨二村、二十里铺、三十里铺、四十铺
内蒙古	归化城（呼和浩特）	三沱河、五原厅、二十家子、十里湾、五里坝、三带道、三铁下村、二十里铺、三十里铺、四十里铺、二十里碾子
河北	怀安县城	三里台、二坝村、三家店、三十里店

注：数字地名按由西向东出现的先后顺序，以地区为单位列出。

"一带一路"语境下的宏观语言博弈

张春泉*

[**摘要**] "一带一路"倡议是当今中国与国际社会（尤指周边国家和地区）对话交流，从而实现合作发展、互利共赢的重要语境。"一带一路"也是当前政治、经济叙事的重要语境。政治经济叙事的重要方式之一即为建立在平等对话基础之上的宏观语言博弈。这一宏观语言博弈的基本策略可简单概括为：适用历史符号，积极适应和建构语境；充分激活语义张力，综合平衡各方接受心理；有效开展对话沟通。在对话中说服，说服中对话；在合作中共赢，共赢中发展。

[**关键词**] 一带一路；语言博弈；话语策略；语境；对话

建设"新丝绸之路经济带"和"21世纪海上丝绸之路"的战略构想于 2013 年 9 月和 10 月由中国国家主席习近平分别提出。当今，"一带一路"成为置身其中的各方主体对话的最重要的语境之一。"一带一路"语境下的对话在一定意义上也是一种宏观语言博弈。

语言博弈是这样一种对话过程：受语境制约，同时受语用规则支配，由语用主体参加，运用一定的策略，以最大限度地说服对方为主要动机。语言博弈可有宏观的，也可以有微观的。不妨说，宏观语言博弈是一种语言运用方略。这种语言运用方略，具体体现为以语用能力为基础基于语境的话语策略，似也可简单地表述为"对话中说服，说服中对话；合作中共赢，共赢中合作"。

"一带一路"语境下的宏观语言博弈有其基本格局和策略，我们可以从对象话语策略和元话语策略两个角度考察。

---

* 张春泉，西南大学文学院教授。

[基金项目] 教育部人文社会科学研究青年基金项目"中文科技术语的认知语义研究"（13YJC740132）。

一　基本格局及策略

"一带一路"作为一个概念，其外延在地理上，贯穿欧亚大陆，东边连接亚太经济圈，西边沟通欧洲经济圈；在历史上，陆上丝绸之路和海上丝绸之路就是我国同中亚、东南亚、南亚、西亚、东非、欧洲经贸和文化交流的大通道。就其内涵而言，"一带一路"倡议是对古"丝绸之路"这一历史符号的传承和提升，一带一路上的不少国家和地区颇具认同感。建设"丝绸之路经济带"和"21世纪海上丝绸之路"倡议具有深厚历史渊源和人文底蕴。

我们认为，"一带一路"是当前政治、经济叙事的重要语境，政治经济叙事的重要方式之一即为建立在平等对话基础之上的宏观语言博弈。"一带一路"语境下的宏观语言博弈基本格局，可以简单地概括描述为"条块交错"。"条"，这里指领域与领域之间的语言博弈；"块"，这里指地域与地域之间（含国与国之间）的语言博弈。"对话"是条块交错的关键联结点。对话，有助于合作与发展。这里所说的对话既包括狭义的人际口语直接面对面交际，又包括各类平等理性的广义的沟通交流。

明确了"一带一路"的基本格局，对宏观语言博弈的基本策略不妨概括如下：适用历史符号，积极适应和生成语境；充分激活语义张力，综合平衡各方接受心理；有效开展对话沟通。前文已述及，对话作为一种语言博弈，有其话语策略，并受制于语境（含社会时代语境、历史文化语境等）和语用规则（包括合作原则等），语用主体平等参与。对话可以表现为在交往理性基础之上的对象语言与元语言的语层互文。

二　历史符号的当代适用：作为一种对象话语策略

"一带一路"倡议作为一种对象话语策略，是指"一带一路"这一战略表述自身适应并生成了语境，从而取得最优化的语用价值。

"一带一路"这一表述适应了历史文化语境。据葛剑雄新近演讲所言："我们现在讲的'丝绸之路'，不是一般的道路，也不是一般的交通线，而是有它特定的概念。"即："在公元2世纪，存在着一条从洛阳、长安到中亚撒马尔罕（今为乌兹别克斯坦共和国第二大城市）的商道，这条商道上的主要物流是丝绸，这是一条从中国输出丝绸到中亚、西亚，最终到达欧洲的道路。"① 历史上这条"路"主要运送的物品是丝绸，影响最大的独具特色的也是丝绸，所以称其为"丝绸之路"。就海上而言，唐朝时，阿拉伯人就航海到了广州、泉州、宁波、扬州这些地方。其时陆路和海上的经贸往来，业已超出了经贸范畴，影响十分深远，"丝绸之路"已经成为底蕴深厚的历史符号。

在某种意义上可以说，"一带一路"倡议是基于文化自信的国家战略和区域合作。之所以文化自信，一个很重要的原因是有可供充分利用的历史文化话语资源。

一方面，"一带一路"这一表述适应并生成了现实语境。"随着综合国力上升，中国有能力、有意愿向亚太和全球提供更多公共产品，特别是为促进区域合作深入发展提出新倡议新设想。中国愿意同各国一道推进'一带一路'建设，更加深入参与区域合作进程，为亚太互联互通、发展繁荣作出新贡献。"② 显然，"一带一路"倡议适应了综合国力上升，中国有能力、有意愿向亚太和全球提供更多公共产品的这一社会语境。另一方面，"一带一路"倡议可积极建构深化开放的时代语境。"我们正在推行的全面深化改革，既是对社会生产力的解放，也是对社会活力的解放，必将成为推动中国经济社会发展的强大动力。""中国经济同亚太和世界经济的相互联系、相互依存不断加深。中国将集中精力做好自己的事情，也要努力使自身发展更好惠及亚太和世界。中国将奉行与邻为善、以邻为伴的周边外交方针和睦邻、富邻、安邻的周边外交政策，贯彻亲、诚、惠、容的周边外交理念，愿意同所有邻国和睦相处。"③ "一带一路"生成了新的社会语境，这一新的社会时代语境可以这样概括：全面深化改革，解放生产力，解放社会活力，睦邻友好，平等对话。

三 语义张力的综合平衡:以新闻传媒话语为代表的元话语策略

如果说对象话语层面的话语策略是语言博弈的核心，则新闻传媒话语的话语策略即是语言博弈的外围。二者共同构成语言博弈的整体结构，共

---

① 陈鹏：《丝绸之路历史回眸》，《光明日报》2015 年 7 月 9 日。
② 习近平：《谋求持久发展　共筑亚太梦想——在亚太经合组织工商领导人峰会开幕式上的演讲》，《人民日报》（海外版）2014 年 11 月 10 日。
③ 习近平：《谋求持久发展　共筑亚太梦想——在亚太经合组织工商领导人峰会开幕式上的演讲》，《人民日报》（海外版）2014 年 11 月 10 日。

同形成语言博弈的"格局"。这里所说的新闻传媒话语,以"一带一路"为主要语境,包括两个方面:新闻事实话语;对新闻事实话语的解释、说明、评论及编辑处理等。因为有了后者,所以我们称新闻传媒话语为元话语(相对于对象话语而言)。

不妨说,"一带一路"已经是一"热语"了。截至 2015 年 7 月 24 日 16 时 50 分,在百度(www.baidu.com)上直接搜索"一带一路",可得到相关结果约 860 万个。截至 2015 年 7 月 24 日 17 时,在中国知网(epub.cnki.net)上直接搜索篇名中含有"一带一路"的文献,可得到相关结果约 5130 条。这表明,"一带一路"语境下的新闻传媒话语资源较为丰富。从话语策略的角度来看,语篇中关于"一带一路"的元话语策略主要包括选用综述的方式、选用特定人群为话语主体(比如领导人、智库、青少年等)、选用对话的话语运作模式等,一言以蔽之,即充分激活和利用"一带一路"的语义张力,综合平衡各方接受心理。我们所谓语义张力,是指以语用为基础的语义关联,是具有心理现实性的语义生成(涵括)及其组合配置(这种语义及其组合配置,因为有表面张力,而不致"溢出")。

这里不妨以 4 篇有一定典型性的关于"一带一路"的媒体消息语篇为例,做一些篇章语用方面的个案分析。这 4 篇媒体消息语篇是:吴刚、张继业《综述:俄罗斯专家看好"一带一路"前景》(新华网 2015 年 6 月 24 日),孙童飞《印度对"一带一路"保持谨慎 欲与中国夺话语权》(人民网 2015 年 1 月 16 日),陈为民《韩国紧盯中国未来发展》(《中国青年报》2015 年 6 月 3 日第 07 版),王楷《中美学生领袖展开"一带一路"对话》(中国广播网 2015 年 7 月 19 日)。这 4 则新闻语篇,由标题即可看出其在内容上主要宏观描述俄罗斯、印度、韩国、美国关于"一带一路"的某些看法。这里所说的宏观描述在某种意义上即为宏观语言博弈。

语篇中有关表述充分激活和利用语义张力,综合平衡各方接受心理,这从核心关键词"一带一路"的多样语符组合形式及其语义涵括可以看出。

首先,所选典型新闻语篇标题中"一带一路"的语义蕴涵涵括丰富。所选的 4 则新闻稿中有 3 则在标题中直接含有"一带一路"。这些含有"一带一路"的标题分别是:

(1)《综述:俄罗斯专家看好"一带一路"前景》

（2）《印度对"一带一路"保持谨慎　欲与中国夺话语权》

（3）《中美学生领袖展开"一带一路"对话》

不难看出，以上标题中的"一带一路"分别涵括"前景""话语权""对话"等义素。

其次，语篇正文中"一带一路"的语义配置与语义涵括亦可见出宏观性与博弈性。

1. 战略

"一带一路"涵括了"战略"这一语义特征。在句法形式上"一带一路"直接与"战略"组合。例如：

（4）一些俄罗斯专家近期在接受新华社记者采访时认为，"一带一路"战略的提出顺应世界格局变化，为地区乃至全球经贸合作提供了新的可能，有利于创造互利共赢的多边合作格局。（吴刚、张继业《综述：俄罗斯专家看好"一带一路"前景》）

（5）"一带一路"战略是全方位的发展规划，勾勒出的不仅仅是中国的发展蓝图，更代表亚洲乃至是世界的发展方向。（吴刚、张继业《综述：俄罗斯专家看好"一带一路"前景》）

（6）马斯列尼科夫说，"一带一路"战略首先有利于带动俄罗斯远东地区的发展。（吴刚、张继业《综述：俄罗斯专家看好"一带一路"前景》）

（7）俄罗斯阿里巴里分析中心分析师米哈伊连卡指出，俄罗斯远东开发战略与中国提出的"一带一路"战略在本质上是相同的。（吴刚、张继业《综述：俄罗斯专家看好"一带一路"前景》）

（8）该评估报告指出，在印度看来，中国推行"一带一路"的战略目标首先是国内经济发展与经济转型的需要。（孙童飞《印度对"一带一路"保持谨慎　欲与中国夺话语权》）

（9）印度认为中国"一带一路"战略是针对美国在亚太和南亚两个地区的战略部署。（孙童飞《印度对"一带一路"保持谨慎　欲与中国夺话语权》）

2. 项目

"一带一路"还可以涵括"项目"义。相对于"战略"而言，"项目"更具体，可操作性特征明显。例如：

（10）"一带一路"加速实施无论对俄罗斯还是全世界都十分有益，将为欧亚间货物互通有无、往来物流提供更加牢固的保障。他认为，"一带一路"项目的实施，无疑将有助于欧亚经济联盟的发展，将促进沿线国家发展制造业、服务业，促进经济发展。（吴刚、张继业《综述：俄罗斯专家看好"一带一路"前景》）

（11）2014 年 11 月 9 日，习近平出席亚太经合组织工商领导人峰会和加强互联互通伙伴关系对话会，宣布中国出资 400 亿美元成立丝路基金，为"一带一路"项目建设提供投融资支持。对此，《印度斯坦时报》如此解读中国的动机："中国的'一带一路'战略目的是挫败美国重返亚洲企图和美国在阿富汗建立另一个丝绸之路的计划。"（孙童飞《印度对"一带一路"保持谨慎　欲与中国夺话语权》）

3. 计划、规划

"一带一路"还可以涵括"计划、规划"义。"计划"和"规划"更显动态发展特征。例如：

（12）共建"一带一路"的计划在 2014 年已经从提出倡议步入务实推进阶段。（孙童飞《印度对"一带一路"保持谨慎　欲与中国夺话语权》）

（13）该评估这样总结道：印度关于"一带一路"规划内容的解读主要分为三方面，首先是谨慎欢迎，留意观察，拒绝表态；其次是保持沟通，密切往来，试探底线。（孙童飞《印度对"一带一路"保持谨慎　欲与中国夺话语权》）

4. 建设

"一带一路"所涵括的"建设"义彰显务实求真的特质。例如：

（14）韩友德说："韩国十分重视中国的'一带一路'建设战略构想，因为这对于韩国来说可能也意味着是一个机遇。最简单地说，就是韩国的产品可以通过'一带一路'东端的连云港一直运送到中亚西头的哈萨克斯坦等国。"他介绍说，《中央日报》对于"一带一路"建设构想的采访作了精心周密的策划和部署。他们关注中国"一带一路"的着眼点是：什么是"一带一路"；中国各地政府对之是如何解读的；中国的邻国如何看待；对韩国企业会有什么影响。（陈为民《韩国紧盯中国未来发展》）

（15）北卡大学学生马理认为："美国的传媒只讨论中国的'一带一路'建设对美国有什么坏处。这是十分过分的。因为只会让美国人越来越害怕中国。"（王楷《中美学生领袖展开"一带一路"对话》）

（16）随着我国"一带一路"建设的铺开，如今在学界，从全球化视野对"一带一路"的研究也越来越多。"一带一路"的顺利推进,既离不开中国与沿线国家的密切合作,也需要得到美国在内国际社会的广泛支持。(王楷《中美学生领袖展开"一带一路"对话》)

5. 合作

"一带一路"所涵括的"合作"义凸显了当今时代的重要主题,适应并生成了当今社会语境要素,表明了重要宗旨。例如:

(17)别尔格尔指出,"一带一路"沿线国家迫切需要发展基础设施,而中国在基础设施建设方面有自己独到的经验,拥有必要的工具和技术,"一带一路"的合作是十分务实且互惠互利的提议,对中国和参与国家都非常有利,相信俄罗斯也将因此受益。(吴刚、张继业《综述:俄罗斯专家看好"一带一路"前景》)

(18)因此,俄罗斯需要在"一带一路"框架下加强与中国的合作,中俄两国在远东地区基础设施建设领域也拥有广阔的发展前景。(吴刚、张继业《综述:俄罗斯专家看好"一带一路"前景》)

最后,汉语语用价值的整体提升,也是"一带一路"宏观语言博弈的某种要求与结果。我们还是看有关媒体的报道。

(19)陈为民《中国青年报》(2015年6月3日07版):

A. 记得14年前到韩国时,在首尔街头,满目韩文,街头会华语的人寥寥,让记者体验了一把当"文盲"的滋味。而如今,在仁川机场通往首尔市区的高速路上,不时能看到中文的标识和广告牌。在首尔商业街明洞,更是随处可见中文标识,如"本店可用支付宝""大使馆换钱""韩国人气商品"……更有会华语的店员在门口揽客,真的让来自中国的游客仿佛置身于北京的王府井、上海的南京路一般。

B. 中国人在韩国的"热络",在济州岛更是扎眼。不论是在西归浦的滨海步道,还是在乐天购物中心的免税店,随处都可看到中国人的身影,听到中国各地的方言。

C. 韩国中央日报社为韩国第三大媒体,该社是第一个设立中国研究所的韩国媒体,并拥有韩国最大的对华研究智囊团"中央中国论坛"。《中央日报》在对华报道上,坚持客观性、公正性和增进友好合作的原则。该报还设立了中文网站,为中国企业提供韩国宏观经济、产业、金融、股市、IT、企业家、韩国投资等服务信息。

以上三例直接突出了"中文""华语"的重要性,在某种程度上说这是"一带一路"倡议的重要显性成果之一，也是"一带一路"战略进一步推进的必要条件之一。这也说明，汉语整体语用价值得以提升，这是"一带一路"语境下宏观语言博弈的某种积极成果。

我们知道，"一带一路"旨在借用古代"丝绸之路"的历史符号，是关于合作发展互利共赢的理念和倡议，是依靠中国与有关国家既有的双边多边机制和行之有效的区域合作平台。"一带一路"倡议，对于世界最大的魅力，将不仅仅在于有多少投资和利润，更重要的是，它能够给世界带来一股新的潮流，即平等合作、对话沟通、文化交流、经济繁荣，这其实是建构新的时代语境。

或者可以说"一带一路"倡议的一个核心关键词是"对话"。对话是为了合作与发展。发展、合作、对话是现时代的主流元素。"一带一路"有机融合了发展、合作、对话的时代主题元素。

四　服务"一带一路"的区域语言建设

"一带一路"战略视野下广西语言资源建设及开发利用

黄南津　陈菊香*

[摘要] 语言是一种特殊的资源，能够被开发利用并产生各种效益。在"一带一路"国家战略背景下，广西的丰富语言资源优势得以凸显，应在以往基础上深入研究语言资源的建设及开发利用，为"一带一路"建设提供优质语言服务，并获取族群和区域的安全与和谐、促进经济发展等多方面的利益。

[关键词] 一带一路；语言资源；开发利用；广西

一 语言资源的基本认知

语言是资源已渐成社会共识，目前语言学界对语言资源性的基本认识大体如下。

语言是一种特殊的资源，它既与自然资源一样，有可利用性、整体性、区域性、有限性、有效性，能够被开发利用而产生各种效益等一般资源的基本属性，又具有语言资源自身的一些特点。资源还有稀缺性，稀缺性是资源科学研究的原动力。语言也具有稀缺性，对于个人的语言能力和交际需求而言语言是稀缺的，随着全球经济社会的不断发展，许多语言面临消亡危险，对人类社会而言，语言稀缺性也日益凸显。

语言又与一般的自然资源有明显的区别，它产生于人类社会，与人类社会密切相关，是人类社会最重要的交际工具，是人区别于其他动物的最重要属性，因此语言资源又是一种特殊的社会资源，是非物质形态社会资源的载体，是一种有价值、可利用、出效益、能发展的特殊资源，它具有

---

* 黄南津，广西大学文学院教授，副院长；陈菊香，广西大学文学院语言学及应用语言学专业硕士研究生。

"用进废退"这一有别于其他资源的重要特点。

以资源的观点去看待语言,就是要重视语言的各种价值,注重其开发、利用,通过开发利用语言资源,从而更好地保护语言资源的丰富性和多样性,同时发挥语言的其他社会功能。

二 语言资源的价值体现

语言是重要的资源,具有多方面重要价值。从"一带一路"建设对语言的需求出发,以下几点值得我们重点关注。

(一) 沟通交际价值

这是语言的基本功能与价值。人类运用语言消除交流障碍、完成交际,从而可以建立更广泛的联系。

我国是多民族国家,国土广大,民族众多,语言资源丰富。"一带一路"所涉区域各国,与我国有悠久的历史交往,在族群、文化、语言等方面有千丝万缕的联系。其中,跨境语言尤为值得关注,用超越国界的语言进行沟通联系,沟通成本低,也更能引发亲近感,提高沟通效率与效能。

(二) 政治价值

语言是民族、族群的重要特征,有较多相近元素的语言对群体识别和族群认同具有重要价值,通过语言认同进而可形成民族认同、国家认同。例如在华人华侨中语言身份认同表现得非常明显,是维系海内外同胞爱国情怀的重要纽带。留居海外的华人华侨对母语十分向往和怀念,赵元任先生在美国用中文录制《长恨歌》时几次泣不成声,可见母语对身份认同的重要作用。

在民族、族群认同基础上,语言对区域安全与和谐也可以起到重要作用。沟通效率高、情感联系密切有助于相互理解、相互协同而增进和谐,增加安全。反之,语言对策不当,就会形成语言问题,影响和谐稳定。和谐稳定有序,是国家发展的重要基石,是重要的政治基础。语言具有重要的政治价值。

（三）经济价值

语言能够促进经济发展，语言本身就能产生经济利益。这一点已经引起许多学者的关注与研究，无论从语言使用现实还是从理论探讨，人们都看到了语言的巨大经济价值。这里需要强调的是，目前国内研究得较多的是汉语的经济价值。但从"一带一路"战略视野观察，应将全国的语言资源做整体考虑，整体配置。这样才能更好发挥我国语言资源的效能，获取全面效益。

在推进"一带一路"战略之时，我们需要在以往基础上进一步深入研究语言资源的建设及开发利用，保护现有资源，加快建设、开发、利用宝贵的语言资源，为推动"一带一路"建设提供优质语言服务，并获取族群和区域安全与和谐、促进经济发展等多方面的利益。

三 广西语言资源建设及开发利用

"一带一路"是世界上跨度最长的经济大走廊，从中国发端，贯通中亚、东南亚、南亚、西亚、北非乃至欧洲部分区域，以我国为中心联结亚太经济圈与欧洲经济圈，形成当今最具发展潜力的经济带。在这一宏伟构想所涉及的我国省区市中，广西壮族自治区无疑是其中一个重要的链环。在"一带一路"国家战略视野下，广西语言资源建设及开发利用具有重要意义，应予充分重视。

广西的语言资源非常丰富，就汉语来说，除了通用语普通话之外，还有西南官话、粤方言、平话、客家话、湘方言、闽方言等六种汉语方言，而这些方言内部又有不同的方言片区和小方言点。以粤方言为例，广西境内的粤方言包括广府、邕浔、钦廉、勾漏等不同方言片区；就少数民族语言来说，有壮语、侗语、布努语、勉语、拉珈语、水语、苗语、京语、彝语、毛南语、仡佬语、仫佬语等12种民族语言，每种民族语言也都有方言和土语的不同。在这些少数民族语言中，除了炯奈语、拉珈语、仫佬语、彝语和毛南语外，其余的语言皆属于跨境语言。

（一）广西语言资源的沟通交际价值

一种语言价值的高低往往与该语言功能的多少相关，功能越多，价值越高。语言最基本的功能是沟通交际，它能够满足人们的沟通需求，破除语言交流的障碍。语言的沟通交际价值是其最基本的价值。语言存在的前提是用来交际的,一旦语言退出沟通交际领域,也就意味着这种语言的实际消亡,失去了其最基本的价值。广西的语言众多,各种语言、方言、土语交相混杂,形成了复杂的使用局面。这些语言在各自的使用域里都有着各自的沟通交际价值。

普通话在广西已经真正确立了其通用语的地位,在社会交流中选择使用普通话的比例已经占到了 63.7%,而具备普通话能力的人数更是占到了81.5%,普通话在广西无疑已经成为一种超强势语言,它已经打破了旧时官、白、壮、平的语言使用分布状况,在社会交流的各个领域中展现出巨大的沟通交际价值。

广西使用人数较多的语言(方言)有壮语、平话、粤方言、客家话、桂柳话等。数据显示,在家庭中选择使用壮语、粤方言、平话、客家话的比例均超过了 50%;在家庭之外桂柳话、平话、粤方言、客家话的比例都超过了 30%。这表明广西的本土语言仍具有各自的交际价值。

(二) 广西语言资源的政治价值

1. 群体识别和民族认同价值

语言是民族的重要特征之一,方言则是民系的重要特征之一,民族和民系自我认同的最重要标志就是各种语言和方言。从这一方面来说,语言具有重要的群体识别和民族认同方面的价值,这一价值主要体现在民族和民系语言群体的认同上,共同语言基础上的共同文化心理素质是民族和民系认同的先决条件。

广西区内的汉族基本上都说汉语,另有相当数量的其他民族人口也使用汉语。就目前而言,广西的 12 个世居民族形成了至少 13 种语言,除了回族转用汉语外,其他民族都有自己的语言,并且出现了一个民族使用多种语言的情况。近年来广西的经济发展迅速,社会生活发生巨大的改变,过去对一个民族的认定可以通过共同的文化习俗、共同的生活习惯、共同的民族服饰等来判定,但随着经济的发展越来越多的风俗、生活习惯等与相邻民族越来越接近,而语言个性的保持度则相对高得多。以客家话为例,客家有一条传统的庭训:"宁卖祖宗田,不忘祖宗言。"客家人对自身语言的爱护和坚持成为辨别客家民系的重要特征之一。虽然现在客家人散居于广西的各地,但因为有共同的语言基础,仍被认定为客家人。

2. 华人华侨身份认同价值

语言身份认同的价值在华人华侨中表现得更为明显。语言的认同,进而形成民族的认同感,是维系海内外同胞爱国情怀的重要纽带。

广西是中国第三大侨乡,由于历史上的政权更替、战争、出国谋生、契约华工和民族迁徙等原因,自汉代开始便出现移民,元、明、清时期出现了大规模向越南以及邻近的东南亚国家移民的现象,这种状况一直持续到民国以后。这就使得广西籍的海外华人华侨人数众多,目前统计有700万人之多。

广西自古就是多民族聚居地域,广西籍海外华人华侨的民族结构也非常多元化,不仅有汉族,还有大量的壮族、瑶族、苗族同胞。广西籍的少数民族华人华侨,约占广西籍海外华人华侨总数的二分之一。广西所保有的丰富的语言和方言对这些华人华侨的中华民族身份认同起到了重要作用。例如,现居于越南北部的瑶族,其先辈大多源于广西,以勉语为母语,与广西地区的许多瑶族同胞母语相同。对这一语言资源运用得宜,将可提高认同度及便利沟通。

此外,这些广西籍海外华人华侨中有许多以汉语方言为母语,或者其祖辈父辈母语为汉语方言。以广西三大侨乡容县、北流、岑溪为例,北流、容县属勾漏片白话,岑溪则属梧州片白话。以这些话为母语的华人华侨,在海外的某一地聚居在一起,日常交流依旧使用母语,且这些华人华侨多是新中国成立以前迁居海外的,对国家的通用语——普通话缺乏认同感,因此维系其民族身份和祖国认同感的重要因素就是其母语——白话。"乡音无改鬓毛衰",当其寻根问祖时,乡音的重要性将充分彰显。

综上所述,广西地区的语言资源具有巨大的民族、民系乃至国家认同的价值,在区别广西地区的各个少数民族,以及汉语内部的不同民系,乃至广西籍的华人华侨的中华民族身份的认同上有重要的作用。因此,保护广西语言资源的多样性,对于维持广西各民族的民族认同感,维系广西籍海外侨胞情感有重要作用,它有利于团结海内外同胞,发挥广西侨乡的优势,促进"一带一路"战略的顺利实施。

(三) 广西语言资源的经济价值

语言的经济价值主要体现在两个方面:一方面语言能够服务于传统经济的发展;另一方面语言自身也能形成产品和产业链,产生经济价值。

1. 语言服务于经济发展

广西地处我国西南边陲,南部濒临北部湾,面向东南亚,西南与越南毗邻,东北接湖南,东连广东,西北靠贵州,南接云南,背靠大西南,有着明显的区位优势。当前,随着我国多种经济发展战略的实施以及国际交流合作的加深,广西依靠自己独特的区位优势,获得了经济发展前所未有的历史机遇,泛北部湾经济区、西部大开发、珠江-西江经济带、泛珠三角洲区域合作、西南出海大通道以及海上丝绸之路等战略的实施,使广西的经济发展迎来了春天,而广西的各种语言资源可为经济发展助力。

(1)普通话的普及,方言、少数民族语言的传承,成为泛珠三角洲区域合作、珠江-西江经济带以及北部湾经济区等区域经济合作发展的语言优势。畅通的语言为不同区域间的经济合作交流提供了可能性,为外部资金的注入提供了良好的人文环境,尤其是语言环境。

(2)广西丰富多样的语言资源为与东盟各国进行语言交流打下了基础,提供了多种多样的可能性。而通过语言的交流互动,又可以进一步促进文化交流,甚至是经济贸易的交流,从而促进泛北部湾经济区的进一步交流融合,带动广西经济的发展。东盟各国与广西一样民族众多,语言资源丰富,且部分语言与广西境内的一些语言谱系相近。例如,菲律宾、缅甸、印度尼西亚分别有 70 多种、130 多种、200 种语言,泰国、老挝等地通行的泰语和老挝语都属于汉藏语系壮侗语族壮傣语支的语言,与壮语的关系十分密切,越南北部的拉哈语与仡佬语同属仡佬语支。广西与东盟各国彼此之间在语言上的广泛联系,可以为语言的交流提供多种可能性,这种交流可以是民间的交流,也可以是学者的合作研究,更可以是政府层面的语言资源和语言文化产品的交流和展示,通过这些交流可以加强东盟各国人民与广西地区民众的互动交流,加深彼此的认识和联系,并以此为桥梁,加深对广西乃至全国以及整个东盟自贸区、海上丝绸之路的认识和认同,从而更加深入地参与到这些经济体和经济组织的合作中,促进整个区域的经济发展,而广西作为经济体中的重要部分,也将获利。

2. 语言本身能产生巨大红利

语言是一种资源,资源的本质属性是可开发性和可利用性。一旦语言资源得到开发利用,就可形成各种产品,甚至以这一资源为基础的产业链,形成新的经济增长点,犹如石油资源的开发利用,就是将各种石油资源开发成商品,进而形成石化等一系列的产业链,从中获得经济效益,赚取红利。目前有许多与语言相关的产业逐渐形成，语言成为一种重要的经济资源，如计算机字库、语言文字信息处理软件产业、语言翻译产业等。有助于提高语言能力的语言产品，其经济效益也非常显著。此外，各种语言艺术产品也方兴未艾，大受欢迎，作为消费品的语言艺术产品能给予人们特别的精神享受。广西的语言资源丰富，开发潜力大，可开发的领域极广。以壮语为例，壮语是广西地区使用人数最多的少数民族语言，而壮族传承久远，保存的文献资料繁多，如壮族典籍《布洛陀》记载了极其丰富的历史文化信息，对其进行科学细致的翻译、研究和开发，会获得丰厚的经济价值。

语言和文化关系密切。语言既是文化的重要组成部分，又是文化的载体。广西民族众多，语言各异，以此为载体的文化形式也纷繁多样，各种口头文学及艺术形式亦呈现出多样化的形式，民族歌谣、民族史诗、传统曲艺等能反映广西各民族生活习惯和风俗文化以及精神信仰的文学艺术形式扎根于广西的各个角落，形成了广西的文化盛况。2005年12月12日国务院专门发布了《关于加强文化遗产保护的通知》，以推动非物质文化遗产的保护工作，并于2006年开始先后批准了四批国家非物质文化遗产名录。在这四批非物质文化遗产名录中广西共有37项入选为国家级非物质文化遗产，其中刘三姐歌谣、侗族大歌、那坡壮族民歌、桂剧、彩调、壮剧、壮族嘹歌、邕剧、瑶族蝴蝶歌、壮族三声部民歌、粤剧等11项国家级非物质文化遗产皆与广西当地的语言密切相关。原生态中的民歌演唱多用民族语言和汉语方言，民族语言和汉语方言的特点与民歌旋律风格之间有着共生关系。以瑶族蝴蝶歌为例，瑶族蝴蝶歌是双声（多声）部民歌中极具代表性的曲目，人声演唱，依赖歌词是其重要特点。蝴蝶歌的演唱语言是广西富川一带通行的梧州话，属桂北平话，蝴蝶歌的演唱特点、用韵特点、衬字的选用，甚至曲调的高低起伏都与梧州话的音段和超音段特征密切相关。

开发利用各种语言资源的广播电视节目也有着巨大的市场前景。如广西电视台早上的《壮语新闻》节目就很受壮族群众的欢迎，趁此可以开发更多合适的节目。而粤方言在广西的东南部地区普遍流行，桂柳话在桂北地区则是一种仅次于普通话的地方通用语，可以利用它们开发广播电视节目。开发有特色的各种语言节目，在海外也有巨大的潜在市场。

(四) 广西语言资源保护和开发利用的策略

语言资源的开发利用可以分为政府主导的开发、学界的研究与开发利用、社会各界的开发利用三个不同的维度。政府主导的开发和学界的开发利用侧重的是语言资源社会效益的挖掘，而社会各界的开发利用则更注重语言经济效益的挖掘。广西的语言种类繁多，价值大，这些价值往往建立在语言存在的基础上，但是现在广西的语言出现了少数民族语言交际运用减少、汉语方言日渐退缩于家庭的状况。为了保持广西语言资源的多样性，发挥各种语言资源的实际效益，在对语言资源进行开发和利用的同时，也必须加强语言资源的保护。对广西语言资源的保护和开发利用，可以通过政府、学界学者及其他社会各界三者相互配合来完成。要多维度地对广西语言资源进行保护和开发利用，既要考虑对国家通用语普通话的保护和开发利用，也应考虑对少数民族语言的保护和开发利用，考虑平话、粤方言、桂柳话、客家话等汉语方言的保护和开发利用。

语言资源的保护和开发利用，政府要积极发挥引导作用，为社会各界的保护和开发利用保驾护航，具体的工作可以包括对语言资源进行监测和调查；提升国家通用语普通话的地位，积极开展普通话推广工作；提升其他语言和方言的地位，保护语言的多样性；促进汉语的国际传播；为语言产业的发展制定相关的宏观规划、做好政策的支持工作等。

1. 调查广西的语言及其使用状况，全面摸清广西语言资源的家底，对广西语言资源进行更有效的监测。在这一方面，广西已经做过一些相关工作，如1998年的国家语言文字使用情况调查工作和2004年广西少数民族语言文字工作委员会对广西少数民族濒危语言摸底调查工作。这些调查工作的成果，为广西的语言政策的制定与实施打下了基础，提供了依据。但是这些调查活动或是全国调查活动的一部分，或是针对某些特定语言的调查，难免存在不够细致、不够全面等问题，而且在之后的十多年时间里，政府再也没有组织过较大规模的调查活动。现在广西的社会经济发展日新月异，每天都发生着重大的变化，语言及其使用状况也有了很大的改变，为了获取新的动态性数据、资料，对广西的语言资源进行更加全面、详细的调查，很有必要。同时，还可以对广西的语言使用情况进行监测，形成广西地区专门的语言生活报告，这些将会成为进一步保护和开发利用广西语言资源的基础。

2. 制定适合时代发展需要的广西地方性语言政策和语言规划。广西的语言政策和语言规划总体上应该与国家的政策法规相符合,同时还应该根据广西的区情有所变通。在具体制定语言政策和语言规划的过程中,既要突出国家通用语的地位和作用,强调大力推广普通话,也要保证少数民族语言的作用和地位,还要恰当保护方言,维护广西语言多样性。要做好汉语方言和民族语言的宣传工作,使广西民众树立起珍爱和保护汉语方言和少数民族语言的理念。同时,还要进一步做好双语教育工作,尤其要注重小学生的双语教育。小学期间相对来说学生的学业压力较轻,而且研究表明3~8岁的儿童掌握多种语言的能力更强。因此,在汉语方言及民族语言集中的地区,尤其是农村地区可以开设更为灵活的汉语方言和民族语言的口语听说课程,使学生有说汉语方言和民族语言的环境。通过以上几种方式,争取达到推广普通话和保护民族语言和汉语方言双线前进的目标,而多样性的自然语言资源可为广西语言资源的开发利用提供多种可能性。

3. 利用广西面向东南亚的地理区位优势,全面评估广西语言资源的跨境、跨地域效能,积极利用,大力推动语言文化的国际传播。政府应该有前瞻性思维和视野,在语言价值观指导下,重新审视少数民族语言和方言的存在价值,加大投入,对跨境语言尤其要加以特别的关注和制定恰当的规划,开发利用其潜在价值。通过官方及民间等多种手段,发挥广西语言资源对东南亚侨胞、华裔的亲和作用,为"一带一路"国家战略服务。目前广西大学、广西师范大学、广西民族大学三所高校分别在泰国、越南、印度尼西亚、老挝等东南亚国家建立了6所孔子学院,在今后的汉语及中华文化国际传播中应该加强其辐射机能。此外,积极引导并尽量帮助民间有能力的组织和机构在需求较大的东盟国家开展灵活多样的语言教学培训及文化传播。

4. 对语言产业的发展做出相应的规划,做好政策支持。对语言资源的开发利用,极其重要的一点就是要产业化、商品化。目前,广西市场上虽然已经出现了一些语言产品,如语言培训、语言翻译、字幕配音等,但这些产业尚未形成规模,需要政府对语言产业的发展做出相应的规划和引导。同时,市场往往具有盲目性和滞后性,为此应重视预测相关热点语言产品,从宏观上进行调控,张弛有度。同时注意给予语言产业一定的政策倾斜,减少发展之初的经济压力。

参考文献

[1] 陈海伦、李连进：《广西语言文字使用问题调查与研究》，广西教育出版社，2005。

[2] 陈章太：《语言规划研究》，商务印书馆，2005。

[3] 陈章太：《我国的语言资源》，《郑州大学学报》（哲学社会科学版）2008 年第 1 期。

[3] 董庆超、朱连奇：《资源科学导论》，河南大学出版社，1994。

[4] 贺宏志：《语言产业导论》，首都师范大学出版社，2012。

[5] 黄行：《论国家语言认同与民族语言认同》，《云南师范大学学报》（哲学社会科学版）2012 年第 3 期。

[6] 李德鹏：《论语言资源的内涵与外延》，《云南师范大学学报》（对外汉语教学与研究版）2014 年第 2 期。

[7] 李现乐：《语言资源与语言经济研究》，《经济问题》2010 年第 9 期。

[8] 李宇明：《语言也是"硬实力"》，《华中师范大学学报》（人文社会科学版）2011 年第 5 期。

[9] 王铁琨：《基于语言资源理念的语言规划——以"语言资源监测研究"和"中国语言资源有声数据库建设"为例》，《陕西师范大学学报》（哲学社会科学版）2010 年第 6 期。

新疆小学生国家通用语学习使用状况调研及建议

赫　琳　申　霄*

[摘要] "一带一路"战略的实施提出了新的语言需求。新疆作为丝绸之路经济带的核心区和向西开放的重要门户，在"一带一路"的推进中尤为重要，研究新疆地区的语言使用状况具有重要的现实意义。中小学生既是国家通用语推广的主要对象，也是新疆丝绸之路经济带建设未来的实践者，其目前的语言状况，特别是国家通用语的使用状况，尤其值得重视。从对新疆大学附属中学小学部的调研情况看，在国家通用语的教学、使用等方面还存在一些问题，需要有关方面从改革语言教育等方面入手，切实解决。

[关键词] 新疆中小学生；国家通用语；语言使用状况；语言态度；一带一路

一　引言

"一带一路"建设是我国新一轮全面深化改革开放的重大举措。它通过加强与沿线各国的政策沟通、道路联通、贸易畅通、货币流通和民心相通，实现沿线区域的经济繁荣与社会发展。而对于这五通而言，语言是基础。只有通过语言文化交流，增进彼此的了解和信任，才能为推动沿线各区域的合作和发展创造有利条件。

---

* 赫琳，武汉大学文学院教授，中国语情与社会发展研究中心副主任；申霄，武汉大学文学院语言学及应用语言学专业博士研究生。
[基金项目] 教育部"新世纪优秀人才支持计划"；国家语委"十二五"科研规划项目"新疆少数民族中小学生国家通用语言能力建设问题及对策研究"（项目编号：YB125 - 131）；武汉大学 2015 年研究生自主科研项目"新疆地区少数民族中小学生语言问题及对策研究"（项目编号：2015111010206）。

新疆地处亚欧大陆腹地，其得天独厚的地缘优势，使得其在新丝绸之路建设中的战略地位更加凸显。新疆要在"一带一路"建设中发挥重要作用，离不开语言的保障。而作为拥有多语种的少数民族聚居区，新疆地区语言差异显著，要想真正实现多语兼容、顺畅沟通，全面提升新疆地区整体语言能力，以应对"一带一路"建设需要，必须加强国家通用语的推广和使用。

新疆中小学生是新丝绸之路经济带未来建设的主力军，充分利用丝绸之路经济带建设的战略机遇，推进青少年国家通用语能力的提升，对丝绸之路经济带建设和新疆的未来发展至关重要。面对新的形势和挑战，有必要对新疆中小学生国家通用语使用现状和语言态度进行深入调查研究，以便有针对性地制定新疆中小学生语言能力提升规划。

我们特选择新疆大学附属学校作为样本来解剖麻雀。该校地处乌鲁木齐市，办学条件等方面相对新疆其他地区来说较为优越，其"双语教学"开展的成效也能够代表其他区域的先进水平，但存在的问题也同样会在新疆其他地区存在。因此，选择该校作为调研对象是有意义的，在某些方面也应该具有一定的代表性。

通过对以往文献和相关调查资料梳理发现，对于新疆中小学生国家通用语使用状况的研究，大多是从双语教学的发展历程、师资队伍建设、教材编写等角度进行考察的，而针对中小学生语言使用实际状况和对国家通用语的态度等关注较少；对于如何利用和创造使用环境来促进通用语学习提高方面研究较为薄弱；面向与"一带一路"新形势相关的调查目前还没有见到。因此，我们拟重点对新形势下新疆小学生对通用语学习和使用的实际状况与态度进行调查和分析，以期找出存在的问题，有针对性地探讨解决的办法，提出切实可行的建议。

二 状况及看法

（一）调研学校简况

本次调研的新疆大学附属中学是一所集小学、初中、高中于一体的十二年一贯制学校。该校目前在册教职工 123 名，其中高级教师 24 人，中级教师 54 人。本科学历 87 人，硕士研究生 7 人，在读研究生 4 人。在校学生共计 1850 人。其中，小学部六个年级共有学生 485 人；初中三个年级 9

个班，共有学生 454 人；高中三个年级 14 个班，共有学生 911 人。所有阶段均实行双语班和汉语班分班教学。

（二）调研安排

在考察了该校的基本情况之后，考虑到语言学习启蒙阶段的重要性，我们选择了小学部作为本次调研的对象。该部共有教师 33 人，其中汉语和民语教师共 9 人。学生包括三类：少数民族一般学生、民考汉学生和汉族学生。第一类学生编入双语班，后两类学生编入汉语班。通过与学生的接触，我们发现小学部高年级的学生对此次调研活动参与积极性较高，且思维活跃，具备一定的通用语基础和语言表达能力，因而我们调研的重点就是四、五年级。

此次调研主要采用问卷调查、访谈录音、课堂听课、课下交谈等方式进行。受调研的共四个班。其中，四（一）班和五（一）班为汉语班，四（二）班和五（二）班为双语班。发放学生调查问卷 183 份，实收 156 份，问卷有效率达到 85%；教师问卷发放 33 份，实收 20 份；家长问卷发放 185 份，实收 150 份。课余时间，访谈学生 30 人，教师 15 人，并走访了部分学生家长。同时，对该校小学部的课程设置、教材使用、教学设施、宣传标语、学校广播和周边语言环境等也进行了全面调查。

（三）调研情况

调查得知，自《新疆维吾尔自治区语言文字工作条例》和《新疆维吾尔自治区少数民族中小学汉语教学大纲》颁布以来，该校严格按照相关规定和要求，采取民语－普通话双语教学等方式逐步推进少数民族中小学生的国家通用语教学，取得了一定的成效。双语教学的开展，为少数民族学生的国家通用语学习创造了较好的条件。但通过对该校学生、教师和家长的调查和访谈，我们发现，目前该校在国家通用语教学和使用等方面也还存在一些不容忽视的问题和不足。现对调查的情况进行初步梳理，重点从以下三个方面做些介绍。

1. 国家通用语教学情况

在师资配置方面，该校小学部教师共有 33 名，均为免费师范生出身。由于教师数量有限，双语班的语文和汉语教师通常跨不同年级授课。在对教师的走访中了解到，一些教师并没有参加过普通话水平测试，一些教师虽然参加过考试，但没有达到相应的要求。在业务培训方面，多数教师表示统一组织的专业培训较少，很多都是通过自学和函授等方式提高自身水平。

在语言课程的设置方面，教务处按照教育部门的相关规定统一编排。主要涉及三种类型：一是维吾尔语；二是国家通用语；三是外语。汉语班从小学一年级开始开设英语课，双语班从三年级开始学习英语。

在课堂教学方面，该校小学部汉语班和双语班的语文和汉语课程，均以人教版语文教科书为依据展开教学。区别在于，双语班一学年只学习一册，六年只教授汉语班三年的内容，语文课用维吾尔语授课。在授课方式上，教师多是"以课堂讲解和板书演示为主，较少使用多媒体和其他现代教学设备"。除课堂讲解外，教师安排学生听说练习的课时很有限，真正实践的机会很少。

从教学效果看，教师都能按照教学计划完成教学任务，通过抽查学生的作业发现，多数学生能按时完成作业，且语言成绩大多在及格与优秀之间。但双语班民族学生的汉语作文，整体水平不及汉语班，主要表现在有些语句不够通顺、错别字较多等方面。通过对学生的访谈进一步了解到，学生目前的通用语听说能力还很有限，特别是双语班的少数民族学生用通用语进行交流仍然存在一定的困难。

2. 语言使用状况

语言环境直接影响少数民族学生通用语学习的效果，因此我们也比较关注与学生通用语学习和使用有着直接关系的有关人员的用语状况。这里首先分析学生和教师母语、常用语言使用情况，然后在此基础上对国家通用语使用状况进行分析，主要包括学生使用的场合和对象、教师的使用率以及家长在工作中的使用情况。

（1）母语、常用语言使用情况

a. 学生的母语和常用语言情况

根据调查，汉语班的学生母语以汉语和维语为主，分别占调查人数的45%和34%，其他少数民族语言占21%。双语班的学生母语基本上是维语，占88%。学生最常使用的语言与母语的情况基本一致，汉语班以汉语为主，双语班以维语为主。

b. 教师母语和常用语言使用情况

该校小学部教师以汉族和维吾尔族为主，因而汉、维两种语言在他们的母语和常使用的语言中占多数，比例分别达到 40% 和 50%，还有 10% 为其他语言，如蒙古语。

（2）国家通用语使用情况

a. 学生使用对象和使用场合

我们重点考察了学生面对"老师""父母""商店或饭店的服务员""同学"和"陌生人"五类交流对象，以及"学校""教堂""家里"和"陌生场合"四类场合使用国家通用语的情况。具体情况见表1。

表1　不同交流对象和场合国家通用语使用情况

对　象					场　合			
老师	同学	父母	服务员	陌生人	学校	家里	教堂	陌生场合
72%	80%	27%	59%	30%	86%	23%	16%	48%

从交流对象上来看，学生使用国家通用语最多的交流对象是同学，其次是老师，然后是商店或饭店服务员和陌生人，最后是父母。从不同场合来看，主要是学校和陌生场合，在家里和教堂较少使用国家通用语。由此可以看出，学生通常会在特定的场合、面对特定的对象时，才会使用国家通用语。但即便面对这样的对象和场合，仍有部分学生不使用国家通用语。

b. 教师使用情况

通过对教师的问卷分析和走访发现，母语为汉语的教师通常会在多数场合使用通用语；而母语为维语或其他少数民族语言的教师通常只会在课堂上使用通用语，除非面对使用通用语的交流对象，其他场合基本上不会使用通用语。

c. 家长使用情况

据统计，只有 42% 的家长会在工作中使用国家通用语，而且往往与他们的职业相关，如教师、警察、干部。因而，多数家长没有注意给孩子提供使用通用语的环境。

3. 对待国家通用语的态度

学生对国家通用语的态度，直接影响他们学习和使用通用语的积极性及学习效果。及时了解学生的语言态度，加以正确引导，有助于提高学生学习国家通用语的积极性，增强学习效果。

我们对比考察了汉语班和双语班学生学习国家通用语的情绪和接受

度，同时调查了家长对国家通用语的接受程度以及他们是否希望自己的孩子学习国家通用语的情况。

（1）学生学习国家通用语的情绪和接受度

我们以列表的形式呈现调查的情况（见表2）。

表 2　学生情绪和接受度

班级	学生学习国家通用语的情绪				接受度	
	愉快	一般	有点不愉快	很不愉快	自愿	被迫
汉语班	74%	23%	3%	0	96%	4%
双语班	62%	33%	4%	1%	92%	8%

根据表2可以看出，多数学生在学习国家通用语时的心情是愉快的，并且是自愿接受的，两种班级情况基本一致。他们选择学习通用语主要是出于生活中与别人交流、将来自身发展和工作的需要。在接受访谈的30名学生中，多数表示喜欢收看汉语频道的少儿、娱乐、影视节目，并希望增加其他语言的相关节目。同时，希望在学好通用语的同时，能够掌握一些其他民族和国家的语言。但另有部分学生反映，虽然他们愿意学习通用语，但小学阶段同时开设三门语言课程，对他们来说课业任务比较重，在自己母语还没有掌握扎实的时候又增加汉语和英语，容易混淆，学习较为吃力，学习效果并不理想。

（2）家长对孩子学习国家通用语的认同情况

我们调查的情况见表3。

表 3　家长是否希望孩子学习国家通用语

班级	希望	可以/一般	没必要	无所谓
汉语班	90%	10%	0	0
双语班	61%	31%	4%	4%

通过表3可以看出，无论是汉语班还是双语班，大多数家长对孩子学习通用语持积极、肯定的态度。多数家长表示国家通用语在孩子未来的学习和工作中有着重要的作用，必须加强学习，熟练掌握。但在访谈中也有一些家长认为，小学阶段同时开设汉语和英语两门语言课，会压缩孩子学习母语的时间，时间久了就会淡化和冲击到自身的母语，影响孩子的母语水平。

（四）问题分析

经过调查分析和更加深入的了解，我们认为新疆地区在国家通用语教学和使用方面确实还存在着一些值得重视的问题。除了师资队伍有待加强等人们已经讨论得较多的问题之外，以下几点应该引起有关方面关注。

1. **学生学习国家通用语的内在动力不足**

大多数学生对学好国家通用语的重要性和紧迫性认识不够。虽然他们明白学好通用语对自身未来发展有利，但是理解不深。一些家长也缺乏认识，更少有人能够认识到"一带一路"建设将为新疆精通国家通用语的少数民族学生带来广阔的发展前景。因此，多数学生较少主动利用现有的条件来提高通用语的使用能力和水平，他们仅把国家通用语当作一门课程来学习，课下主动使用不多。另外，由于受到传统观念的影响，一些学生对通用语学习存在模糊认识，他们担心通用语会冲击到母语，主动学习的动力明显不足，有的对通用语的学习甚至存在一定的抵触情绪。

2. **教学中明显存在着影响通用语学习效果的因素**

怎样处理好通用语学习和其他语言及课程的学习、怎样更有效地教好通用语，这都需要深入研究和改进。我们感到较为突出的问题是，双语班的汉语课程与汉语班的语文课程教学内容相同，教学方式较为单一，教学目标也不够明确，教师片面追求教学计划的完成，而对通用语的基础教学和能力训练重视不够，从而导致许多学生通用语基础薄弱，听说能力不强，整体水平提升较慢。此外，双语班在小学启蒙阶段就开设三门语言课程，语言学习负担较重，学生普遍感到精力不及，这也是影响通用语学习效果的一个重要因素。

3. **国家通用语学习和使用环境不佳**

首先，学校内部没有形成良好的语言氛围。无论是学生还是教师，很多人在日常生活中使用最多的是民族语言。即使在可以使用通用语的场合和面对讲通用语的对象，还是有一些学生不使用通用语。同时，学校也缺乏对推广和使用国家通用语的宣传。调研发现，该校小学部教学楼面、走廊、教室和宣传栏张贴的各种宣传图片、标语等，很多是新疆本地民族特色介绍，较少有关于国家通用语的相关宣传。其次，学校周边也缺少通用语环境。该学校所依托的大学少数民族学生比重大，多使用民族语言。在学校周边，除了一些小商贩和大商场、餐馆的服务人员等会简单的通用语外,其他人群基本上都使用民族语言。再次,据上述调查的情况看,大多数学生家庭也没有学习和使用通用语的条件。因此,学生主要依靠课堂中非常有限的时间来学习通用语。可想而知,在这样的情况下,要想取得很好的学习效果是非常困难的。

三 几点建议

针对调研发现的突出问题,我们提出如下几点建议。

(一) 采取措施,激发学生学习国家通用语的积极性

面对学生通用语学习缺乏热情、动力不足的问题,应采取各种措施,激发学生积极性。比如,借助"一带一路"建设契机,向师生和家长宣传新丝绸之路经济带建设对新疆未来发展的积极影响,宣传新疆未来发展对青少年自身发展提出的新的更高要求——包括对语言能力尤其是国家通用语能力的更高要求——促使学生自觉地把通用语学习同新丝绸之路经济带建设的迫切需要和自身的未来发展相联系,激发学生学习国家通用语的内动力。应充分利用各种现代技术手段,将宣传具体化、生活化、可视化,增强生动性和针对性,强化宣传效果。

要特别注意引导少数民族群体正确理解国家通用语和少数民族语言之间的关系,消除部分家长和学生认为通用语会冲击本民族语言的忧虑,让家长、学生认识到国家通用语和少数民族语言是和谐共生的关系,国家推广通用语不是要消灭少数民族语言,而是从少数民族的自身利益出发,提升少数民族的多语能力,以帮助各民族学生增强竞争力,在未来有更好的发展。

(二) 改革语言教学,注重国家通用语素质和能力的提高

针对目前国家通用语教学中存在的问题,首要的是要强化通用语基础教学和能力提升。在教学方式方法上,要加强通用语听力和口语交际训练,重视朗读和背诵,培养语感,创造让学生在课堂上多开口的机会;课余时间也应开展一些诸如讲故事、口语竞赛、演讲比赛等活动,给学生提供更多的听说通用语的机会,全面提高通用语素质和能力,使学生在小学阶段就过通用语言关,完全能够听得懂、说得好,为进入初高中阶段的学习打下坚实的通用语基础。同时,双语班的汉语教学评估工作也应把重点

放在通用语使用即听说能力上。

（三）调整外语教学设置，强化母语和国家通用语学习

鉴于学生普遍感到三语并学的困难，建议在民族班小学阶段不开设外语课，把时间精力集中在母语和国家通用语的学习上。这有利于减轻学生的学习负担，确保学生学好母语和国家通用语。从以往内地小学阶段同时开设汉语和外语的经验教训可以看出，由于受到母语迁移和学生学习能力的影响，外语教学效果并不理想。对于少数民族学生而言，更应该考虑学生的实际情况，不宜不切实际地三语并学。外语虽然也重要，但相对而言，母语和国家通用语更重要。因此，应该先急后缓，让学生进入初中甚至高中阶段再学习外语。

（四）创设立体学习环境，营造良好的国家通用语使用氛围

一是改善校园通用语环境。通过影像资料、多媒体展示、海报漫画等方式创设形式多样、生动活泼的校园通用语环境。组织适合学生语言水平和年龄特点的语言实践活动。同时，鼓励少数民族学生与汉族学生结对子、交朋友、共同举办交流活动，以此促进语言互学互用，增进民族感情。

二是创建家庭通用语环境。鼓励学生敢于在家人面前说通用语，同时也引导学生家长积极学习和使用通用语，为学生做好示范。有条件的地方，还可以开设家长语言学校，培训民族学生家长的通用语能力。

三是营造社会通用语环境。"一带一路"建设将会促使各类产业、企业在新疆聚集，这将带来不同地区人员之间的更多交往，也迫切需要在新疆加强多语环境建设。这也为国家通用语的更广泛使用带来了需求和契机，应借助这一机遇，努力改善新疆地区的通用语使用环境和社会氛围，为学生和其他人员的国家通用语学习和使用，营造良好的外部环境。

"一带一路"背景下新疆提升语言服务能力的主要途径

尹桂丽[*]

[摘要] "丝绸之路"经济带的建设，为新疆发展带来新的契机，也对新疆的语言服务提出了新的要求。就目前新疆的语言状况看，难以满足"一带一路"建设的语言需求，需要采取应对措施，提升语言服务能力。当前最重要的是，要改善语言教育，培养多样化语言人才，尤其要利用好跨境民族和跨境语言的优势；建设多语种网络服务平台，提供多样化语言服务；利用地缘优势，加大丝路沿线国家的汉语推广。

[关键词] 一带一路；新疆；语言服务；语言能力；跨境语言

进入二十一世纪，中央贯彻邓小平同志在 20 世纪 80 年代提出的"两个大局"的战略思想，启动了西部大开发战略，加大了对新疆的投入，使新疆的基础设施、生态环境、科技教育等都有了较大改善，边境地区已经建成一批重点开放城市和边贸口岸，新疆经济和社会的发展已经取得了显著进步，投资环境明显改善。这些都为新疆的发展奠定了坚实的基础。近来，国家又提出了建设"丝绸之路经济带"和"21 世纪海上丝绸之路"的发展战略，为新疆的发展又带来了新的契机。如何抓住新的机遇，促进新疆各方面进一步发展，有很多相关问题值得研究。我们认为，"一带一路"战略的实施，将会大大推进新疆与丝绸之路沿线国家的交流与合作，这就离不开语言的支持。但从新疆现实语言状况看，可能离"一带一路"建设对语言的需求还有一定的距离，需要进行相关问题研究，加快相应的语言建设，提升新疆语言服务能力，以便为"一带一路"建设提供优质服

---

* 尹桂丽，新疆大学语言学院副教授，博士。
[基金项目] 新疆大学博士启动项目（219－61375）。

务。这里我们将对有关问题开展一些讨论，并探讨提升新疆语言服务能力
的主要途径。

一　优势、需求及问题

新疆作为"丝绸之路经济带"核心区，在"一带一路"战略框架
下，优势尽显。第一，从地理位置上来说，新疆作为"丝绸之路经济
带"的核心区，地处欧亚大陆中心，连接着东亚、中亚、西亚、中东、
中东欧、南欧、西欧等地区的 40 余国，与蒙古、俄罗斯、哈萨克斯坦、
吉尔吉斯斯坦、塔吉克斯坦、阿富汗、巴基斯坦、印度 8 个国家接壤，
边境线占中国陆地边境线的 1/4，拥有国家口岸 15 个，省级口岸 12 个，
向西贯通中亚、西亚、中东欧，向东沟通着国内各个省份，具有勾连东
西方、辐射面广的优势，是重要枢纽。明显优势决定了新疆的清晰定位，
自治区政府明确提出要将新疆建成丝绸之路经济带上的五个中心：交通
枢纽中心、商贸物流中心、金融中心、文化科技中心、医疗服务中心。①
第二，新疆自然资源比较丰富，是能源的重要产地。第三，丝绸之路是古
代东西方经济、政治、文化进行交流的重要通道，新疆则是古代丝绸之路
上的交通要道，各族群众对丝绸之路有着很深的情感认同，新的"丝绸之
路"战略使人们对新疆的未来发展充满期待和热情。第四，新疆是个多民
族地区，新疆少数民族与中西亚、北非地区的民族具有密切的联系，而且
在宗教、语言等方面也有相通之处。这些都是新疆投入"一带一路"建设
非常有利的条件。

值得注意的是，"一带一路"战略的实施，国家间的政治和文化交流、
交通建设、工程合作、商贸往来等，都离不开语言服务。新疆第二产业的
发展有着巨大的潜力，作为重要的能源基地，新疆的资源总量丰富，但是
围绕这些产业发展的企业，似乎还没有形成规模效应，能源生产加工工业
技术升级和能源贸易产品层次提升都有很大的上升空间，而新疆周边很多
国家也是重要的能源基地，显然区域间的资源、技术上的互惠合作颇具前
景，这就离不开多样性的语言服务。第三产业是经济发展的方向，新疆地
区独特的自然、人文、生态及便利的交通，会随着"一带一路"建设的推

---

① 《张春贤：把新疆建成丝路经济带上的五大中心》，http://news. ifeng. com/a/20150310/
43311519_0. shtml。

进，吸引越来越多的人前来观光旅游，具有打造旅游集散中心的前景，而目前新疆第三产业的发展相对滞后，除了一些传统的餐饮、服务业外，信息服务业和文化服务业的发展有着较为广阔的发展潜力，在这些领域，语言更是有广阔的用武之地。这些都将带来很多的语言需求。

但从新疆的现实语言状况看，要很好地满足"一带一路"建设的语言需求，还要付出很大的努力。因为，长期以来，我国基本上实行的是全国统一的外语教育政策，而教育政策的制定也缺乏全面的长期规划，没有权威的管理及指导机构全面统筹，导致了语种设置过于单一和集中、发展不协调等问题的出现；更为突出的是，我国外语教育政策和规划的制定往往还是自上而下的模式，很少结合各地区区域经济与社会发展对人才不同需求的实际。① 新疆自然也不例外，在统一的外语教育政策指导下，13 所高校都开办了英语本科专业，此外，新疆大学开办了俄语、日语、阿拉伯语专业，新疆师范大学开办了俄语和日语专业，石河子大学开办了俄语、日语、阿拉伯语专业，伊犁师范大学开办了法语专业。除英语和俄语教学外，新疆高校中的阿拉伯语和日语的教学起步较晚，其他语种如德语、法语、西班牙语等规模很小，没有什么影响力。此外的大量语种教学，尤其是"一带一路"沿线国家的语言教学，基本上都未开展。仅仅从新疆开设的语种看，就难以满足"一带一路"建设未来的需要。也正是由于语种数量的局限，限制了新疆语言服务能力的发展。因此，必须采取应对措施，改善新疆语言状况，提升语言服务能力，为"一带一路"建设奠定好语言服务的基础。②

二　改善语言教育，培养多样化语言人才

在"一带一路"建设背景下，新疆应针对现实存在的问题和"一带一路"建设对语言的需求，及时调整语言教育政策和语言规划以及语言专业设置，加快培养多样化的语言人才，这是提升新疆语言服务能力的最根本途径。

---

① 李丽生：《经济全球化背景下实施区域性多元外语教育政策的必要性》，《中国外语》2011年第 4 期。

② 蔡志全、赵红霞：《"一带一路"背景下试行多元外语教育政策的思考——以新疆地区为例》，《兵团教育学院学报》2015 年第 1 期；高健：《新"丝绸之路"经济带背景下外语政策思考》，《东南大学学报》（哲学社会科学版）2014 年第 4 期。

（一）发挥少数民族语言优势，加强相通相关语言教学

新疆是个多民族聚集的地区，其语言和宗教状况与中亚和西亚地区的国家有着密切的联系。基于这种自然的联系，把少数民族语言教学与相关语言教学结合起来规划和实施，培养既懂少数民族语言和国家通用语普通话又懂与少数民族语言相通相关的外国语的人才，将会达到事半功倍的效果，从而可以形成特色和规模，以满足新丝绸之路经济带建设对语言的需求，推动新疆经济社会发展和稳定。

新疆一些少数民族语言与"一带一路"沿线有些国家的语言相通或相关，这是很好的资源。在新疆 13 个世居民族中，哈萨克族、柯尔克孜族、蒙古族、塔吉克族、乌孜别克族、俄罗斯族都是跨境民族，在境外有相应的民族国家。中亚五国哈萨克斯坦、乌兹别克斯坦、吉尔吉斯斯坦、土库曼斯坦和塔吉克斯坦，都有自己的语言。这些语言，除了塔吉克斯坦的官方语言塔吉克语属于印欧语系，其他官方语言均属于阿尔泰语系。哈萨克语和吉尔吉斯语（国内称柯尔克孜语）属于阿尔泰语系克普恰克语支，乌兹别克语属于阿尔泰语系的葛逻禄语支，土库曼语属于阿尔泰语系突厥语族乌古斯语支（见表 1）。新疆维吾尔族使用的维吾尔语属于突厥语族葛逻禄语支，与国外比较接近的语言有土耳其语、乌兹别克语、吉尔吉斯语、哈萨克语。中亚各国官方语言除塔吉克斯坦的塔吉克语外，其他几国的官方语言与新疆少数民族使用的语言相近。

表 1　中亚各国语言状况

国家	通用语言	语　支
哈萨克斯坦	哈萨克语	阿尔泰语系突厥语族克普恰克语支
乌兹别克斯坦	乌兹别克语	阿尔泰语系突厥语族葛逻禄语支
吉尔吉斯斯坦	吉尔吉斯语	阿尔泰语系突厥语族克普恰克语支
土库曼斯坦	土库曼语、俄语	阿尔泰语系突厥语族乌古斯语支
塔吉克斯坦	塔吉克语	印欧语系伊朗语族西部语支

西亚包括的国家区域有伊朗、伊拉克、格鲁吉亚在亚洲的地区、亚美尼亚、阿塞拜疆在亚洲的地区、土耳其在亚洲的地区、叙利亚、约旦、以色列、埃及在亚洲的地区、沙特阿拉伯、巴林、卡塔尔、也门、阿曼、阿拉伯联合酋长国、科威特、阿富汗、黎巴嫩、塞浦路斯等。西亚地区多是

阿拉伯国家，除了伊朗、格鲁吉亚、亚美尼亚、土耳其、以色列、阿富汗、塞浦路斯以外，其他国家的官方语言是阿拉伯语。西亚除了少数国家信仰东正教、基督教外，大多数国家都信仰伊斯兰教。

北非包括阿尔及利亚、埃及、利比亚、突尼斯、西撒哈拉、摩洛哥、加那利群岛（西班牙属）、亚速尔群岛（葡萄牙属）等。北非地区的人们使用的主要语言为阿拉伯语，民族为阿拉伯民族，宗教为伊斯兰教。所以在很多地方，人们称北非为阿拉伯世界，国家为阿拉伯国家。① 北非的人文特征与西亚地区相似度高，人们有时把它和西亚放在一起，称阿拉伯世界。

阿拉伯语属于闪含语系闪语族，但由于受伊斯兰教影响，目前的维吾尔语、哈萨克语、柯尔克孜语等仍使用阿拉伯字母，同时多数新疆少数民族与阿拉伯人一样信奉伊斯兰教，在一些宗教语言上也是相通的。由于宗教的认同、语言文字的渊源，少数民族学生在学习阿拉伯语时会少很多障碍。

由上述可以看出，新疆地区的少数民族在语言与宗教方面与中亚、西亚有着密切的关系。语言相通相关、宗教信仰相同、习俗相近，是这些小语种教学的有利条件，可以投入少，提升快，收效好，有利于快速培养"一带一路"建设所需的语言人才。

因此，根据"一带一路"战略下的新疆发展定位、相关优势和语言需求，我们建议新疆可将"土库曼语""吉尔吉斯语（柯尔克孜语）""哈萨克语""乌兹别克语""塔吉克语""阿拉伯语""土耳其语"等确定为优先发展语言，加大教学力度，并着力将这些语言专业发展成本地区的特色专业和优势专业。

还值得提出的是，在国际交往中，"掌握好对方语言和实现文化认同能够降低对投资国信息的不对称程度，增加投资信息，降低交易的成本"。② 同时，也会带来大量就业机会，刺激本地区人才培养，提升本地区的教育水平。因而，利用新疆已有的优势，加强与少数民族语言相关语言的教学，具有多方面的意义和价值。

---

① http://baike.haosou.com/doc/5398648-5636069.html。

② 《新疆维吾尔自治区电子信息产业"十二五"发展规划》，http://www.xjeic.gov.cn/zfxxgk/ghjh/fzgh/201111/t4028818933599e5401335d11063a0011.html。

（二）调整语种结构，优化语言教育专业和课程体系

新疆应根据自身语言文化优势和"一带一路"建设的需要，适当调整语种结构和外语教学安排，不断优化语言教育体系。第一，巩固已有的俄语和英语教育，重点是优化其课程结构，提升培养质量，将其定位为培养专业英语及俄语人才基地。第二，适当新增一些急需的小语种专业，同时确定一批优势发展语言，将其做大做强，尤其应该发挥少数民族语言的作用。第三，改进公共基础课的外语教学，可根据新疆建设发展需要和学习者的需求，将英语之外的其他优势语种纳入教学体系中，改变过去英语一统天下的状况。比如，可以将中东欧的小语种纳入公共外语教学体系中，形成优势语言项目。这既能让学习者有更多的选择，也能为实现新疆发展战略储备更多语种的复合型人才。在这方面可以借鉴一些发达国家的做法。比如美国实施了"国家旗舰语言项目""关键语言奖学金项目"等外语培训项目，对一些关键语言进行教学和培训，旨在让更多的美国人从小掌握关键语言，培养更多高水平的关键外语人才；[1] 澳大利亚联邦政府在外语语种的选择上采取了多语言、多文化的措施，在制定外语教育政策时，建议不同的省根据本省的具体情况从《语言问题国家政策》白皮书所列的 14 种优先语言中选出 8 种作为本省的优先语言。[2] 这些做法也是可以参考的。第四，加强国家通用语教学。因为"一带一路"建设的推进，必将进一步促进新疆和内地省份的交流与合作，所以国家通用语也是民众不可或缺的交际工具。此外，对于一些不具有优势或不具备培养规模的语种，可以根据实际需要，采取与国内甚至国外其他院校联合培养的方式，来解决相关的语言人才需求问题。

（三）构建多样化的语言教育模式，培养多样化的语言人才

社会对语言人才的需求是多种多样的，因此，必须通过多样化的语言培养模式，培养适应社会各种不同语言需求的多样化语言人才。比如，国家间经济、文化、政治的交往等需要专业化、高水平的专门外语人才，这

---

① 高健：《新"丝绸之路"经济带背景下外语政策思考》，《东南大学学报》（哲学社会科学版）2014 年第 4 期。
② 刘汝山、刘金侠：《澳大利亚语言政策与语言规划研究》，《中国海洋大学学报》2003 年第 6 期。

可以通过不断改革和完善外语专业教育来实现。可以不断开拓新的培养模式,如在本科阶段通过建立与不同国家高校之间的联系,以交换生或联合培养方式,采取"2+2""3+1"培养模式,推动高端语言人才培养。在实用型语言人才培养方面,可以在教学条件较好的院校建设外语专业硕士或博士点,以适当扩大培养规模。

除了专业外语人才的培养外,既熟悉外语又精通专业的复合型人才也是新疆人才培养和储备的一个重要方面。这就需要加强公共外语教学和针对不同学科领域(如法律、经济、医学等)的专业化外语教育。

加强少数民族语言教育,提升少数民族人才的竞争力和发展空间。对少数民族开展母语和国家通用语教育是长期的政策。除母语和国家通用语之外,少数民族学生一般在中学或进入大学后接受英语教育,为了培养多语人才,可以在中学和大学阶段,适当引入英语之外的语言教学,搭建"母语+国家通用语+多选语种"或"母语+国家通用语+多选语种+专业"的培养模式,让学生根据自己的兴趣和职业发展规划有更多的语言选择。这既能够更好地适应丝绸之路经济带建设需要,培养多样化语言人才,同时也可为少数民族学生提供更多的选择和更多的发展机遇,有利于他们升学、就业和今后的发展。

此外,还可以利用社会力量办学,加强各类语言培训。这方面也会有很多需求。因为新疆作为新丝绸之路经济带的核心建设区,是连通东西的重要枢纽,无论是交通、旅游、宾馆、餐饮、娱乐等服务性行业,还是劳务输出等,都有大量的实用语言需求,这可通过社会培训机构来开展相关的培训,以满足社会一些基本的语言交际需求。

三 建设多语种网络服务平台,提供多样化语言服务

互联网在人们的日常生活中起着越来越重要的作用,打造多语种的互联网服务平台是语言服务行业发展的重点。它可以突破时空局限,克服人力不足等问题,更方便地提供不同的语言服务。信息社会,讲求高效、快捷、方便,而网络常常是人们获取信息及获取工作和生活服务的最便捷的方式。要将新疆打造成丝绸之路经济带上的交通枢纽中心、商贸物流中心、金融中心、文化科技中心、医疗服务中心等,是离不开多语种互联网服务平台的支持的。

目前新疆在多语种软件研发上取得了显著成效,多语种操作系统核心

技术、跨平台多语种办公自动化处理技术、多种语言文字混合处理及编辑技术和基于互联网的多语种多媒体网络技术、多语种 office 办公套件、多语种（维、哈、柯、阿、俄、汉）软件测试平台、阿拉伯文交互式网络教学系统等这些技术和软件的研发，为建设跨国的多语种互联网服务平台提供了技术支持和有利条件。① 多语言的互联网服务平台的开发和建设，不但能够为人们提供多语种在线学习平台、翻译平台，而且还能够提供社会、文化、娱乐、生活、信息、资讯等方面的便捷服务，是实现跨地区、跨国、跨语言互联、互通服务的一个重要的便捷途径。

四 利用地缘优势，加大丝路沿线国家的汉语推广

语言是帮助人们互相了解、增进信任的最重要工具。要保证"一带一路"建设的顺利推进，语言和文化上的互通及政治上的互信是基础，因此，我们必须一方面培养懂外语的人才，了解和掌握相关国家的文化和国情，同时也要加强这些地区的汉语推广，让更多的外国人学习汉语，认识中国文化，了解中国的良好意愿，熟悉新疆的经济、文化、自然风物、发展建设、风土人情等，同时也可以满足当地对汉语的需求。这有助于进一步推动与中亚、西亚、北非地区的交往，也能更好地向这些地方推介中国，展示新疆。

新疆有着明显的地缘优势，应该在这方面充分发挥作用。2008 年底，国家在新疆建设了汉语国际推广中亚基地，其主要任务就是发挥地缘和民族语言文化相通优势，重点面向"上合"组织国家，合作办好孔子学院，开发多语种教材，较大规模地开展"请进来""走出去"汉语教学，发展与中亚各国的友好睦邻关系。② 目前，新疆已在中亚地区的吉尔吉斯斯坦、哈萨克斯坦、塔吉克斯坦等四个国家开办了 7 所孔子学院，并且吸引了周边的留学生在新疆各高校就读，同时有关部门还将启动第二批丝绸之路经济带沿线孔子学院的建设。③ 目前，新疆已有针对性地加大对中亚和西亚、

---

① 《新疆维吾尔自治区电子信息产业"十二五"发展规划》，http://www.xjeic.gov.cn/zfxxgk/ghjh/fzgh/201111/t4028818933599e5401335d11063a0011.html，2011 年 11 月 1 日。

② 《汉语国际推广中亚基地揭牌》，http://news.163.com/10/0611/10/68T3BQKU000146BC.html，2011 年 6 月 11 日。

③ 《新疆将面向丝绸之路经济带沿线国家发展汉语教育》，http://gb.cri.cn/42071/2014/03/03/6871s4445383.htm，2014 年 3 月 3 日。

北非地区的汉语推广，国家汉办每年从新疆派遣志愿者去中亚、俄罗斯及部分西亚、北非地区开展汉语教学，适用于中亚国家汉语教学的教材《丝绸之路学汉语系列教材·汉语》已于 2010 年出版，这是一套面向汉语零起点的教材。在这样的基础上，新疆应抓住"一带一路"建设的契机，充分利用区位优势，开拓新的空间，深化汉语推广工作。比如发挥民汉双语优秀人才的作用，一方面推进跨境民族之间的语言文化交流；另一方面加大选派优秀的民汉双语人才到相关国家担任汉语教师。同时也要大力开发多语种、国别化的汉语教材、音像制品和网络教学资源，以及直接面向"一带一路"建设的多语种语言服务产品和文化产品等。

"一带一路"背景下的区域性语言服务

——以云南省为例

李德鹏[*]

[摘要] 为实现"一带一路"战略构想，相关区域应该提供怎样的语言服务？本文以云南省为例进行了讨论。云南省要实现在"一带一路"建设中的发展目标，需要有语言翻译、东南亚南亚中国语言研究、舆情监测等方面的语言服务支持。鉴于云南现状，建议增加小语种数量提高小语种质量、绘制境外中国语言地图、重视境外舆情监测、加强协同创新。

[关键词] 一带一路；语言服务；云南省；问题；对策

一 引言

语言服务是行为主体以语言文字为内容或手段为他人或社会提供帮助的行为和活动，[①] 按服务领域可以分为政治服务、经济服务、文化服务三类。[②] 2013 年 11 月，党的十八届三中全会审议通过了《中共中央关于全面深化改革若干重大问题的决定》，提出了"加快同周边国家和区域基础设施互联互通建设，推进丝绸之路经济带、海上丝绸之路建设，形成全方位开放新格局"[③] 的战略构想。为实现"一带一路"的战略构想，相关区域应该提供怎样的语言服务？本文以云南省为例进行讨论。

---

[*] 李德鹏，《云南师范大学学报》（对外汉语教学与研究版）常务副主编，副教授。

[①] 赵世举：《从服务内容看语言服务的界定和类型》，《北华大学学报》（社会科学版）2012 年第 3 期。

[②] 李德鹏、窦建民：《当前我国语言服务面临的困境及对策》，《云南师范大学学报》（对外汉语教学与研究版）2015 年第 2 期。

[③] 《中共中央关于全面深化改革若干重大问题的决定》，新华网，2013 年 11 月 15 日。

二 "一带一路"背景下云南省主要发展目标

2015 年 3 月 28 日，国家发展改革委、外交部、商务部联合发布了《推动共建丝绸之路经济带和 21 世纪海上丝绸之路的愿景与行动》，提出"一带一路"的目标指向是中亚、西亚、东南亚、南亚、欧洲等国家和地区，主要涉及国内 18 个省份，包括新疆、陕西、甘肃、宁夏、青海、内蒙古等西北 6 省区，黑龙江、吉林、辽宁等东北 3 省，广西、云南、西藏等西南 3 省区，上海、福建、广东、浙江、海南等 5 省市，内陆地区则是重庆。其中对云南的定位是："发挥云南区位优势，推进与周边国家的国际运输通道建设，打造大湄公河次区域经济合作新高地，建设成为面向南亚、东南亚的辐射中心。"①

云南省发改委制定的云南融入"一带一路"建设的主要内容是："优先考虑骨干通道的建设，能源、资源的开发，产业投资、贸易投资便利化，沿边地区的开发开放和人文社会事业等领域方面合作。"②

综上可以看出，云南在"一带一路"战略中的主要目标有如下几个方面。

一是交通基础设施建设。"对云南来说，交通基础设施依旧是制约经济发展、'走出去、引进来'的最大瓶颈。因此，构筑起包括高铁、公路、航空、水运在内的全国领先立体化现代交通网络，无疑是云南加快推进与周边国家互联互通的物质基础，也将为下一步创造人流、物流、资金流、技术流源源汇聚的局面提供保证。"③

二是深化现代服务业、轻工业、农业、能源等领域合作。"依托大湄公河次区域合作机制，孟中印缅经济走廊建设框架，根据各国产业集聚程度、资源开发状况等进行产业布局和园区建设。"④

三是文化交流合作。在旅游中，游客无形中扮演了民间"商贸大使"的角色，也增进了中外民众的相互了解。影视作品和书籍等文化产品"走出去、引进来"，能让本地民众深入了解各国民情，是促进民心相通的长

---

① 《推动共建丝绸之路经济带和 21 世纪海上丝绸之路的愿景与行动》，新华网，2015 年 3 月 28 日。
② 《融入"一带一路"云南确定五大功能定位》，云南网，2014 年 3 月 29 日。
③ 《融入"一带一路"国家战略 云南如何作为?》，《云南日报》2015 年 4 月 8 日。
④ 《融入"一带一路"国家战略 云南如何作为?》，《云南日报》2015 年 4 月 8 日。

效工程。①

三 云南省区域性语言服务类型

云南省要实现上述目标,需要经济、历史、法律等很多学科领域的群策群力。语言学界,应该提供怎样的语言服务?我们认为主要有三点:一是语言翻译;二是东南亚南亚中国语言研究;三是舆情监测。

(一) 语言翻译

云南同东南亚、南亚诸国进行交流合作,语言沟通是基础。这些国家语言种类繁多,主要语言共有19种,除了英语,东南亚的主要语言有泰语、缅甸语、越南语、柬埔寨语、老挝语、马来语、印度尼西亚语、菲律宾语、泰米尔语;南亚的主要语言有印地语、乌尔都语、孟加拉语、尼泊尔语、僧伽罗语、不丹语、迪维希语、普什图语、波斯语等。而且这些语言又有比较复杂的方言,语言翻译工作显得尤为重要。

(二) 东南亚南亚中国语言研究

云南地处"三亚"(东亚、东南亚、南亚)和"两洋"(太平洋、印度洋)的结合部,是我国连接东南亚、南亚的重要陆路桥梁,具有连接中国、东南亚、南亚三大经济圈和沟通太平洋、印度洋的地缘区位优势。对东南亚、南亚的中国语言生活状况进行研究,可以为利用海外华人的影响力增强与东南亚南亚的友好关系提供帮助。尤其东南亚地区,是全球华人华侨最多的区域。"到2007年,东南亚华人华侨总数约3348.6万。其中20世纪80年代以后进入东南亚的中国移民及其眷属至少在250万以上。东南亚华侨华人约占东南亚总人口的6%,约占全球华侨华人的73.5%。印尼、泰国和马来西亚三国是东南亚也是世界华侨华人数量最多的国家,其华侨华人数量共达2345万人,超过世界华侨华人总数的一半。"②

东南亚和南亚的中国语言研究主要指华语和跨境少数民族语言生活研究。据统计,云南省有16个跨境少数民族,分别是彝族、哈尼族、壮族、傣族、苗族、傈僳族、拉祜族、佤族、瑶族、景颇族、布朗族、布依族、

---

① 《融入"一带一路"国家战略 云南如何作为?》,《云南日报》2015年4月8日。
② 庄国土:《东南亚华侨华人数量的新估算》,《厦门大学学报》(哲学社会科学版)2009年第3期。

阿昌族、怒族、德昂族、独龙族。充分利用这些民族的跨境语言，加强人文交流，增强文化认同，将有助于"一带一路"战略的顺利实施。

（三）舆情监测

让"一带一路"的系列战略计划获得相关国家和地区的认同，将有利于推进战略实施。通过舆情监测可以了解他们的意愿，便于对计划作出及时调整。中国国际问题研究院的龚婷曾就相关国家的舆论反应作了梳理分析："其中法国、意大利、波兰、西班牙等国官员和媒体表示，'一带'不仅是经济机遇，也符合各方长远安全利益，欧洲不应错过。以菲律宾为代表的东盟国家仍心存疑虑，并认为南海争端加剧对中国的不信任、削弱其加入'一路'的意愿。"① 这些研究无疑对"一带一路"战略的实施，是有参考价值的。

四 云南省区域性语言服务存在的问题及对策

（一）云南省区域性语言服务存在的问题

1. 语言翻译实力不足

（1）云南高校开设小语种数量少

目前，云南省开设东南亚、南亚相关小语种专业的高校主要有 5 所。A 大学开设泰语、缅甸语、越南语、老挝语、柬埔寨语、马来西亚语、印度尼西亚语、印地语 8 个本科专业；B 大学开设 5 个本科专业：泰语、越南语、老挝语、缅甸语、柬埔寨语；C 大学开设 5 个本科专业：泰语、越南语、老挝语、缅甸语、柬埔寨语；D 大学开设经贸方向的泰语和越南语本科专业；E 大学开设泰语和缅甸语本科专业。这显然远远不能满足"一带一路"建设的需要。

（2）师资力量薄弱

我们以 A 大学和 B 大学为例，通过各自学院的官方网站，统计了相关师资情况。

A 大学某学院有泰语教师 12 人，其中教授 2 人，副教授 3 人，讲师 2 人，助教 2 人，学历方面语言学博士 1 人，民族学博士 1 人，泰国教育学

---

① 龚婷：《"一带一路"：国际舆论反应初探及应对建议》，《对外传播》2015 年第 3 期。

博士1人；缅甸语教师5人，其中教授1人，副教授2人，讲师1人，助教1人；越南语教师6人，其中副教授1人，讲师3人，助教2人；老挝语教师5人，其中副教授1人，助教4人；柬埔寨语教师3人，其中助教2人，1人在读博士是印度语言文学梵巴语方向；马来西亚语教师3人，其中讲师1人，助教2人；印度尼西亚语教师3人，其中在读博士1人，助教2人；印地语教师3人，都是助教。

B大学某学院泰语教师12人，其中博士2人，在读博士1人，硕士8人，本科1人；越南语教师8人，其中博士2人，硕士6人；老挝语教师5人，其中硕士2人，本科3人；缅甸语教师3人，硕士；柬埔寨语教师4人，其中硕士1人，本科3人。

从上面的数据可以看出，泰语的师资情况相对较好；柬埔寨语的教师中最高学历是硕士，大多数是本科；印地语3人全是助教，师资力量明显薄弱。

2. 东南亚南亚中国语言生活状况研究不多

目前学术界关于东南亚南亚境内中国语言生活状况的研究主要集中在汉语教育教学方面，很少涉及当地华人的语言生活情况。相关研究如熊琦、张小克对19世纪以来缅甸的大学汉语教学和民间汉语教学作了比较全面的概述，并分析了取得的成绩和存在的问题。① 吴应辉、杨叶华通过对缅甸汉语教学状况进行调查，简要地介绍了缅甸教育及汉语教学情况，重点分析了缅甸汉语教学7个方面的特点，提出了推动缅甸汉语教学的6条建议。② 李谋论述了泰国华文教育发展的历史和社会背景，分析了泰国华文教育的现状以及各种类型的华文教育，指出当前泰国华文教育所存在的问题，并提出解决这些问题的方法。③ 游汝杰采用社会语言学方法，多人次采样调查潮州籍华人语言使用情况，调查结果表明：当代潮州籍华裔绝大多数以泰语为母语或第一语言；具备双语能力的华裔，潮州话一般仅用于私人场合、唐人街或同乡聚会；潮州话在泰国处于濒危状态；华裔对英语的期望值最高，汉语次之。④ 耿红卫概述了印度尼西亚300多年历史的华文教育，并分为兴办、快速发展、受挫、兴盛、衰落、低谷、政策松动

① 熊琦、张小克：《缅甸汉语教学概况》，《世界汉语教学》2006年第3期。
② 吴应辉、杨叶华：《缅甸汉语教学调查报告》，《民族教育研究》2008年第3期。
③ 李谋：《泰国华文教育的现状与前瞻》，《南洋问题研究》2005年第3期。
④ 游汝杰：《泰国潮州籍华裔语言使用情况调查报告》，《海外华文教育》2015年第1期。

7 个时期，认为进入 21 世纪后，印度尼西亚的华文教育获得了应有的地位和发展，但仍在师资、教材、生源等方面存在困难。① 谷俊、杨文武认为，从 20 世纪 30 年代起，印度的汉语教学经历了兴盛—停止—深入发展三个时期，目前存在汉语教师教材严重匮乏等问题，提出了加大对印汉语教师培训和汉语教材方面的支持力度等对策。② 王仲黎认为，老挝"云南人"家庭语言以云南方言为主，随着"云南人"与当地族群的互动加深，其家庭、社会语言使用模式呈现多样化趋势。老挝"云南人"通过对云南方言语言文化资源的开发，积极参与中老贸易发展，有助于云南省"桥头堡"战略的实施。③

3. 境外舆情监测缺乏

据了解，云南省的舆情监测中心主要有新华社云南分社舆情平台、云南师范大学传媒学院的舆情研究基地等。他们监测的重点是云南省舆情。2014 年 4 月 28 日，新华社云南分社与云南师范大学签订合作协议，通过资源共享，打造面向东盟、南亚、东南亚的云南舆情研究基地、舆情信息人才培训基地和舆情信息发布基地。在云师大建立面向东南亚和南亚国家的舆情信息采集点，共同打造《云南舆情研究蓝皮书》和《东盟与南亚每日要情》。④ 但遗憾的是，我们目前没有见到针对东南亚、南亚的舆情监测相关成果。

我们认为，相比国内舆情监测，境外舆情监测同样重要，是保障"一带一路"战略顺利实施的一项必要工作。

（二） 对云南省区域性语言服务的建议

（1） 增加小语种数量，提高小语种质量

中国的语种人才分布非常不合理。赵蓉辉根据 1999～2001 年开展的"中国语言文字使用情况调查"的数据分析，当时具有初中文化且学过外语的人口中，学习的主要语种和所占比重分别是：英语 93.8%、俄语

① 耿红卫：《印度尼西亚华文教育的历史沿革与现状》，《云南师范大学学报》（对外汉语教学与研究版）2007 年第 3 期。

② 谷俊、杨文武：《印度汉语教学的发展状况、问题及对策思考》，《南亚研究季刊》2011 年第 1 期。

③ 王仲黎：《老挝跨境"云南人"语言生活调查》，《西南边疆民族研究》2012 年第 1 期。

④ 《新华社云南分社与云南师范大学实现战略合作》，新华网，2014 年 4 月 29 日。

7.07%、日语 2.54%、法语 0.29%、阿拉伯语 0.13%、德语 0.13%、西班牙语 0.05%、其他 0.16%（这个统计包括多语情况）。① 从全国高校开设的语种数据也可以清楚地看出这个问题，最近各高校官网数据显示，北京外国语大学共开设 67 种语种专业，上海外国语大学 23 种，广东外语外贸大学 20 种。以北外为例，有英语、俄语、法语、德语、日语、西班牙语、葡萄牙语、阿拉伯语、意大利语、瑞典语、柬埔寨语、越南语、老挝语、缅甸语、泰国语、印尼语、马来语、僧伽罗语、土耳其语、朝鲜语、斯瓦希里语、豪萨语、波兰语、捷克语、匈牙利语、罗马尼亚语、保加利亚语、斯洛伐克语、塞尔维亚语、克罗地亚语、阿尔巴尼亚语、芬兰语、乌克兰语、荷兰语、挪威语、丹麦语、冰岛语、希腊语、希伯来语、波斯语、印地语、乌尔都语、菲律宾语、斯洛文尼亚语、爱沙尼亚语、拉脱维亚语、立陶宛语、爱尔兰语、马耳他语、孟加拉语、哈萨克语、乌兹别克语、祖鲁语、拉丁语、吉尔吉斯语、普什图语、阿姆哈拉语、梵语、巴利语、索马里语、尼泊尔语、泰米尔语、土库曼语、加泰罗尼亚语、约鲁巴语、蒙古语、亚美尼亚语等 67 种外国语专业，涉及东南亚和南亚的有 16 种，但是南亚的不丹语和迪维希语专业没有开设。小语种数量非常有限。鲁子问说："当前的国家安全急迫需要的语言往往没有开展广泛的教学，比如我们的国家安全和公共安全人员能使用阿拉伯语、藏语、维吾尔语等的人非常之少。"② 可见，不仅云南省，而且全国都应该加强小语种教学，增加小语种数量，提高人才质量，以满足"一带一路"的战略要求。

（2）绘制境外中国语言地图，调查中国语言认同度

中国社会科学院语言研究所、中国社会科学院民族学与人类学研究所、香港城市大学语言资讯科学研究中心合作编制了《中国语言地图集·少数民族语言卷》（第 2 版），但是却没有见到跨境的境外少数民族语言地图集，也没有见到相关研究计划。

境外华人华侨的中国语言使用情况如何？上一代和下一代的使用情况有多少变化？随着社会的发展，他们对中国语言的态度发生了怎样的变化，是亲近还是疏远？我们只有了解了他们的语言认同度，才能制定切实可行的发展策略。目前，学术界对此也缺乏系统研究。这也有待启动。

---

① 赵蓉晖：《国家安全视域的中国外语规划》，《云南师范大学学报》（哲学社会科学版）2010 年第 2 期。

② 鲁子问：《外语政策研究》，北京大学出版社，2012，第 58 页。

（3）重视境外舆情监测

据了解，目前云南省舆情监测中心主要通过监测相关汉语报道了解东南亚南亚舆情，这是很不够的。我们认为，以后的监测工作要在以下四个方面发力：一是分国别监测，用该国语言发布的网络媒体和平面媒体信息是重点；二是动态监测，不能简单采用 24 小时自动检索热词的方式，而要采用人工方式确定一定时期的热点问题，然后对相关关键词进行检索；三是扩大监测面，不仅监测政治、军事等信息，还要监测经济、文化等信息；四是除涉及国家机密外，舆情监测成果要公开，因为涉及"一带一路"战略的所有部门几乎都需要东南亚南亚舆情信息。

（4）协同创新

除了省内的资源整合之外，更重要的是与省外进行跨区域协同创新。东南亚南亚涉及 18 个小语种，单靠云南省内力量，无论如何也无法满足数量和质量要求，所以，云南省必须协同北京外国语大学等国内高校单位，才能满足本省的小语种人才需求；在东南亚南亚的中国语言生活状况研究上，要整合国内的暨南大学海外华语研究中心和从事境外少数民族语言研究的力量等；在舆情监测上，云南省的舆情监测中心要走出去，和北京语言大学的平面媒体中心、中国传媒大学的有声媒体中心、华中师范大学的网络媒体中心进行合作交流。

"一带一路"是个系统工程，是国家工程，很多问题单凭一个地区的力量难以解决，需要相关区域齐心协力，搁置地方主义思想，服从国家发展大局。

五 "一带一路"背景下的语言文化国际传播

"一带一路"沿线国家孔子学院现状及发展对策

刘永厚　蔡　坚　张欢瑞*

[摘要] 随着"一带一路"重大倡议的实施,沿线国家的汉语需求无疑会不断增加,这为孔子学院的发展带来了新的机遇。孔子学院建设和汉语传播,有利于促进中国与沿线国家的人文交流,增进相互了解和信任,为"一带一路"建设奠定基础。本文分析了"一带一路"沿线国家孔子学院发展的现状,剖析了存在的一些突出问题,并有针对性地提出了一些对策和建议,旨在更好地推进孔子学院的健康发展。

[关键词] 一带一路;孔子学院;孔子课堂;汉语传播

一 孔子学院发展的新机遇

国强则语盛,语盛助国强。语言传播与国家的兴衰强弱息息相关,但同时也需要历史机遇。2013年9月和10月,国家主席习近平在出访中亚和东南亚国家期间,先后提出共建"丝绸之路经济带"和"21世纪海上丝绸之路"的重大倡议(简称"一带一路")。这是一项"以经济建设为主导,促进沿线国家经济繁荣、政治互信、文明互鉴、共同发展,造福各国人民的伟大事业",它将惠及全球近三分之二的人口。"一带一路"首先是一个经济规划,但需要人文先行,而人文交流又需要语言先行。"一带一路"的全面实施需要切实有效的语言服务,同时,它也为推进汉语国际传播,发展语言事业、语言产业和语言经济带来重要契机。

随着我国综合国力的进一步提升,世界各地的汉语需求更加旺盛。国

---

* 刘永厚,北京第二外国语学院英语学院副教授、语言符号学研究中心主任;蔡坚,北京第二外国语学院副教授、国际交流与合作处处长;张欢瑞,清华大学人文学院外文系硕士研究生。

家汉办主任许琳如是说:"汉语在世界舞台上传播,是我们的文化自觉和文化自信,更是我们义不容辞的责任和使命。"过去十多年来我国的汉语国际推广事业有了长足的发展,尤其是孔子学院的设立和发展,令人瞩目。据报道,截至2015年12月1日,我国已在134个国家和地区建立了500所孔子学院、1000个中小学孔子课堂,学员总数达190万人。① 可以看出,孔子学院/课堂的全球布局已初具规模。

《孔子学院章程》明确提出其使命是:"致力于适应世界各国(地区)人民对汉语学习的需要,增进世界各国(地区)人民对中国语言文化的了解,加强中国与世界各国教育文化交流合作,发展中国与外国的友好关系,促进世界多元文化发展,构建和谐世界。"这充分体现了中国文化所倡导的"和为贵""和而不同""四海之内皆兄弟""三人行,必有我师""己所不欲,勿施于人"等价值观。这也与"一带一路"愿景所提出的"和平合作、开放包容、互学互鉴、互利共赢"的精神高度契合。因此,可以预期,"一带一路"建设的实施,必定会为孔子学院的发展带来新的机遇和空间。

二 "一带一路"沿线国家及孔子学院分布

"一带一路"沿线目前有多少个国家?中国政府将之视为一个开放的范畴,欢迎有更多的国家、国际和地区组织参与进来,所以官方并未给出一个确切的数字。中国与全球化智库于2015年5月18日在北京总部发布了国内首份"一带一路沿线国家路线图",② 路线图涵盖沿线64个国家,本文将参照这一提法。沿线国家名单如表1所示。

表1 "一带一路"沿线64个国家的地区分布

	东亚1国	蒙古
亚洲42国	东南亚11国	越南、柬埔寨、菲律宾、新加坡、文莱、马来西亚、印度尼西亚、东帝汶、老挝、泰国、缅甸
	南亚8国	不丹、孟加拉国、尼泊尔、斯里兰卡、印度、巴基斯坦、阿富汗、马尔代夫
	中亚5国	土库曼斯坦、乌兹别克斯坦、哈萨克斯坦、塔吉克斯坦、吉尔吉斯斯坦

① 新华网,http://news.xinhuanet.com/world/2015-12/03/c_1117349917.htm。
② 中国与全球化智库(CCG)官网,http://www.ccg.org.cn/。

续表

	西亚 17 国	阿曼、伊朗、阿联酋、卡塔尔、巴林、沙特阿拉伯、科威特、也门、土耳其、伊拉克、叙利亚、约旦、黎巴嫩、以色列、格鲁吉亚、亚美尼亚、阿塞拜疆
非洲 1 国		埃及
中东欧 21 国		爱沙尼亚、拉脱维亚、立陶宛、德国、波兰、捷克、斯洛文尼亚、克罗地亚、塞尔维亚、波黑、黑山、阿尔巴尼亚、匈牙利、斯洛伐克、马其顿、罗马尼亚、保加利亚、摩尔多瓦、乌克兰、白俄罗斯、俄罗斯

沿线国家数量如此之多，其文明形态各异，国情、宗教信仰、地缘政治、民心社情比较复杂，很多地区处于政治转型期，政局异常动荡，这些因素均给"一带一路"战略带来了严峻挑战。有言道，"国之交在于民相亲，民相亲在于心相通"。而民心相通是"一带一路"建设的社会根基。只有加强文化交流，全面了解沿线国家需求与广泛民意，消除误解，才能促进有效合作。孔子学院过去十多年在全球的迅速发展在客观上已经为"一带一路"沿线国家的"民心相通"奠定了一定的基础。

经统计，"一带一路"沿线共有 131 所孔子学院和 62 个孔子课堂。①这些孔子学院分布在 50 个国家，其中亚洲 29 国 61 所，非洲 1 国 2 所，欧洲 20 国 68 所；孔子课堂分布在 23 个国家，其中亚洲 11 国 39 个，欧洲 11 国 21 个，非洲 1 国 2 个。截至 2014 年 12 月 7 日，未开设孔子学院的沿线国家尚有 14 个，包括文莱、东帝汶、土库曼斯坦、不丹、马尔代夫、阿曼、卡塔尔、沙特阿拉伯、科威特、也门、伊拉克、叙利亚、波黑、缅甸。其中，缅甸建有孔子课堂，但无孔子学院。

三　孔子学院发展面临的问题

全球首家孔子学院于 2014 年 11 月 21 日在韩国首尔设立。经过十一年的成长，孔子学院已经成为外国人学习汉语和了解中国文化的重要场所，它的业务范围包括"面向社会各界人士开展汉语教学，培训汉语教师，提供汉语教学资源，开展汉语考试和汉语教师资格认证，提供中国教育、文化等信息咨询，开展汉语语言文化交流活动"。孔子学院积极融入当地社会，根据区情和民众的语言学习需求因地制宜，推出了涵盖学历与非学

---

① 根据国家汉办官网 http://www.hanban.org/ 提供的数据统计。

历、从幼儿园到大学的各类汉语课程，开展了丰富多彩的教学和文化活动，极大地推动了汉语和中国文化的世界传播。

但孔子学院的发展也存在一些问题。《孔子学院发展规划（2012 – 2020 年）》曾提到"目前孔子学院的发展还不能完全适应全球汉语学习需求，高素质的专业教师数量不足，适用教材短缺，办学质量有待提高，资源整合亟待加强"。在具体的教学工作中也存在一些困惑，比如教学内容的选择问题。一项针对 7 个国家 18 所孔子学院汉语学习者文化体验的问卷调查结果显示，学习者对物质文化（如中国菜、茶叶等）的体验比例较高，为 91.5%，中国菜尤其受大部分汉语学习者喜爱；行为文化（如中医、书法、制作陶器等）的体验率为 79.4%，也已成为孔子学院汉语教学的重要内容；然而，在精神文化层面，学习积极性不高，对于"孝、谦、悌、俭、慎"等儒家文化的认同度也不高，"和为贵""和谐"思想较难被西方国家的汉语学习者所理解。因此，孔子学院教师常常面临着传播什么、如何传播的技术困惑。[1] 除此之外，也还存在其他一些困难和问题。这些困难和问题，在"一带一路"沿线国家孔子学院中也程度不同地存在，本文不作全面探讨，这里只重点讨论"一带一路"沿线国家孔子学院存在的如下几个问题。

（一）覆盖面不广，大多尚未进入正规教育体系

"一带一路"沿线国家数量约占全球国家总数的 32.82%，而据我们统计，截至 2014 年 12 月 7 日，"一带一路"沿线国家孔子学院数量仅占全球孔子学院总数的 27.58%；孔子课堂更少，仅占 7.29%。已开设孔子学院的沿线国家占沿线国家总数的 78.13%，孔子课堂占 35.94%。这些数据表明，孔子学院和孔子课堂在"一带一路"沿线国家的覆盖率低于其他一些地区，还有较大的发展空间。

就办学形式来看，目前"一带一路"沿线国家孔子学院以非学历教育为主，基本上没有进入所在国的正规教育体系。这表明，在这些国家，汉语传播的地位还不够，影响力也有限。从发展需要看，汉语教学只有进入中小学或大学的正规课程体系，才可能有更好的发展。以美国为例，汉语课程自 2003 年 6 月成为美国高中 AP 课程之后，汉语推广在美国获得了长

---

① 吴瑛、石玲玲：《孔子学院传播中国文化十周年效果反思》，《当代世界》2014 年第 7 期。

足的进步。①

（二）重要媒体关注度不高

重要媒体是左右舆论的主要力量。沿线国家大多发行面向国际社会的英文报纸，希望向国际社会发出声音。那么，那些媒体对孔子学院/课堂的关注情况怎样呢？我们以"Confucius Institute"为关键词，选择"Major World Publications"来源，时间限定在2004年11月21日至2015年8月21日，在LexisNexis Academic数据库进行高级搜索，共获得1275篇英语报道。其中，欧洲媒体有关孔子学院的新闻数量最多，共380篇，亚洲335篇，北美（美国、加拿大）237篇，大洋洲（澳大利亚、新西兰）250篇。"一带一路"沿线64个国家共177篇，仅占13.88%。

若关键词换为"Confucius Classroom"，其他条件不变，共获得152篇。其中，欧洲媒体有关孔子课堂的新闻数量最多，共107篇；亚洲、非洲、北美洲、大洋洲数量很少。"一带一路"沿线国家中只有新加坡、泰国、马来西亚这3个国家对孔子课堂进行了相关报道，共6篇新闻，约占新闻总数的0.04%，一般是在孔子学院的报道中顺便提一下孔子课堂。数据表明，沿线国家对孔子学院/课堂的关注度较低，在国际社会发出的声音也较弱。关注度低，折射出人们对孔子学院/课堂的重视度不高。

但值得一提的是，沿线国家对孔子学院的英文报道正面评价是主流。例如，马来西亚《新海峡时报》（New Straits Times）2007年5月18日的报道称："在马来西亚建立孔子学院的提议是受欢迎的，它不仅可以推广一个文明古国的价值观，而且从另一种文化学习其优点对马来西亚这个多民族社会大有裨益。"该报2014年10月2日在评价习近平主席纪念孔子诞辰2565周年的讲话时说："孔子学院的推广非常成功，它与歌德学院和法语联盟的做法不同，它嵌入在国外的大学中。"以色列的《耶路撒冷邮报》（Jerusalem Post）2014年5月20日积极报道了希伯来大学孔子学院的成立，认为它将有助于进一步促进中以教育、政治和商贸往来发展。

（三）公派师资的外语背景单一

汉语（主要在东南亚地区使用）、英语、俄语、阿拉伯语是沿线国家

---

① 梁炎、焦健：《中亚孔子学院发展现状、问题与策略研究》，《新疆大学学报》（哲学人文社会科学版）2011年第2期。

的四大通用语种，但绝大部分国家和地区还有自己的民族语言。而国内公派的孔子学院教师绝大多数仅有英语单一外语背景。以英语作为教学媒介语，不利于与学生沟通，大大影响授课效果。而且，由于各地文化、民俗、信仰不同，这些教师因不懂当地的语言，相关文化知识和跨文化交际能力大多也较为薄弱，因此在教学和生活中也面临一些实际问题。例如，中亚国家受伊斯兰教影响较大，如何在汉语推广和文化传播中避免文化冲突，是孔子学院教师和管理人员常常面临的现实问题。这也会在一定程度上影响孔子学院的发展。

我们外派师资外语背景单一，也从一个侧面反映了我国外语资源的贫乏。事实确实如此，有学者指出，我国国民掌握的外语语种数量极其有限，结构也极不合理，大多数人学习的都是英语。外语资源拥有量的贫乏，实质上也是我国国家语言能力弱的一个表现。[①] 这应当引起有关方面的注意，加快我国外语资源建设，以满足日益旺盛的外语需求。这也是"一带一路"建设和孔子学院发展的迫切需求。

（四）沿线一些国家设置政治障碍

沿线国家和地区有巨大的汉语需求，很多人希望通过学习汉语来谋求更好的个人发展或发展与中国的贸易往来，但这类需求却因一些国家的政治障碍而未能得到充分释放和满足。一个典型的例子是印度。印度的民众有机遇意识，他们认为中国在 10 至 20 年后将会变得更强大，汉语将成为一门极为实用和重要的语言，学会汉语就等于拥有了一项重要工具。[②] 但是，孔子学院在印度的发展之路却历经波折，目前仅建成 2 所：韦洛尔科技大学孔子学院和孟买大学孔子学院，分别于 2009 年和 2012 年正式启动。20 世纪 60 年代，中印关系因中印边境自卫反击战而恶化，印度的汉语教学从此前的兴盛而一度停滞。当前，中印两国缺乏战略互信，印方对孔子学院有防范之心。面对孔子学院在全球的遍地开花，印度政府也意识到了提升国家软实力的紧迫性，开始加大其海外文化中心的建设力度，并考虑在全球建立"甘地学院"来推广印度的语言文化。中国和印度作为亚洲两个大国，素来有"龙象之争"的说法，印度政府将"一带一路"规划视为

---

① 赵世举：《全球竞争中的国家语言能力》，《中国社会科学》2015 年第 3 期。
② 赵瑞琦：《孔子学院在印度：悲情、机遇与政策的碰撞》，《公共外交季刊》2014 年第 3 期。

一种威胁,推出了抗衡性的"季风计划"(Project Mausam)。在此背景下,汉语在印度的推广之路注定不会平坦。

四 对策建议

针对以上情况,本文提出如下对策建议。

(一)利用"一带一路"建设契机,增进国家互信

汉语在一个国家和地区的传播顺利与否,在很大程度取决于国家关系。中国要以"一带一路"建设为契机,与沿线国家不断增强政治互信,摒弃竞争思维,避免"零和博弈"。尤其要通过加强人文交流和民间往来,增进彼此了解和友谊。在这方面,汉语的传播可以发挥一定的积极作用。当前,周边外交正成为我国外交重点,与邻为善、以邻为伴、睦邻善邻富邻成为我国周边外交的基本原则,这无疑有利于与相关国家关系的改善和发展。

据报道,截至2015年1月23日,沿线国家中已有近60个表态支持"一带一路",① 势头良好。但项目的实施会涉及许多不确定因素,需要积极应对。有学者建议有必要把沿线国分为四类对待:"一带一路"建设的重点放在潜在的周边支点国家;对于一般国家进行选择性合作;对于主权争端国,需要以建设性的态度处理争端;对于周边大国应该制定专门的外交政策。② 这一观点,在一定程度上,也适用于对这些国家的汉语传播政策。

(二)加强宣传和舆情监测,树立良好形象

国际上对孔子学院的担忧和批评主要出自无端的政治怀疑,担心孔子学院出于政治目的,传播中国价值观,破坏"学术自由"。有些防范和抵制行为也是受"中国威胁论"之误导。从一定意义上说,在一个国家崛起的过程中,对外政策容易引起国际社会尤其是周边国家的安全疑虑,这很正常。现在孔子学院发展面临一些挑战和困难也是难以避免的,重要的是要积极采取措施,尽可能消除误解,争取支持。

---

① 邱逸:《一带一路规划将发多个语言版本,已赢得60国参与》,新华网,2015年1月23日。
② 薛力:《中国"一带一路"战略面对的外交风险》,《国际经济评论》2015年第2期。

加强正面宣传，营造良好氛围十分重要。为更好地给"一带一路"铺路，应发挥新闻媒体的积极作用，与沿线国家主流媒体主动交流合作，加强汉语传播的正面宣传，消除有关国家民众对孔子学院的误解。新华社在美国时代广场进行过成功的广告宣传，就是很好的案例，可以学习。选取和提炼孔子学院在推动文化交流、增进人民友谊方面的成功案例，讲好"孔院故事"，让更多的人认识汉语传播的积极意义。同时，要高度关注孔子学院的内外舆论环境，加强舆情监测，注意舆论导向，遇到负面宣传，应积极应对和引导，尽量消除中外合作双方在认识上的偏差。与此相关，在孔子学院建设过程中，我们也应坚持"政府支持、民间运作"的方式，尤其在敏感的国家和地区，要努力淡化官方色彩，以避免误解。

（三）加快孔子学院/课堂布局，建设汉语传播的长效机制

充分利用各种有利因素，尽快在沿线国家增设孔子学院/课堂。其中很重要的一点，就是打好"一带一路"牌，把孔子学院/课堂建设与"一带一路"建设有机结合起来，形成相互促进的良好局面。沿线国家孔子学院/课堂应该肩负新使命，讲好丝路故事，传播丝路文化，弘扬丝路精神，提升孔子学院和中国的国际形象，为"一带一路"建设做好铺路搭桥的工作。据报道，全球首家"海上丝路孔子学院"已于 2015 年 6 月 24 日在泰国博仁大学正式揭牌，成为丝路孔子学院的先行者，值得推广。

孔子学院/课堂建设应高瞻远瞩，构建发展的长效机制。其重点应放在青少年身上。因为青少年代表着未来的语言主用人群，因此，应积极面向未来，加大对中小学生甚至学龄前儿童的汉语教学，并努力争取将汉语教学纳入当地的中小学教育体系。与此同时，积极帮助当地教育机构研制通用性较强的汉语教学大纲和汉语测试标准，编制地区化汉语教材等，逐步建立汉语传播的长效机制。

（四）提高教师使用当地语言的能力，提升教学质量

国家汉办的师资储备应该与国内高校的非通用语人才培养紧密结合起来。目前很多高校围绕"一带一路"战略开始招收培养非通用语专业学生，这是一件好事，有利于服务国家战略，增加国家的外语人才储备，提升国家的语言能力。这也有利于改善未来的外派汉语教师的语种结构。在现阶段，也可以通过培训的方式，来解决外派教师外语语种单一的问题。

在这个问题上，社会上也有忧虑，担心非通用语人才若干年后会过剩，出现就业难的问题。对此，教育主管部门应加强整体规划和引导。与此同时，国家汉办也应研究需求，提前规划，和有关高校就非通用语课程设置和就业安排等进行对接，为汉语国际推广储备师资。教师外语语种结构的改善对于提高孔子学院办学质量至关重要。因为如果教师能较好地掌握和使用当地语言，把它作为媒介语用于当地教学和日常交往，无疑能拉近与学生的距离，增强亲近感和认同感；同时教师也便于利用当地语言熟悉当地文化，提高跨文化交际能力，这都有利于提高教学质量和汉语传播的效果。

"一带一路"背景下汉语国际教育本科
人才培养模式探索

——以地方本科院校为例

许艳平[*]

[**摘要**] "一带一路"战略为汉语国际教育专业的发展带来了机遇和挑战。面对新形势，地方本科院校需要创新人才培养模式，不断拓展汉语国际教育专业的发展空间。第一，人才培养目标应由单纯培养国际汉语教师转向培养具有国际视野、能够服务于语言产业和地方经济社会发展的、复合型、创新型汉语传播人才。第二，外语课程应适时增设或调整，增设"一带一路"社会文化、文学课程及商务类课程。第三，实践环节方面，通过合作办学、整合资源等方式为学生创造实践条件，通过众创空间等构建服务平台，鼓励学生在实践中创新创业。

[**关键词**] 一带一路；汉语国际教育专业；地方本科院校；人才培养模式

21 世纪初，国际汉语教师的需要量大幅增长，国内高校纷纷开设汉语国际教育专业（原名对外汉语专业），培养汉语国际传播人才。有数据显示，截至 2013 年 10 月底，全国开设汉语国际教育专业的院校已逾 300 所。[①] 其中，地方本科院校占了相当的比重，是培养汉语国际传播人才的主力军。但是，这些地方本科院校开办汉语国际教育专业的时间不长，办学经验不足，办学条件有待改善，人才培养质量难以达到"三型一化"，

---

  [*] 许艳平，湖北工程学院文学与新闻传播学院副教授，博士。

  [①] 李江涛、朱利：《中国开设汉语国际教育本科专业高校逾300所》，http://www.chinanews.com/edu/2013/10 - 26/5428155.shtml，2013 年 10 月 26 日。

即复合型、应用型、创新型、国际化的要求，[①] 专业发展方向需要调整。

"十三五"时期，国家全面实施"一带一路"战略，旨在建设"新丝绸之路经济带"和"21世纪海上丝绸之路"，加强中国与丝路沿线国家之间的经贸合作、文化交流等。"一带一路"战略不仅搭建了国际合作交流的新平台，也为汉语国际传播和汉语国际教育专业的发展创造了新机遇。在新形势下，如何调整汉语国际教育专业人才培养模式，为"一带一路"战略的实施培养高质量汉语国际传播人才，为经济社会发展做出贡献，为相关专业建设和学科发展赢得更多空间，是当前地方本科院校面临的新课题。人才培养模式是一个复杂体系，涉及内容较多，本文仅探讨人才培养目标、课程设置、实践环节这三个方面。

一 人才培养目标

汉语国际教育专业培养什么样的人才？答案似乎不言自明：培养国际汉语教师。但是，实际就业情况却是：相当一部分汉语国际教育专业的毕业生没有出国教汉语，而是选择了别的职业。这种情况在地方本科院校中十分普遍。显然，主要培养国际汉语教师对于地方本科院校而言是不现实的，应该适当调整人才培养目标。

教育部《普通高等学校本科专业目录和专业介绍》（2012年版）中已有明确规定，汉语国际教育专业旨在培养"掌握扎实的汉语基础知识，具有较高的人文素养，具备中国文学、中国文化、跨文化交际等方面的专业知识与能力，能在国内外各类学校从事汉语教学，在各职能部门、外贸机构、新闻出版单位及企事业单位从事与语言文化传播交流相关工作的中国语言文学学科应用型专门人才"。[②] 这说明，汉语国际教育专业所培养的人才应该具有广泛的适应性，并非只有当国际汉语教师这一条出路。地方本科院校在确定人才培养目标时，除了要参照教育部的规定，还可积极适应"一带一路"战略的需求，根据自身情况，尤其应联系地方参与"一带一路"建设的规划，有针对性地调整培养目标。

国家发展改革委、外交部、商务部联合发布的《推动共建丝绸之路经

---

① 钱玉莲：《"三型一化"汉语国际教育本科专业人才培养方案的探索》，《中国大学教学》2014年第6期。
② 中华人民共和国教育部高等教育司：《普通高等学校本科专业目录和专业介绍》，高等教育出版社，2012，第87页。

济带和 21 世纪海上丝绸之路的愿景与行动》指出,"一带一路"战略旨在
与丝路沿线国家开展经济合作,促进彼此之间的政治互信、经济融合、文
化包容,合作的重点是"五通",即政策沟通、设施联通、贸易畅通、资
金融通和民心相通。合作交流要以"五通"为前提,"五通"则要以语言
相通为前提。因此,"一带一路"需要"语言铺路",① 同时"一带一路"
建设也会带来多元化的语言需求,如语言产品需求、语言应用服务需求、
语言学术需求等。② 能够回应这些语言需求,并提供相应语言服务的人才
需要具备多种素质,如具有国际视野、掌握多种语言、具备跨文化交际能
力、具备扎实的专业知识等。他们可以是国际汉语教师,还可以是语言翻
译、语言策划师、语言信息处理人员、语言资源建设和开发人员、语言研
究人员等。③

"一带一路"战略对语言产业和地方经济社会的发展都有很大的促进
作用。从长远来看,能够为"一带一路"战略服务的汉语传播人才还有以
下发展空间。

第一,服务于语言产业。"一带一路"战略催生了巨大的语言需求,
有需求就会有语言产品,有市场运作就会形成语言产业。典型的语言产业
业态有:语言培训、语言出版、语言翻译、语言文字信息处理、语言能力
测评、语言艺术、语言创意等。④ 它们都与汉语国际传播密切相关,都可
以为汉语国际教育专业的本科生提供就业空间。可见,只要立足于语言产
业培养人才,专业发展前景还是相当广阔的。这就需要地方本科院校放眼
全球,从服务于"一带一路"战略,服务于语言产业出发制定人才培养
目标。

第二,服务于地方经济社会发展。地方本科院校的办学宗旨之一,就
是为地方经济社会发展培养专业人才。这些院校在制定人才培养目标时,
也应该秉承这一宗旨,将服务于"一带一路"战略与地方经济社会发展有
机结合起来,既要分析地方的发展情况,也要考虑它在"一带一路"战略

① 李宇明:《"一带一路"需要语言铺路》,《人民日报》2015 年 9 月 22 日。
② 赵世举:《"一带一路"建设的语言需求及服务对策》,《云南师范大学学报》(哲学社会
科学版) 2015 年第 4 期。
③ 赵世举:《"一带一路"建设的语言需求及服务对策》,《云南师范大学学报》(哲学社会
科学版) 2015 年第 4 期。
④ 贺宏志、陈鹏:《给语言产业发展添把力》,《经济日报》2013 年 5 月 24 日。

中的定位和可能的参与。以广东的地方本科院校为例,它们开设汉语国际教育专业,就要充分考虑本省的定位,即"打造 21 世纪海上丝绸之路的桥头堡",发挥临江靠海的优势,建设海上港口联盟,积极参与东盟国家港口建设以及粤港澳自贸区建设等,① 根据这一省情来培养人才。

总之,在"一带一路"背景下,地方本科院校应该主动调整人才培养目标,由主要培养国际汉语教师转向培养具有国际视野,能够服务于语言产业和地方经济社会发展的复合型、创新型汉语传播人才。当然,确定人才培养目标还应该考虑自身的办学特色和优势。

二 课程设置

汉语国际教育专业属于交叉专业,其课程主要包括语言课程、文学文化课程、认知心理课程、教育类课程等。这些课程设置目前尚不能满足"一带一路"战略的需要,应该积极调整。

(一)增设或调整外语课程

与母语非英语的人进行交流,用英语可以达意,但是要表情,要通心,还是要使用对方的母语。② 这说明,英语固然重要,其他语种也不可或缺。随着"一带一路"战略的逐步实施,其他语种显得日益重要,"英语一家独大"的局面亟待改变。至于选择何种语言作为"一外"或"二外",地方高校可以根据各自的区位优势、外语人才储备等情况来确定。

例如,广西毗邻东南亚国家,广西的地方本科院校可以有针对性地开设东南亚小语种专业;黑龙江与俄罗斯接壤,黑龙江的地方本科院校可以开设俄语专业。湖北地处中部,不具备临海靠疆的区位优势,但是它承东启西,接南纳北,交通十分便利。随着"汉新欧"国际货运列车的常态化运行,湖北开辟了一条经新疆、俄罗斯,直达欧洲大陆的亚欧大通道,向西开放比"面朝大海"更加便利。目前,湖北与俄罗斯、白俄罗斯、哈萨克斯坦、德国、法国、巴基斯坦、土耳其、伊朗等国家合作交流势头良好。③ 为了更好地服务于"一带一路"战略,湖北的地方本科院校可以酌

---

① 梁敏:《"一带一路"今年进入实质操作阶段 20 省份全面布局》,《上海证券报》2015年1月26日。
② 李宇明:《"一带一路"需要语言铺路》,《人民日报》2015年9月22日。
③ 廖志慧:《对接"一带一路"湖北准备好了吗》,《湖北日报》2015年8月5日。

情增设俄语、法语、阿拉伯语等专业作为“二外”甚至“一外”，或对现有“二外”进行调整，为湖北与这些国家的经济合作培养高质量的汉语人才。

（二）调整文化、文学课程

第一，调整文化课程。当前外国文化课程以欧美为重，与“一带一路”的文化需求并不合拍，需要进行调整。可以对现有课程“英美概况”“西方文化概论”“中西文化比较”等进行整合，对“跨文化交际”的内容进行调整，同时增设“‘一带一路’的社会文化”，为学生了解这些沿线国家创造条件。北京大学在这方面进行了积极尝试。该校从 2015 年秋季开始，陆续开设了“当代阿拉伯世界”“东南亚文化”“中俄文化交流史”等社会文化课程，为“一带一路”战略的实施提供了智力支持。① 地方本科院校也可以酌情开设这些课程。

“一带一路”沿线的文化、历史、地理、政治、宗教各具特色，介绍这些国家的社会文化时，既要挖掘其中对“一带一路”战略有利的因素，如古丝绸之路上交流与融通的历史、这些国家的文化与中国文化之间存在的契合点等，也要分析其中的不利因素，如这些国家与中国因历史原因或现实问题产生的分歧与纠葛等，使学生最大限度地从中受益。以阿拉伯伊斯兰文化为例，它与中国文化存在一些共通共鸣之处。伊斯兰教非常重视穆斯林的人格修养和道德品行，其经典圣训中甚至提到“伊斯兰的首要使命是在人间栽培道德美行”。② 与此类似，中国儒家文化也非常推崇“仁义礼智信”，重视个人品行修养。发掘两种文化的共通之处，对新形势下汉语和汉文化的传播具有重要意义。当然，“一带一路”沿线国家众多，各院校可以有选择性地加以介绍。

异国文化教学需要调整侧重点，本国文化教学则要突出地域特色。一种地域文化越具地方特色，就越有可能受到他国人民的关注和喜爱。中国的地域文化丰富多样。从起源时间来看，有的历史悠久，有的兴起时间不长；从文化形态来看，有的属于物质文化，有的属于非物质文化。只要它们特色鲜明，具有一定影响力，能够在“一带一路”合作交流中发挥作

---

① 王晓芸：《北大将开设“一带一路”语言文化课程》，《北京青年报》2015 年 9 月 15 日。
② 陈杰：《关于中国文化走向阿拉伯世界的一些思考》，《宁夏社会科学》2012 年第 3 期。

用，都可以作为地域文化进行宣传介绍。例如，湖北的青砖茶曾经远销俄罗斯、中亚大陆，开辟了"万里茶道"，现在又成为中国与中亚等国、俄罗斯合作交流的纽带。[①] 江西景德镇的瓷器早在宋元时期就全国闻名，曾通过"古丝绸之路"传播到西亚、欧洲，通过"海上丝绸之路"远播东南亚、南亚，深受当地人民的喜爱。如今，以瓷为媒，景德镇又和"一带一路"沿线上的十几个国家产瓷城市结成了友好城市，并且"进行了前所未有的战略合作"。[②] 湖北的青砖茶、江西的瓷器不仅是商品，也是富有地域特色的文化符号，都可以选作授课内容。

第二，调整文学课程。"外国文学"课程一般包括外国文学史和文学作品选两部分，其内容编排上存在不平衡现象。其一，覆盖的国家和地区不平衡。欧美文学是其中的重点，一般占据总篇幅的三分之二，亚非文学约占三分之一。"一带一路"沿线国家，如俄罗斯、印度、阿拉伯国家文学所占篇幅太少，提供的信息量太小。还有的国家如东南亚、南亚诸国，其作家、作品在有些教材中竟无一入选。其二，时段不平衡。古代和近现代的介绍偏多，当代的作家、作品、文学思潮涉及太少，没有及时反映"一带一路"沿线国家当下的文学创作情况，不便于文学、文化交流。从"一带一路"战略出发，教师应该调整"外国文学"的授课内容，适当增加俄罗斯、东南亚国家、阿拉伯国家的比重，多介绍当今的、与战略合作相关的文学艺术，突出针对性与实效性。

（三）增加商务课程

经济交流是促成全球"汉语热"的重要原因。在"一带一路"背景下，区域经济合作成为主旋律，商务汉语的用途更广，学习的人员更多，重要性也日趋突显。各种汉语培训机构纷纷推出商务汉语的培训业务，高校开始举办面向"一带一路"国家的商务汉语研修班，招收商务汉语方向的汉语国际教育硕士，有的高校甚至把商务汉语作为来华留学生汉语言专业"本科教学体系的子系统"，[③] 有的高校还建立了国际商务汉语教学与资

① 宗庆波：《重振"万里茶道"雄风 再铸湖北青砖茶辉煌》，《农民日报》2014年4月19日。
② 程勤、王镇炼：《助力"一带一路"国家发展战略——写在2014中国景德镇国际陶瓷博览会闭幕之际》，《景德镇日报》2014年10月23日。
③ 沈庶英：《试析汉语国际教育本科教材体系的架构》，《黑龙江高教研究》2012年第5期。

源开发基地,这说明"商务汉语"课程很重要。为本科生开设"商务汉语"课程,将汉语教学与商务活动联系起来,有助于地方本科院校培养应用型、复合型人才,有助于服务于"一带一路"战略。同时,随着互联网的迅猛发展,电子商务在"一带一路"的经济合作中扮演的角色越来越重要,与汉语国际传播的关系也更加密切。所以,增设"电子商务"课程也势在必行。

三 实践环节

本科人才培养方案中设置了很多实践环节,如进行专业见习、专业实习,选修实践性课程等。但是,地方本科院校资源有限,实践形式单一,人才培养模式有待优化。这种状况直接影响学生实践技能的提高,影响今后的就业与发展。因此,实践环节也需要探索。

(一) 实践形式的多样化

实施"一带一路"战略需要多样化汉语人才。为了应对这种多样化需求,高校应该创新人才培养模式,对内整合资源,对外加强合作,①努力为学生创造各种实践条件。

第一,对内整合资源,促使实践形式多样化。跨学科、跨专业开设课程,是整合校内资源的一种有效方式。学生在学习课程的同时,可以利用各种相关资源,开展实践活动。例如,外语阅读、听力、写作、翻译是由外国语学院教师开设的,学生可以利用外国语学院的实践教学资源进行训练,还可以与外国语学院的学生一起进行课外实践。学生选修"传播学""广告学"等课程,可以利用新闻与广告专业的实验设备、专业软件动手实践,与这些专业的学生一起参加全国大学生广告艺术大赛,制作电视节目,进行动画、微电影创作,进行专业实习。打破学科、专业界限,实现资源共享,学生的实践形式自然就丰富起来了。

第二,对外加强合作,促使实践形式多样化。加强与校外机构合作,共建各种实习实训基地,联合培养学生,也能够丰富学生的实践形式。与"一带一路"沿线国家的高校合作办学,学生有更多机会提高跨语言、跨

---

① 赵世举:《"一带一路"建设的语言需求及服务对策》,《云南师范大学学报》(哲学社会科学版) 2015 年第 4 期。

文化交流能力；同汉语国际学校、对外汉语培训机构合作办学，学生可以走进课堂听课或者授课，训练教学技能；与服务于"一带一路"建设的企业合作办学，学生的实践形式就更加丰富多样。在湖北，参与"一带一路"建设的大型企业为数不少，例如葛洲坝集团、中铁大桥局集团有限公司、华新水泥股份有限公司等。① 它们参与"一带一路"建设的方式各不相同，涉及的语言问题也多种多样。高校与这些企业进行合作，学生就有机会接触到语言培训、语言翻译、语言资源开发、多语人才管理等，接触面拓宽了，实践形式丰富了，适应环境的能力、语言文化传播能力也会随之增强。

（二）实践中的创新创业探索

实施"一带一路"战略既能促进区域之间的经济、文化交流，也能为汉语国际教育专业本科生带来新的就业机会。但是，很多就业机会和岗位不是"从天而降"的，需要学生自己"创造"，需要学校加以"孵化"。这就意味着高校要加强创新创业辅导，整合实践资源，为学生提供良好的创新创业环境。2015 年，国务院办公厅颁布了《关于发展众创空间 推进大众创新创业的指导意见》，为汉语国际教育专业人才培养构建了全方位的"双创"服务平台。

以湖北工程学院为例，该校依托大学校园科技孵化器、湖北小微企业发展研究中心等平台优势，打造了具有地方特色的湖北省众创空间"澴川创客汇"，为汉语国际教育学生创新创业提供了便利条件。团队建设方面，鼓励志同道合的学生共同创业，鼓励跨学科、跨专业合作；创业指导方面，聘请企业专家传授创新创业法宝，② 让经验丰富的专业教师担任创业导师；设施硬件方面，免费提供办公场所、办公设备、网络设施、宽带接入；资源信息方面，通过互联网提供开发工具、设计软件、语言文化素材、创业信息等，实现资源共享；组织管理方面，解决公司注册、市场融资等问题。经过创业孵化，汉语国际教育、新闻学、广告学、播音与主持艺术等专业的学生共同完成了一些创新设计，成立了公司机构，在传媒策

---

① 甘勇：《湖北元素闪亮一带一路 武汉将成全球货物转运中心》，《湖北日报》2015 年 5 月 16 日。
② 蔡文章、焦鑫鹏：《澴川创客汇湖北省众创空间授牌仪式在我校举行》，http://news.hbeu.cn/showNews.aspx? newsid=5866&newsTypeID=1，2015 年 9 月 25 日。

划、广告设计、教育培训等实践活动方面开始了创新创业之路。

四 结语

"一带一路"战略为汉语国际教育专业的发展既带来了机遇，也带来了挑战。面对新形势，地方本科院校只有创新人才培养模式，才能拓展汉语国际教育专业的发展空间。但是，人才培养模式既涉及人才培养目标、课程设置、实践环节，还涉及教学手段与方式、管理与评估等很多方面，其创新不可能一蹴而就。除了这些，新的人才培养模式如何实施，也值得思考。因此，地方本科院校要办好汉语国际教育专业，为"一带一路"建设和地方经济社会发展做出贡献，还需要深入探索。

古今丝绸之路与中医药的对外传译

周祖亮[*]

[摘要] 借助于古代"丝绸之路"和海上贸易的渠道，中医药传播到了世界各地，其他国家的医学与药物也陆续传入我国，历史上中外医学交流频繁。从当今中医药对外传译的现状看，还存在传播渠道有限、中医翻译人才缺乏、翻译的语种单一、有的翻译质量欠佳等问题。国家"一带一路"战略的实施，为中医药对外传译工作带来了新的发展契机，有关方面应该抓住机遇，在中医药资源研究整理、有关人才培养、中医药典籍和术语翻译等方面不断推进，以进一步促进中医药的国际化发展。

[关键词] 一带一路；中医药；对外传译；中医孔子学院

中医是我国特有的医学体系，它在理论基础、思维方法、诊治方式、行业术语等方面特色鲜明，内涵丰富，源远流长，是中国优秀传统文化的重要组成部分和宝贵资源，素有"国粹"之誉。它不仅在国内传承，而且很早就借助丝绸之路等通道远播海外，尤其是在丝绸之路沿线的一些国家和地区，具有一定的影响。今天，我国"一带一路"战略的提出和实施，又为中医的国际传播带来了新的机遇。本文拟在这一现实背景下，回顾中医对外交流的历史，分析中医对外传译的现状，对新形势下中医对外传播和翻译等提出一些看法。

一　中医药对外交流的历史回顾

在古代很早以前，中医就借助"丝绸之路"和海上贸易通道等逐步走向了世界，受到相关国家民众的青睐，与此同时世界各地的医学理论和药物也陆续传入我国，形成了中外医学的交流互动。

---

* 周祖亮，广西中医药大学基础医学院副教授，博士。

（一）中医学与世界医学的历史交流

中医学与世界各种医学的历史交流，是和中国与其他国家之间的经贸往来同步进行的。自西汉张骞出使西域之后，中医中药就开始走出国门，向西到达沿途各国；与此同时，也向东传入了高丽、百济、新罗、日本等国，向南传入东南亚各国。自唐代至明代，中外医药交流日益频繁，逐渐达到鼎盛。在这个时期，大量中医学著作传至日本、朝鲜等国，被翻刻刊行，并定为医学必修书目。这些国家还仿照中国的医事制度，实施医学教育，设置医疗机构；或者派医生到中国学习医学知识，从事医疗活动。与此同时，中国医生也到周边国家与地区，开设诊所和药铺，行医治病，传播中医药技术。传至外域的中医药，经过当地民众的利用与改造，与当地实际相结合，形成了自成体系的医学系统，如朝鲜的传统医学、日本的汉方医学，均是在中医学基础上发展起来的，具有深厚的中医学背景。另外，在一些国家的古代医学典籍中也可以见到部分中医学著作，如日本医学家丹波康赖公元984年编著的《医心方》汇集了中医药养生典籍的精华，保存了我国已经佚亡的宋代以前的许多医学文献，具有极高的文献价值和医学价值。

同时，世界医学对中医学也产生了一定影响。印度医学是世界传统医学的重要组成部分，也是佛教医学的基础。佛教传入我国之前，中医以阴阳、五行（木、火、土、金、水）学说作为认识论的基础。随着佛教的传入，佛教"四大"（地、水、火、风）学说广泛传播，逐渐影响到中医理论。如佛教医学典籍《佛医经》云："人身中本有四病，一者地，二者水，三者火，四者风。风增气起，火增热起，水增寒起，土增力盛。本从是四病，起四百四病。"[1] 这些佛医理论在我国古代医学著作中也有所反映。例如唐代孙思邈《备急千金要方》卷一曰："凡四气合德，四神安和，一气不调，百一病生，四神动（同）作，四百四病同时俱发。"[2] 由此可见，佛教医学与中医学在探讨疾病的起因方面存在相通之处，佛教医学的"四大致病"理论也被中医学吸纳，成为中医理论的一部分。

---

① 李良松：《佛医观止》，学苑出版社，2014，第1页。
② （唐）孙思邈：《备急千金要方》，人民卫生出版社，1955，第3页。

（二）中外药物的历史交流

随着古代"丝绸之路"的开通和海上贸易的兴盛，中外药物交流十分发达。产自我国中原地区的药物相继被传至海外。宋元时期，大黄、人参、茯苓、当归、远志等中药材被华侨带入东南亚国家，由于疗效显著，在新加坡获得"神州上药"的美誉。① 明代郑和下西洋时，每次出使都有中医师随船前往，并带有大量人参、麝香、大黄、茯苓、生姜、肉桂等中药材，随行的医生不仅为停泊之地的民众治病施药，还采购当地特有药材带回国内。②

与此同时，世界各地的药物也源源不断进入中国。张骞从西域带回了胡桃（即核桃）、石榴、苜蓿、大蒜、胡荽（即芫荽）等药用植物，在中原栽培。东汉初年马援率军征战越南（交趾）后，用薏苡仁治疗军吏瘴疫，并将薏苡仁带回中原地区，进行种植推广。据《宋会要辑稿》《诸蕃志》等古籍记载，宋代在福建泉州进出口的大批货物中，仅进口的药物就达300多种，如乳香、木香、沉香、檀香、茄香、丁香、安息香、金颜香、龙涎香、降真香、奇楠香、笃耨香等香料药物，以及珍珠、玳瑁、槟榔、肉豆蔻、硫黄、芦荟、胡椒、没药、血竭等其他药物。一些国家在进献给中国的贡品中，也含有名贵药材。由于大量外来药的输入，中医本草著作也出现了关于外来药物的详细记载，如唐代《新修本草》《本草拾遗》等本草文献就记载了安息香、龙脑香、胡椒、诃黎勒等数十种外来药物，而《海药本草》则专门记述自海外传入中国的120多种药物。许多外来药物是古代中医处方中的常用药物，早已成为中药材体系的一部分。

中医药与世界医药的交流，是中华优秀文化与世界其他优秀文化的互鉴融合，促进了世界医药文化的发展。

二 中医药典籍术语对外传译状况及问题

包括中医药典籍在内的中国文化典籍的对外传播已有很长的历史。唐代高僧鉴真和尚，历经磨难东渡日本，传播佛教的同时亦行医治病，著有《鉴真上人秘方》，被日本药学界推奉为祖师。1592年西班牙传教士高母羡

---

① 王介南：《中国与东南亚文化交流志》，上海人民出版社，1998，第173页。
② 周南京：《华侨华人百科全书·总论卷》，中国华侨出版社，2002，第36页。

（Juan Cobo，1546～1592）第一次将元末明初的蒙学教材《明心宝鉴》（1393 年刊行）翻译成西班牙文，这是中国古代文化典籍首次被翻译成欧洲语言。① 其后波兰传教士卜弥格（Michel Boym，1612～1659）第一次比较系统地将中医药文献和理论介绍到西方，在中医药西传欧洲的历史上做出了重要贡献。② 后来法国第一位专业汉学家雷慕萨（Jean Pierre Abel Rémusat，1788～1832）根据卜弥格对中医的介绍，在他的博士论文《论中医舌苔诊病》中翻译了中医的一些基本文献，形成中医传向西方的重要节点。③ 实际上，不管是何种文化形态，它在对外传播与交流过程中，都离不开语言翻译这个中介与桥梁。由于中医语言（特别是中医术语）是中医学理论的最重要载体和表现形式，因此在中医药的国际交流过程中，中医语言的翻译至关重要。

近年来，在中华文化加快"走出去"步伐的大背景下，中医怎样更好地走出去并争取更广泛的国际认同，也成为人们普遍关注的话题。对此，中国科学院院士陈可冀先生指出，中医要走向世界，必须有共同的语言；中医有很多术语，很科学，很文化，但是外国人听不懂，语言都不能通，怎么办？所以要做很多工作，如中医名词术语翻译，中医辨证诊断的规范化、标准化等。④

时至今日，中医药典籍的对外传译工作（从目前已有的成果来看，主要是英译），已经取得了一定成绩。中医经典著作《黄帝内经》《伤寒论》《金匮要略》均已出版了全文英译本，而且《黄帝内经》还被译成俄文、法文、日文等。这些成绩的取得，既有外国学人与汉学家的不懈努力，更离不开中国学者的高度使命感和孜孜不倦精神。如中国社会科学院哲学研究所罗希文研究员用十年时间完成了《本草纲目》全文英译工作，由外文出版社于 2004 年出版，另外还出版了《医方类聚》《东医宝鉴》《医心方》等多种中医典籍的英文译本。⑤

---

① 张西平：《中国古代文化典籍域外传播研究的门径》，《中国高校社会科学》2015 年第 3 期。
② 张西平：《卜弥格与中医的西传》，《北京行政学院学报》2012 年第 4 期。
③ 张西平：《中国古代文化典籍域外传播研究的门径》，《中国高校社会科学》2015 年第 3 期。
④ 《有人反对中医是因为不了解》，《南方都市报》2015 年 10 月 23 日。
⑤ 温红彦：《罗希文：全文英译〈本草纲目〉第一人》，《人民日报》2004 年 5 月 25 日。

中医药术语的翻译也取得了可喜的成绩。2007 年世界卫生组织和国家中医药管理局联合发布了《传统医学名词术语国际标准》，2009 年成立了世界中医药学会联合会翻译专业委员会，标志着中医基本名词术语英文翻译进入了系统化、标准化的新阶段。

在学术界，中医翻译研究也受到了一些学者的重视，取得了一定的成绩。李照国先生出版《中医翻译导论》（西北大学出版社 1993 年）、《中医英语翻译技巧》（人民卫生出版社 1997 年）两部专著，初步建立了中医翻译理论体系。有很多学者，以大量的中医翻译实践积累了许多成功的经验。这些都为中医药典籍的对外传译创造了良好的条件。

但是，也应该看到，现今中医的对外传译也还存在一些困难和问题，主要表现在以下几个方面。第一，高水平的中医翻译人才比较缺乏，尤其是既精通中医又精通外语的高水平翻译人才有限。第二，翻译语种单一，除了英译外，其他语种（特别是一些小语种）的中医翻译作品非常少见。第三，有的翻译质量欠佳。由于中医语言具有较强的专业性，再加上中医的有些术语和表述本身意义较为含混或存在争议，因此有些翻译作品存在翻译不太精准甚至误译的现象。例如"带下医"，本是中医妇科医生之古称，因为中医学认为，带脉环绕人体腰部一周，犹如腰带，凡带脉以下，名曰"带下"，故妇科病统称为"带下病"，妇科医生称作"带下医"，但是由于有的译者缺乏专业知识，误译作 Doctor underneath the skirt（裙子下面的医生），与原意相距甚远。又如中医方剂名"失笑散"，属于理血剂，具有活血祛瘀、散结止痛之功效，患者服用后"不觉诸症悉除，直可以一笑而置之矣"，故得此名；所谓"失笑"是指不由自主地发笑，但有人则误译作 Powder for lost smiles，与原意刚好相反。类似这些因缺乏专业知识或误解词义而导致的误译，并不鲜见，给中医技术与文化的对外传播造成了消极影响。第四，外译的数量和传播面、影响度还非常有限。中医药要进一步"走出去"，就必须解决上述问题。

三 新"丝路"背景下的对外传译策略

如上所述，虽然中医药的对外传译已经取得了令人瞩目的成绩，但确实还存在一些问题。如何让中医药更好地走向世界，进一步扩大其影响，还需要不断探索。中央提出"一带一路"发展战略，将会带动各领域更加广泛的国际交流与合作，这显然给中医药的国际传播也带来了新的机遇。

在这一背景下，有关方面应该积极谋划，充分利用古代丝绸之路中医药传播的历史基础和经验积累，积极开辟新途径，进一步推进中医药的国际化发展。我们认为，应该在以下几个方面不懈努力。

（一）加强中医资源挖掘与整理

中医不仅是宝贵的医学资源，也是难得的语言学资源和文化资源。加强中医资源的研究、整理及利用，有助于中医更好发展、传承和国际传播。

1. 整理和研究中医药词语

中医语言属于一种行业语言，其中既有人们共知通用的基本词语，也有大量不为一般人所熟悉的专业术语，这是汉语非常宝贵的特殊资源。

中医药典籍（包括传世医药文献与出土医药文献）承载着丰富的语言资源，特殊词语数量众多、形式多样、内涵丰富，例如关于病症、人体、诊治、健康、方药、剂量、炮制等各方面的词语颇具特色，广泛分布于各个时期的医药典籍之中。目前已有不少中医学综合性词典和中医药典籍专书词典陆续出版，它们收录了大量中医词汇。例如综合性词典《中医大辞典》（人民卫生出版社 1995 年），收录中医药词语约 4 万条；《中医辞海》（中国医药科技出版社 1999 年），共收录中医学相关词语 5 万余条；《新汉英中医辞典》（中国医药科技出版社 2003 年），收录中医词语 6200 条；《中药大辞典》（上海科学技术出版社 2006 年），收录 5767 味药物，每味药物除正名之外，还有不少异名；《中医方剂大辞典》（人民卫生出版社 2005 年），收录约 10 万个方剂名。又如专书词典《内经词典》（人民卫生出版社 1990 年）收录词语 5580 个；《本草纲目大辞典》（山东科学技术出版社 2007 年）收录词语 15178 条，其中绝大部分是医学专科词语。

但相关研究还比较薄弱，可做的工作还很多。举例来说，第一，还有许多医学词语未被目前的医学辞书收录，例如笔者曾统计过简帛医学文献记录的医学词语，共计 2400 余个，其中就有一些不见于传世医学文献和医学辞书。第二，许多词语的定义还存在不同的看法，需要进一步研究。第三，对于一些特殊词语形式也有必要进一步整理和研究。例如中医药对同一种现象或相同物品的称谓，往往有不同的词语形式，形成了同物异名现象。例如疾病名"痢疾"，中医还有"肠澼""滞下"等称谓。吴谦《医宗金鉴·杂病心法要诀·痢疾总括》："肠癖、滞下，古痢名。"① 而在该疾病名之下，又有噤口痢、水谷痢、风痢、休息痢、热痢、寒痢、湿痢、五色痢等不同类别的病名。又如表示疾病痊愈的词语有"愈、瘳、瘥、知、起、间、已、除"等，但它们的意义并不完全相同，其中或是专指，或是兼指。即使在同一种医书中，也可能有不少同义词语。例如隋代巢元方《诸病源候论》的"秘难、秘涩、㑻、㑻实、㑻鞕"等病症词语均表示便秘，而《黄帝内经》表示便秘病症却仅用"闭"。② 第四，中西医术语对比研究也十分重要。中医与西医属于两种不同的医学体系，其术语系统自然存在较大区别。一部分术语可以大体对应，如中医病症名"消渴病""心悸"，可大体分别对应西医的"糖尿病""心律失常"；另一部分不相对应，如中医病症名"咳嗽"，又分为寒咳、热咳、燥咳、火咳、虚劳咳等，而西医却统称作"气管炎"。两种医学体系的语言差异，给中医对外传播与交流造成了较大障碍。这些现象都需要深入研究。

丰富的中医语言资源，可以为汉语词汇研究与辞书编纂提供大量的珍贵资料，语言学界也应高度关注和发掘利用，并服务于中医药的对外翻译和国际传播。

2. 发掘阐释中医药文化内涵

中医药具有丰富的文化内涵，是中国文化颇具特色的组成部分，应该认真研究总结，以便于在推广医学的同时，阐释和传播中国文化。这里只谈两个方面。

（1）哲学思想

中医学在形成和发展过程中，受到古代哲学思想的深刻影响，它运用精气理论、阴阳学说、五行思想等中国古代哲学重要成就，阐述了关于生命、健康、疾病等系列医学问题，构建了独特的医学理论体系，形成了充满哲学内涵的中医表达系统。例如中医以"天人合一"的哲学思想为基础，将人体看作一个小宇宙，把人体关键部位命名为"门"，于是在人体词语中，就有"~门"的词语聚合。中医将先天精气蕴藏之所称作"命门"，意思是维护生命之门；将毛孔称为"气门"，意思是阳气散泄的门户；把子宫口称作"子门"或"胞门"，意思是胎胞出世之门；将食物自

---

① （清）吴谦等：《医宗金鉴》，人民卫生出版社，1982，第500页。
② 郭颖：《〈诸病源候论〉词语研究》，上海人民出版社，2010，第83~87页。

入口至排泄所经过的七个要冲部位称作"七冲门"。《难经·四十四难》云："唇为飞门，齿为户门，会厌（食管与气管相会处）为吸门，胃（特指胃上口）为贲门，太仓（胃）下口为幽门，大肠小肠会为阑门，下极（肛门）为魄门，故曰七冲门也。"① 这些"～门"的人体词汇，内涵丰富，体现了中医的哲学思想。

（2）文化积淀

中医学深受我国古代各种文化的影响与浸润，打下了深刻的烙印，文化积淀丰厚。仅从其名词术语的构成，就可以领略丰富多彩的中国古代文化。例如"三才封髓丹""交泰丸""清震汤"等方药名称体现了易学思想，《寿世保元》《太乙神针方》《赤水玄珠》等医籍名与"炼真丸""太素膏""逍遥散"等方药名体现了道家思想，而《慈惠方》《普济方》《救生苦海》等医籍名以及"观音散""卧佛汤""金刚丸"等方药名则体现了佛教思想。又如中医受到儒家的正名思想与入世观念影响，用官阶来说明脏腑的功能。《素问·灵兰秘典论》："心者，君主之官，神明出焉。肺者，相傅之官，治节出焉。肝者，将军之官，谋虑出焉。胆者，中正之官，决断出焉。膻中者，臣使之官，喜乐出焉。脾胃者，仓廪之官，五味出焉。大肠者，传道之官，变化出焉。小肠者，受盛之官，化物出焉。肾者，作强之官，伎巧出焉。三焦者，决渎之官，水道出焉。膀胱者，州都之官，津液藏焉，气化则能出矣。凡此十二官者，不得相失也。故主明则下安……主不明则十二官危。"②

（二）创新中医孔子学院建设

中医孔子学院是由国外大学联合我国知名中医药院校在国外设立的教育机构，又称为"仲景学院"。据报道，国家汉办已正式批准设立了两所中医孔子学院，分别是 2008 年成立的英国伦敦南岸大学中医孔子学院、2010 年成立的澳大利亚皇家墨尔本理工大学中医孔子学院。另外还有几所正在筹建之中，如河南中医学院与哥伦比亚曼努埃拉·贝尔特兰大学共建中医孔子学院，上海中医药大学与美国佐治亚瑞金斯大学合作举办中医孔子学院。与一般的孔子学院相比，中医孔子学院突出中医特色，将中医和

---

① 凌耀星：《难经校注》，人民卫生出版社，1991，第 25 页。
② 郭霭春：《黄帝内经素问校注语译》，天津科学技术出版社，1999，第 54 页。

汉语、中国文化融合在一起，学生以学习中医为主，兼学汉语。通过中医孔子学院这类教育机构，既可以更好地传播中医，促进中医与其他医学的交流，也可促进汉语和中国文化的国际传播，同时也能够培养中医翻译人才，为中医的对外传译奠定人才基础。目前从两所中医孔子学院的办学效果来看，它们已在中医药文化的对外交流方面取得了较理想的成绩。

但很明显，目前中医孔子学院的数量太少，影响力有限，国家应当引导国内中医药院校和相关研究机构，积极与国外大学合作，争取设立更多的中医孔子学院。同时，要积极创新办学模式，探索多样化的中医传播途径和方式。

（三）大力培养中医翻译人才和海外中医人才

中医的对外传译，关键在人才。由于从事中医国际传播和中医翻译的人员需要兼具中医、古代汉语和外语、文化等多领域的专业知识和能力，而这些专业领域之间的跨度较大，一般人难以兼通，因此必须有计划、有针对性地培养这方面的专门人才。

鉴于目前的情况，建议国家在高水平中医院校建设"中医＋外语"的专业化中医翻译人才培养基地，以加快急需人才的培养步伐，提高培养质量。

随着我国对外交流的不断深入，中医药技术和疾病治疗理论逐渐被他人所认识，越来越多的外国人慢慢理解和认可中医治病，甚至在某些地区形成了"中医热"。近年来，到我国学习中医的留学生数量明显增长。这些中医学专业的留学生，来源国家和地区较广，是可资利用的人才资源；通过这些留学生，能够为中医技术、典籍及文化的对外传播提供极大便利。以广西中医药大学为例，每年都有数十名来自东南亚国家的留学生学习中医。东南亚国家与我国地缘相近，人缘相亲，民众普遍对中医有较高认同度。这些国家的留学生专业学习热情高，学习效果好；而学成归国的学生也陆续取得较好业绩，为中医向东南亚国家的传播做出了贡献。又如北京中医药大学自20世纪90年代以来已在德国、英国、美国、俄罗斯、新加坡等十多个国家和地区建立了各种类型的中医药教育机构，联合培养本科生、研究生，培养从事中医药职业的技术人员，并取得了很好的成绩。①

---

① 谭欣：《开拓中医药教育服务海外市场》，《中国中医药报》2012年5月30日。

事实表明,中医学专业的留学生是中医向海外传播的重要力量。因此,国家有关部门与中医药高等院校应当采取必要措施,吸引更多留学生来我国学习中医;同时,与相关国家合作,在海外联合培养中医人才。在"一带一路"建设大背景下,也应制定相应的中医人才培养计划,乘势推进中医在"一带一路"沿线国家和地区的传播。此外,还要充分发挥现有的中医学专业留学生和联合培养的海外中医人才资源的作用,让他们成为中医对外传播的重要参与者、实践者和贡献者。

(四)努力提高术语和典籍外译质量

就目前的情况看,我国中医典籍和术语的外译不仅总量有限、语种单调,而且有些译著的质量也存在一些问题,因此国家应组织高水平翻译队伍,实施中医术语和典籍的多语种系统翻译工程,重点开展对中医药重要典籍和关键术语的翻译或修订工作,为确保翻译质量和中医药国际传播提供可靠范本。

四 结语

2014年,国务院副总理刘延东在与第二届国医大师座谈时指出:"中医药是我国独特的卫生资源、潜力巨大的经济资源、具有原创优势的科技资源、优秀的文化资源、重要的生态资源。"[1] 那么在国家实施"一带一路"重大战略中,具有多重资源优势的中医药应该有较大作为。可喜的是,国家有关方面已经行动起来。2015年5月,国务院颁布了《中医药健康服务发展规划(2015-2020年)》,国家中医药管理局也发布了参与"一带一路"建设的规划。根据相关规划,国务院将遴选可持续发展项目,与"一带一路"沿线国家开展中医药交流与合作,提升中医药健康服务的国际影响力。[2]

近年来,中医对外传播得到了国家高层的重视和支持。2010年,时任国家副主席习近平出席了澳大利亚皇家墨尔本理工大学中医孔子学院的授牌仪式,并指出"中医药学凝聚着深邃的哲学智慧和中华民族几千年的健康养生理念及其实践经验,是中国古代科学的瑰宝,也是打开中华文明宝

---

① 魏敏:《中医药"五种资源"定位富于创见鼓舞人心》,《中国中医药报》2014年11月3日。

② 王皓然:《中医药如何借力"一带一路"》,《经济参考报》2015年5月15日。

库的钥匙"。① 2013 年，国家主席习近平会见世界卫生组织官员时表示，中国政府将促进中西医结合及中医药在海外发展，推动更多中国生产的医药产品进入国际市场。② 相信在国家的支持下，在相关方面的共同努力下，中医药文化的对外传译工作将迎来新的高潮。

---

① 吴黎明：《习近平出席皇家墨尔本理工大学中医孔子学院授牌仪式》，新华网，2010 年 6 月 20 日。
② 杜尚泽：《习近平会见世界卫生组织总干事陈冯富珍》，《人民日报》2013 年 8 月 21 日。

附录　报刊选录

"一带一路"需要合适的
话语体系

赫　琳[*]

[**编者按**]"一带一路"构想提出后，迅速成为国内最热门的话题，但其中某些话语可能会产生误解和抵触。因此，有必要重新审视关于"一带一路"的各种话语表达，构建得体的话语体系，更多地争取国际社会的理解和支持。

我国关于建设"一带一路"战略构想的提出，为新一轮对外开放和区域合作描绘了美好的前景，举世瞩目，得到了很多国家的支持和响应。但应该看到，也有一些国家和地区持观望态度，甚至出现了某些质疑和误解，其中固然有国际政治、经济等多方面的原因，但与我们关于"一带一路"的某些不尽恰当的话语表达似乎也不是没有关系的。据我们观察，"一带一路"构想提出后，迅速成为国内最热门的话题，相关宣传、解读、呼应、畅想铺天盖地，形成了非常强劲的舆论氛围。这对于推进"一带一路"建设固然具有积极的意义，但值得注意的是，其中某些话语站在他国的角度看，会有不爽之感，甚至可能产生误解和抵触。因此，有必要重新审视关于"一带一路"的各种话语表达，调整某些不恰当话语，构建得体的话语体系，以避免引起他人对"一带一路"构想的误解和担忧，更多地争取国际社会的理解和支持。

话语基调居高临下，令人误解

就现有的一些关于"一带一路"的说法看，话语基调与中央"一带一

---

* 赫琳，武汉大学文学院教授，中国语情与社会发展研究中心副主任。本文原载 2015 年 12 月 16 日《中国教育报》。

路"构想的主旨不完全合拍，容易让人产生误解。主要表现是，有些解读片面强调中国自我的动因和需求，或者一味强调对他人的帮助。这两种表达容易让他人产生中国在倾销、扩张或施舍的错觉。其实，这与我国关于"一带一路"所提出的"秉持和平合作、开放包容、互学互鉴、互利共赢的理念"，"打造政治互信、经济融合、文化包容的利益共同体、命运共同体和责任共同体"的主旨是不太吻合的。例如谈到"一带一路"提出的背景和动因时，不少文章都与"产能过剩""外汇资产过剩"紧密联系，这容易让人感到，中国提出"一带一路"就是向外倾销其产能、产品等，由此产生扩张之嫌。例如，2015 年 1 月 4 日新华网文章标题就是《"一带一路"提供消化过剩产能路径》，2015 年 4 月 2 日经济日报发表的文章说："'一带一路'战略通过政策沟通、道路联通、贸易畅通、货币流通、民心相通这'五通'，将中国的生产要素，尤其是优质的过剩产能输送出去。"诸如此类，不胜枚举。

利用百度指数考察可以看出，"产能过剩"在"一带一路"提出之前一直处于平稳的使用状态，2013 年急剧攀升，当年 10 月达到最高值。笔者在 2015 年 10 月 26 日使用百度搜索"一带一路产能过剩"，得到了 6，330，000 个搜索结果。可见人们将"产能过剩"和"一带一路"紧密联系起来了。"产能过剩"一般指生产能力或生产的产品数量、能够处理的原材料数量超出市场消费能力。一些发达国家，如美国、德国、日本等都出现过产能过剩的情况，他们往往利用企业破产、兼并重组、扩大内需、贸易输出等多途径消化或输出过剩产能。我们将"一带一路"跟"产能过剩"直接挂钩，是不合客观实际的。据有关资料看，我国目前还没有一个"产能过剩"的严格标准。从全球统计数据看，中国的产能利用率跟其他国家相比也不算低。将"一带一路"提出的背景和动因主要归为"产能过剩"既不合实际，又矮化了"一带一路"建设的伟大意义。同样的道理，把"一带一路"的提出与"外汇资产过剩"挂钩也是不合适的。

又如，2014 年 8 月 11 日中国经济网刊发的一篇文章说："随着中国经济的崛起和腾飞，中国在更多方面有能力帮助别国。""中国的发展经验和成果，可以为中亚等各国借鉴。"2014 年 6 月 5 日人民网的文章说："共建丝绸之路经济带的核心任务是发展经济，逐步扩大中国在国际上的影响力。"百度百科介绍"一带一路"战略说："'一带一路'作为中国首倡、高层推动的国家战略，对我国现代化建设和屹立于世界的领导地位具有深远的战略意义",是"我国成为世界强国的重要路径"。"这是中国在近200年来首次提出以中国为主导的洲际开发合作框架。"这些表述对于体现我国在"一带一路"建设中的重要作用,以及表达"一带一路"建设对于我国发展的重要意义,当然是正确的。但面对国际受众,很容易被人解读为居高临下、张扬自我、谋求主导地区和世界的理念和姿态,尤其是像"中国的发展经验和成果,可以为中亚等各国借鉴"之类的说法,很容易被误解为对他国指手画脚,不利于有关国家的理解和支持。

关键词语火药味浓,让人生畏

2015年3月28日,国家发改委、外交部、商务部联合发布《推动共建丝绸之路经济带和21世纪海上丝绸之路的愿景与行动》之后,国内相关地区纷纷响应,各地就本地在"一带一路"建设中的地位和作用发表看法,推出各项举措。于是出现了很多充满激情的表达,例如:要建设"面向南亚、东南亚的辐射中心""东北亚区域的核心区域""21世纪海上丝绸之路核心区",做"21世纪海上丝绸之路建设的排头兵和主力军",打造"大湄公河次区域经济合作新高地""向西南开放的重要桥头堡","从'桥头堡'迈向'一带一路'","无论是'东出海'还是'西挺进'都将使我国与周边国家形成'五通'"。"排头兵""主力军""高地""桥头堡""西挺进"等原本是军事用语,虽然这里使用的都是比喻义,但它们含有的那种进攻性色彩仍然很明显,听起来咄咄逼人,令人惧怕;与此相近,"辐射中心"和"核心区域"强化了中国在"一带一路"建设中的核心作用、主导地位,对内使用当然没有问题,但对外宣传欠妥当,因为容易让人感到你想主宰别人,会让人感到威胁。

需要进一步强调的是,上述表达中的那些关键词本来是汉语的常规表达,如果是纯粹的国内宣传也未尝不可,但忽视了"一带一路"建设是与相关国家的共同行动,我们面对的受众还有众多国家,相关的任何表述如果不考虑其他国家受众的感受,忽视文化差异,完全按照中国人的表达习惯进行国际对话,就难免会使对方产生不解或误解。我们在倡导"民心相通"的同时,却习而不察地使用了一些在他人看来颇具攻击性的词语,不能不说是一个很大的疏忽。国外有人之所以错误地认为"一带一路"规划是中国的扩张性战略,是让中国过剩产能"走出去"的"中国版马歇尔计划",除了政治经济原因之外,跟我们话语表达不合适,也是有着一定关系的。

要把事做好，先把话说好

"一带一路"建设是相关国家合作共赢的大好事。如果要想把这件事做好，首先要构建得体的话语体系，发出合适的声音，让他人能听得明白，听得悦耳，听得放心，正确理解我们的善意。这样才能赢得信任和支持。

要把话说好，必须充分考虑对谁说、怎么说的问题，必须充分考虑话语效果反馈，也就是我们的话语最终能起到什么作用，所以必须讲究言语策略，得体表达。为避免话语失当造成负面影响，必须努力建构合适的"一带一路"话语体系。为此我们建议如下：

第一，要校准话语基调，按照中央关于"一带一路"建设的精神，构建以合作共建、互利共赢为主旨的话语体系，充分体现"亲诚惠容"的主旋律。

第二，系统整理关于"一带一路"建设的关键性词语，在充分研究"一带一路"沿线国家的文化、政治生态和语言表达习惯的基础上，有针对性地优选词语，调整不合适表达，尤其对涉及"一带一路"核心理念的表述，要选好词句，明确阐释其内涵，避免歧义和误解，以求最佳表达效果。

第三，组织不同领域专家，专门研究涉及"一带一路"关键词语的外文翻译问题，一一确定相关重要语种的对译形式，对外发布，引导社会规范使用，也为相关国家提供翻译样本，以免误译误用，为国际上正确理解"一带一路"理念创造条件。

第四，增强"一带一路"话语权意识，针对国际上有关话语反馈，进行及时、灵活、有效的应对，争取主动，避免被动，为"一带一路"建设的顺利推进，营造良好的话语环境和人文环境。

语言服务是
"一带一路"的基础保障

赵世举[*]

[**编者按**] 2015 年，"一带一路"建设的全面展开为中国走向世界提供了新的契机。"一带一路"沿线涉及多个民族、国家和语言，在这一复杂的环境中，如何做到顺畅沟通，势必成为影响战略实施成功与否的重要因素。相应的语言规划和政策研究，已成为具有特殊意义的学术领域，有关思考更成为语言学界在 2015 年关注的热点与焦点。

"一带一路"建设这项以经济建设为主导的造福沿线国家乃至世界的宏伟事业，既充满诱人的前景，也面临着诸多的困难、挑战乃至阻力，需要相关方面凝聚共识，齐心协力，稳步推进。其中，语言服务是不可或缺的重要基础保障和先导工程，亟须深入研究，未雨绸缪，及时跟进。

语言服务的主要层面

语言作为重要的交际工具和文化载体、文化要素，在"一带一路"建设中有着广阔的用武之地。笔者曾从"一带一路"建设可能的需求角度提到五大方面：语言文化融通需求，语言人才需求，语言产品需求，语言应用服务需求，语言文化历史资源的发掘与利用需求。若从语言功能视角看，我们认为，语言至少可为"一带一路"建设提供如下服务。

1. 交际服务

这是语言的基本服务功能。"一带一路"建设带来了更加广泛、频繁而深入的国际交流与合作，语言环境更为复杂，日常交际所需要的语言服

---

  [*]   赵世举，武汉大学文学院教授、国家语委中国语情与社会发展研究中心主任、国家汉办汉语国际推广教学资源研究与开发基地执行副主任。本文原载 2016 年 1 月 5 日《中国社会科学报》。

务不仅会数量大增,而且更加多样化。不仅需要熟悉各国官方语言,也需要熟悉相关地区通用语言乃至地方土语;不仅需要满足一般交际需要,还要满足经贸谈判、法规政策咨询、工程实施、纠纷调解、学术合作等专业语言需求。但就我国现有的情况看,仅满足交际服务,就需要付出巨大的努力。因为"一带一路"沿线语种多,分布复杂,而我们过去重视不够,相应的储备非常有限,难以满足所需,这将成为"一带一路"实施的一大瓶颈。

2. 通心服务

"一带一路"建设的核心内容是"五通"。而语言相通则是实现"五通"的最重要基础。因为要实现"五通",必须要让相关国家能够正确地理解、认同和接受我们的主张和做法,从而愿意合作,这就需要发挥语言的作用。只有语言是能够直通人心的钥匙,通过语言的有效沟通及相伴的文化交流,让对方了解我们的愿景和善意,我们了解对方的想法和需求,实现相互理解,增进互信,融通人心,这样才会使铺路架桥、经贸往来有了可能。如果人心不通,任何合作都寸步难行。因此,要充分利用语言来搭建人心联通桥。通过语言文化交流,夯实民意基础,深植社会根基,为经济合作和政治对话创造有利条件。

"一带一路"建设,通心尤其重要。因为这些地区涉及国家众多,地缘复杂,政治、领土、资源、宗教、民族、语言、文化等矛盾交织,大国博弈不断,这就特别需要加强沟通,及时把握动态,准确研判形势,化解隔阂和误解,增进互信和友谊,争取民心。特别是在某些国家渲染"中国威胁论"、曲解"一带一路"、制造周边紧张局势的形势下,尤显重要。

3. 话语构建服务

"一带一路"愿景发布之后,在国内外产生了强烈反响,相关表述、解读、评论、行动计划等铺天盖地。认真观察这些舆论宣传可以发现,有些表达尤其是对外表达,还有需要再加斟酌的地方。如有学者所指出的,有些表达只是一味地站在我们自己的立场上说话,没有考虑他人是什么感受、怎么理解和能否接受,给人以居高临下之感,有的用词也充满火药味,据报道,某电视节目用吉尔吉斯语翻译"一带一路",意思竟是"在丝绸之路上的重点进攻",令人诧异。这很容易引起他人误解、担忧、警惕甚至反感,也会给别有用心的人以口实,不利于"一带一路"建设的实施。因此,充分研究我国"一带一路"愿景的基本思想和相关国家的政治、经济、文化及话语风格，用他人能听懂易接受的语言构建合适的"一带一路"话语体系，迫在眉睫。尤其是一些关键概念的表达，特别需要精心选词，准确阐释，得体外译，以便他人正确理解我们的意图，避免歧义和误解。这也是语言服务一个很重要的方面。

4. 资源服务

语言文字是宝贵的多功能资源，充分发掘和利用语言文字资源可为"一带一路"建设提供多方面的服务和支持。这方面空间巨大。

从学术服务来说，可以利用"一带一路"沿线语言文字自身的历史积淀，来研究相关民族语言的接触史和民族交往史，为"一带一路"建设提供历史依据和借鉴；从中外古代语言文献中挖掘有关丝绸之路的珍贵史料，为当代"一带一路"建设提供参考；研究借助语言传承的跨民族跨国家的非物质文化遗产，促进国际文化交流与合作，以增进友谊和认同；研究沿线国家及民族的语言文化禁忌，加深彼此了解和相互尊重，服务现实交往；等等。

从应用开发来说，可以配合"一带一路"建设的实际需要，联合相关国家开发不同语种的各类语言学习资源和产品，搭建语言服务平台；利用跨境语言文字，携手周边国家合作开发文化产品；还可以借助语言文字所承载的文化资源，开发特色旅游项目；等等。

5. 信息服务

据研究，人类信息的80%以上是依靠语言文字呈现的。通过语言文字媒体实时了解、分析有关国家和地区关于"一带一路"的各种信息，提供给有关方面参考，这对于保障"一带一路"建设的顺利实施也是至关重要的。

服务的当务之急

以上只是大而言之，语言服务难以穷尽，而以下几点则是当务之急。

1. 加快培养语言人才

"一带一路"建设所需要的语言人才缺乏，亟待加快培养，这是毋庸置疑的。但笔者认为，应在科学预测、国家统一规划的基础上有序展开，不宜一哄而上。不宜一味培养传统意义上的专门语言人才，应注重多样化语言人才培养，以适应不同类型的人才需求，重点应是：一是急需的专门语言人才，包括外向型的母语人才和紧缺的非通用语人才；二是外语＋区域研究或国别研究的定向型人才;三是外语 + 专业(如经济、法律、工程技术、医学等)的复合型人才;四是相关的语言技术人才。与此相应,人才培养模式和手段也应该多样化。同时,还应该重视"当地化"语言人才培养,即在服务的当地培养懂汉语的人才。

2. 创新服务方式

应充分利用现代技术手段,开创灵活多样的语言服务方式和手段,最大限度地满足各种不同的语言需求。其中,最为重要的就是充分利用互联网和各种移动通讯平台(如短信、微信等),构建广覆盖、多样化的语言使用服务平台和多语言咨询服务平台。其中包括远程语言翻译服务、知识咨询和各种业务咨询、生活服务咨询、紧急求助等。有企业打造的"语联网",将传统的翻译行业和语言处理技术、云计算技术和 SNS(社会化网络服务)相融合,可为用户提供随时随地的翻译服务,就是颇具前景的服务创新。而目前正拟搭建的"一带一路"多语信息平台,更具有现实针对性。这些新兴的语言服务方式,可大大缓解语言人才不足和语言资源不均等问题。

3. 开发便用工具

除了传统的纸质小词典、口袋书之外,需要开发便携实用的多语言电子词典、多语言翻译器、跨语文阅读器、自动嵌入邮件翻译器、便携式多媒体语言学习器等。

4. 加强规划引导

服务"一带一路"的语言建设,已引起有关方面的重视,不少单位已在行动,令人欣喜。但也应看到,"一带一路"建设涉及的国家多、语种多,地缘复杂,且是一项长远的、逐步推进的系统工程,语言服务建设必须与之匹配。既不能盲目作为,造成浪费;也不能顾此失彼,供求不均。这就需要国家有关部门做好统筹规划,引导发展,稳妥推进,逐步构建形式多样、功能互补、协调发展、优质高效的语言服务体系。

"一带一路"需要语言
服务跟进

——专家学者为"一带一路"的语言服务献计

李　　佳　李静峰*

[编者按] "一带一路"建设的全面推进，将带来丰富多样的语言需求。我国应做好相应的规划，及时启动有关建设，为"一带一路"战略的实施提供切实有效的语言服务。

国家开始实施的"一带一路"发展战略，是一项以经济建设为主导，促进沿线各国经济繁荣、政治互信、文明互鉴、共同发展，造福各国人民的伟大事业。推进这项伟大事业，离不开语言保障。

那么，"一带一路"建设中有哪些语言需求？语言领域怎样提供相应的服务？怎样利用这个机遇推进相关语言资源的开发利用、促进相关国家人文交流、发展语言产业和语言经济？为了积极回应这些重大而崭新的命题，由国家语委研究机构——中国语情与社会发展研究中心和广西大学语委主办、国家语言资源监测研究教育教材中心和国家文化软实力协同创新中心协办的"服务'一带一路'战略的语言资源建设与开发利用学术研讨会"近日在南宁举行，专家学者围绕上述主题各抒己见，为"一带一路"的语言服务献计。

语言相通是基础保障和先导工程

"一带一路"建设的核心内容是"政策沟通、设施联通、贸易畅通、资金融通、民心相通"，而语言相通则是实现这"五通"的重要基础之一。

＊　作者单位分别为中国语情与社会发展研究中心、广西大学汉语国际教育中心。本文原载2015 年 7 月 15 日《中国教育报》。

这是与会学者的共同看法。其基础性不仅表现在语言作为最重要的交流工具上，而且也体现在语言文化融通这一核心层面上。武汉大学教授、中国语情与社会发展研究中心主任赵世举认为，"五通"的关键是要搭建人心联通桥。如果人心不通，任何合作都会寸步难行。通过语言文化交流，增进彼此了解和友谊，探寻不同国家在文化、利益方面的契合点，促进文化互鉴和彼此认同，夯实民意基础，深植社会根基，可为经济合作和政治对话创造有利的条件。因此，语言文化融通是"一带一路"建设的基础工程、先导工程和民心工程。厦门大学教授、国家语言资源监测研究教育教材中心主任苏新春则认为，"一带一路"的延伸，首先是语言先行、沟通先行、发展和谐关系先行。应在"一带一路"所经之路，所往之国，打开语言认知、沟通的大门，更好地铺设起一条康庄大道。

教育部语言文字应用研究所副所长魏晖提出，语言互通应包含在"一带一路"互联互通的建设内容之中，纳入"一带一路"建设规划。他还提出了语言互通的四条途径：选择沿线国家较常用的一种或多种国际通用语作为主要交际语；推行沿线国家比较认可的一种或多种语言作为主要交际语；提升个体语言能力；发展机器语言能力。

基于上述认识，很多相关问题得到了此次会议的关注。中国社会科学院民族学与人类学研究所研究员黄行在发言中指出，我国与"一带一路"国家分布着许多相同的语言，绝大多数跨国语言使用不同的文字体系，有的即使文字体系相同但字母设计存在一定的差别。而文字的差异不仅会影响书面交际行为，甚至可能导致文化传承、标准语认同和语言政策的差异。深入研究这些问题，制定恰当的交流合作策略，努力避免文字差异带来的各方面分歧、误解和冲突，是"一带一路"建设非常值得重视的课题。新疆大学教授王新青翔实深入地分析了中亚五国较复杂的语言状况及语言政策，为推进我国与这些国家的语言文化融通提供了重要参考。武汉大学教授、中国语情与社会发展研究中心副主任张延成则运用现代信息技术手段，对国内外丝路语言研究文献信息进行了挖掘分析，探讨了为打造"人文丝路"和为丝绸之路建设提供信息服务的重要性和可行性。

语言需求丰富多样　语言服务大有可为

"一带一路"建设是一项综合性、长期性的伟大事业，是国家发展的全方位推进，因而对语言的需求也将是多层面、全方位的。赵世举在发言中分析了语言五大需求：一是语言文化融通需求；二是语言人才需求，包括专门语言人才和"语言＋专业（工程技术、商贸、法律、文化艺术、政治等）"的复合型人才；三是语言产品需求，包括语言学习产品、语言应用产品和语言文化产品；四是语言服务需求，包括语言环境建设、话语策划、翻译、语言培训、产品命名、语言资源平台等；五是"一带一路"语言文化历史资源的发掘与利用需求。

面对"一带一路"建设的语言需求，语言服务大有可为。赵世举提出，应从如下几个方面入手：一是制定专门的语言服务规划，为"一带一路"建设提供有针对性的语言服务；二是加快培养语言人才，针对不同区域、不同领域、不同层次的需求调整语言人才培养布局，改革培养模式，优化培养体系，提高培养质量；三是创新语言资源开发，尤其要重视对语言的文化资源和历史资源的挖掘利用，以及对语言产品的研发，在服务"一带一路"建设的同时，推动语言产业、语言经济的发展；四是构建相应的语言服务体系，包括语言使用服务、语言人才服务、语言资源与平台服务、语言技术服务、语言应急服务、语言咨询服务等。

广西大学语委副主任、文学院副院长黄南津教授从资源视角和战略高度呼吁，在推进"一带一路"建设之时，应进一步深入研究语言资源的保护、建设及开发利用，重视语言的沟通交际价值、政治价值、经济价值的发掘，为推动"一带一路"建设提供优质语言服务，并借以获取族群和谐、区域安全、经济发展等多方面的利益。

《云南师范大学学报》（对外汉语教学与研究版）常务副主编李德鹏则以云南省为例，探讨了面向"一带一路"的区域性语言服务问题。他指出，云南省的语言服务主要有语言翻译、我国与东南亚及南亚的跨境语言研究和舆情监测三大方面，并分析了存在的问题及对策。

语言能力建设迫在眉睫

就现实而言，由于我国长期主要聚焦于欧美语言，对"一带一路"区域的语言关注不多，准备不足。无论是熟悉的语种数量、可用的语言人才，还是语言产品及相关的语言服务，都难以满足"一带一路"建设的需要。苏新春对近十年来我国人文社科类五大研究基金支持的语言类研究项目进行了精细的统计分析，从一个侧面证实了上述问题的存在。因此，适当调整我国语言规划，切实加强语言建设，提高语言服务能力已是当务之急。

国家语言文字政策研究中心副主任、上海教育科学院高教研究所副所长张日培从提升我国语言服务能力出发，提出了服务于“一带一路”的语言建设应该重点研究的七大问题：中西部现代化进程提速背景下的语言资源保护；跨境语言与周边安全；丝路外语教学政策与规划；沿线国家和地区的汉语传播；沿线国家和地区的华语教育；“一带一路”话语体系；语言智库建设与研究。并据此制定相应的语言规划。魏晖也就加强语言能力建设提出了四个重点：国别研究；具体问题研究，如结合投资、建设、贸易、旅游等相关语言能力研究，并将研究成果产业化、产品化、实用化；比较研究，如沿线国家语言文字比较研究、语言政策研究等；协同创新，即注重不同学科协同、沿线国家之间的协同等。中国语情与社会发展研究中心语情监测分析室副主任李佳则就调整我国外语人才培养格局，尤其是优化地区布局发表了看法。

与会学者认为，“一带一路”建设的全面推进，将带来丰富多样的语言需求。我国应做好相应的规划，及时启动有关建设，为“一带一路”战略的实施提供切实有效的语言服务，同时推进语言学科开拓创新。

服务"一带一路"语言资源
研讨会在广西大学举行

张　莺　焦学振[*]

新华网南宁 6 月 10 日电（张莺、焦学振）近日，"服务'一带一路'战略语言资源建设与开发利用学术研讨会"在广西大学举行。

来自广西、北京、上海、武汉、福建、新疆、云南多所科研机构及重点院校的语言学专家，在会上对习近平总书记提出的"丝绸之路经济带"和"21 世纪海上丝绸之路"（简称为"一带一路"）战略构想进行研讨，就"一带一路"研究现状与构想，实施"一带一路"战略涉及的语言学导向变化、语言能力、言语需求及服务对策、跨境语言与文字、丝绸之路语言研究的挖掘与利用，以及实施战略的重要区域广西、云南的语言资源开发利用与语言服务，中亚国家的语言状况及语言政策等论题发表了具有深度和广度的见解。

学者们认为，实施"一带一路"战略离不开语言保障。而相应的语言服务如何跟进、怎样配合这一战略进行语言资源开发利用，促进相关国家人文交流，发展语言产业和语言经济等，是重大而崭新的命题，也是国家急需应对的现实问题，语言学科应对此重大问题进行深入思考与研究。

会议在广西防城港市北师大阳光实验学校分会场进行广西语言资源演示交流，防城港市语委参与组织演示。北师大阳光实验学校师生及归国华侨分别用普通话、粤语、桂柳官话、客家话、壮语、京语诵读诗文。

本次研讨会由中国语情与社会发展研究中心、广西大学语言文字工作委员会主办，国家语言资源监测研究教育教材中心、国家文化软实力协同创新中心（武汉大学）协办。

＊　原载新华网广西频道：http://www.gx.xinhuanet.com/newscenter/2015 - 06/10/c_1115574744.htm。

"一带一路"建设推动语言
战略研究及相关事业发展

徐 祎[*]

　　随着中国"一带一路"战略的提出,跨境贸易、新金融机构、基础设施建设等成为人们关注的议题。同时,"一带一路"建设的全面推进,也必将带来丰富多样的语言需求。为配合国家"一带一路"战略的实施,有关方面已着手开展相关的语言战略研究及相关事业建设,努力为"一带一路"建设提供切实有效的语言服务。

一 "一带一路"建设推动语言战略研究

　　古代丝绸之路不仅是一条商贸的通道,还是一条文化交流之路。"一带一路"沿线中国周边国家有 29 个,涵盖人口几十亿,使用语言和方言近千种,有着巨大的差异性,是世界语言最多样化的地区之一。因此,相关语言问题研究成为中国语言学界关注的一个重点。

　　北京语言大学 2013 年秋发起建立"中国周边语言文化协同创新中心",积极研究周边国家语言和中国边疆地区民族语言,旨在培养能掌握和研究"关键语言"的人才,建立"语言互联网"。据该中心副主任郭风岚介绍,自"一带一路"倡议提出以来,中国加强了对沿线国家和地区语言乃至方言的研究。两年来,通过国内外交流合作,中心在积极培养能研究和掌握关键语言的人才,在周边国家推广汉语和中国文化,创建中国周边语言文化数据库,努力打造国家语言战略智库。除了北语,来自中国人民解放军外国语学院、中国社会科学院民族学与人类学研究所等教学与研究机构的几十名学者也参与到这项复杂而庞大的工作中。[①]

　　2015 年 6 月 6~7 日,由中国语情与社会发展研究中心会同广西大学

---

　　* 徐祎,武汉大学文学院/中国语情与社会发展研究中心汉语言文字学专业博士生。本文原载《中国语情》2015 年第 3 期。

　　① http://www.wtoutiao.com/p/n121xN.html。

语言文字工作委员会主办，国家语言资源监测与研究教育教材中心、国家文化软实力协同创新中心（武汉大学）协办，广西大学语言文字工作委员会和广西大学汉语国际教育中心承办的"服务'一带一路'战略的语言资源建设与开发利用学术研讨会"在南宁召开，来自教育部语用所、社科院民族所、上海教育科学院、武汉大学、厦门大学、广西大学、新疆大学等高校和科研院所的专家学者出席了会议。① 这次会议的主要议题是：1. 服务"一带一路"的语言建设；2. "一带一路"建设中的语言服务；3. "一带一路"沿线国家的语言文化状况；4. 我国相关地区的语言状况及发展方略；5. 面向"一带一路"的语言文化交流与语言资源开发利用。与会专家围绕这些议题进行了热烈的讨论，纷纷建言献策，取得了一批成果。其中部分成果已由《云南师范大学学报》（哲学社会科学版）分期刊出。

8月21～23日，由辽宁师范大学主办的"一带一路"战略与语言生活、语言规划、语言创新学术研讨会暨语言文字应用研究中青年学者协同创新联盟成立大会在该校召开。与会专家学者围绕国家语言能力、语言生活、语言政策与语言规划、语言创新以及"一带一路"语言战略等议题进行了研讨交流。同时，语言文字应用研究中青年学者协同创新联盟在会上正式宣告成立。该联盟是以语言文字应用研究优秀中青年学者研修班学员为主体，广泛团结全国语言文字应用研究中青年学者开展协同创新的非营利性学术团体。该联盟将在教育部语言文字信息管理司指导下，着力构建交流平台，团结中青年学者，在深入把握语言国情和语言生活的基础上，大力拓展研究领域，强化语言创新研究，推出优秀科研成果，为我国语言文字事业的改革和发展贡献力量。②

二 "一带一路"建设推动语言相关事业发展

"一带一路"战略目标是要建立政治互信、经济融合、文化包容的利益共同体、命运共同体和责任共同体。可以预见，中国将自身的产能优势、技术与资金优势、经验与模式优势转化为市场与合作优势，实行全方位开放与合作，这将极大地促进更加广泛的人文交流和教育合作，也是培养大批既懂得通用语言也精通当地语言人才、促进语言产品开发的良机。

---

① http://ling.whu.edu.cn/news/001/2015－06－14/1011.html。
② http://ex.cssn.cn/yyx/yyx_tpxw/201508/t20150826_2135576.shtml。

北京外国语大学校长彭龙在博鳌亚洲论坛 2015 年年会期间表示，为服务国家"一带一路"战略，北外计划未来 5 年内语言专业种类扩充至超过百种。据他介绍，目前北外开设语言专业 67 种，其中，蒙古语、泰米尔语、孟加拉语及菲律宾语 4 个语种专业为今年年初新设。彭龙告诉记者，"一带一路"建设过程中，需要大量通晓两国语言、了解双方文化的非通用语人才，在与我国建交国家中，仍有 38 个官方语种在我国还未开设相关教育专业。①

为跨越语言障碍，实现"一带一路"沿线国家互联互通，百度推出了枢轴语言机器翻译技术，攻克了机器翻译语种覆盖度受限的难题，使得资源稀缺的小语种翻译成为可能。② 以枢轴语言为桥梁，充分挖掘"源语言－枢轴语言"以及"枢轴语言－目标语言"之间潜在的对应关系，构建大规模高质量翻译模型。例如，开发高质量的"中－泰"翻译系统，可以以英语作为枢轴语言，通过"中－英""英－泰"的丰富资源建立"中－泰"翻译模型。目前，百度翻译覆盖了全球超过 5 亿用户，每日响应近亿次的翻译请求，百度翻译开放平台为上万个第三方应用提供免费服务，即帮助普通用户跨语言获取信息和服务，自由沟通和交流，也促进了国际贸易、跨境经济文化合作。

"一带一路"战略构想的内涵之一就是打造现代化的跨国互联互通体系。③ 语言服务设施是最基础的软设施。传神以"语联网"的大客户为基础，集成应用了众多技术成果和实践，研发了面向跨国、跨语种的一系列应用产品和行业解决方案，如 Wmt365 外贸通、旅行真人译、火云译客、高校译云、国际专利等，成为多语港建设和有效运营的基础。把云计算和嵌入技术用于多语港去黏着客户门户网站，这在国际上尚无先例，它方便地将区域的门户网站直接扩展成多语港的外围信息网，使得在投资成本较低的条件下，形成动态、实时的生态多语信息转换网站。该技术已先后用在楚天多语港、广外传神多语港、金华多语港，在"点对多"的前台、后台互动服务上取得了较大的成功，为大规模普及应用多语港提供了技术和模式的保障。

河南省副省长徐济超于 8 月 16 日在郑州会见了俄罗斯联邦国务秘书、

---

① http://news.gmw.cn/newspaper/2015-03-29/content_105519754.htm。

② http://edu.ifeng.com/a/20150527/41092868_0.shtml。

③ http://mt.sohu.com/20150811/n418584326.shtml。

文化部常务副部长伊夫里耶夫·格里戈里·彼特洛维奇一行，双方就筹建中俄语言文化大学相关事宜进行了交谈。河南正深度融入"一带一路"国家战略，中俄语言文化大学的筹建，对促进双方教育、艺术和文化的发展意义重大，省政府将给予大力支持。

为进一步推动中国文化"走出去"，深化"一带一路"国家战略背景下的中外出版合作，积极发掘"一带一路"战略下的出版潜力，中国出版集团公司于8月22至24日在京召开了"第二届中外出版翻译恳谈会暨一带一路出版论坛"。① 据主办方介绍，该会议第一次在业内系统性地探讨了"一带一路"背景下的出版之路。来自海外40余位优秀的出版商、版权代理机构、作家、汉学家和翻译家应邀参会，会议还特别邀请了埃及、阿联酋、突尼斯、印度、土耳其等"一带一路"沿线国家的出版商、学者代表出席会议并作主题发言。该集团与俄罗斯、哈萨克斯坦、吉尔吉斯斯坦、土耳其、印度等国家，签署了24项版权输出协议。

央广网北京9月16日消息，来自"一带一路"沿线20余个国家的驻华外交使节本月15日齐聚北京大学，参加北京大学"一带一路"外国语言与文化系列公共课程项目启动仪式。北大宣布，在2015年秋季学期，面向全校学生开设总计40门语言和文化类课程，其中包括32门语言类课程和8门"一带一路"文化类课程，部分富余的课程资源将向北京市高校学生开放。北大副校长、教务长高松院士表示，"一带一路"外国语言与文化系列公共课程项目是北大利用自身综合优势，提升人才培养水平的一次积极探索，希望培养出更多复合型人才，为推动实施国家"一带一路"战略提供智力支持。②

三 各方观点

国家开始实施的"一带一路"发展战略，是一项以经济建设为主导，促进沿线各国经济繁荣、政治互信、文明互鉴、共同发展，造福各国人民的伟大事业。应将语言战略主动融入国家战略，积极开展语言战略研究，推动相关事业的发展，满足多样化语言需求。语言服务大有可为。

语言相通是基础保障和先导工程。"一带一路"建设的核心内容是

---

① http://news.163.com/15/0826/01/B1TJ9EL900014AED.html。
② http://china.cnr.cn/gdgg/20150916/t20150916_519884376.shtml。

"政策沟通、设施联通、贸易畅通、资金融通、民心相通",而语言相通则是实现这"五通"的重要基础之一。武汉大学教授、中国语情与社会发展研究中心主任赵世举认为,"五通"的关键是要搭建人心联通桥。如果人心不通,任何合作都会寸步难行。通过语言文化交流,增进彼此了解和友谊,探寻不同国家在文化、利益方面的契合点,促进文化互鉴和彼此认同,夯实民意基础,深植社会根基,可为经济合作和政治对话创造有利的条件。因此,语言文化融通是"一带一路"建设的基础工程、先导工程和民心工程。厦门大学教授、国家语言资源监测研究教育教材中心主任苏新春则认为,"一带一路"的延伸,首先是语言先行、沟通先行、发展和谐关系先行。应在"一带一路"所经之路,所往之国,打开语言认知、沟通的大门,更好地铺设起一条康庄大道。

世界目光聚焦"一带一路"建设,也在沿线国家引发了新一轮的"中国文化语言热",促进了汉语言文化的国际交流。中国出版集团在北京召开了"第二届中外出版翻译恳谈会暨一带一路出版论坛",第一次在业内系统性地探讨了"一带一路"背景下的出版之路。今年6月份,由北京语言大学联合国内其他7所大学,与俄罗斯普希金俄语学院等多所高校共同发起成立中俄语言文化大学。经济合作、人文交流是"一带一路"建设的两只翅膀,缺一不可。

语言需求多样化,语言服务大有可为。"一带一路"建设是一项综合性、长期性的伟大事业,是国家发展的全方位推进,因而对语言的需求也将是多层面、全方位的。赵世举教授分析了五大需求:一是语言文化融通需求;二是语言人才需求,包括专门语言人才和"语言 + 专业(工程技术、商贸、法律、文化艺术、政治等)"的复合型人才;三是语言产品需求,包括语言学习产品、语言应用产品和语言文化产品;四是语言服务需求,包括语言环境建设、话语策划、翻译、语言培训、产品命名、语言资源平台等;五是"一带一路"语言文化历史资源的发掘与利用需求。面对"一带一路"建设的语言需求,语言服务大有可为。赵世举教授提出应从如下几个方面入手:一是制定专门的语言服务规划,为"一带一路"建设提供有针对性的语言服务;二是加快培养语言人才,针对不同区域、不同领域、不同层次的需求调整语言人才培养布局,改革培养模式,优化培养体系,提高培养质量;三是创新语言资源开发,尤其要重视对语言的文化资源和历史资源的挖掘利用,以及对语言产品的研发,在服务"一带一路"建设的同时，推动语言产业、语言经济的发展；四是构建相应的语言服务体系，包括语言使用服务、语言人才服务、语言资源与平台服务、语言技术服务、语言应急服务、语言咨询服务等。广西大学语委副主任、文学院副院长黄南津教授从资源视角和战略高度呼吁，在推进"一带一路"建设之时，应进一步深入研究语言资源的保护、建设及开发利用，重视语言的沟通交际价值、政治价值、经济价值的发掘，为推动"一带一路"建设提供优质语言服务，并借以获取族群和谐、区域安全、经济发展等多方面的利益。

语言能力建设迫在眉睫，关乎国家安全。由于我国长期偏重于欧美语言，对"一带一路"区域的语言关注不多，准备不足。无论是熟悉的语种数量、可用的语言人才，还是语言产品及相关的语言服务，都难以满足"一带一路"建设的需要，加强语言能力建设迫在眉睫。国家语言文字政策研究中心副主任、上海教育科学院高教研究所副所长张日培从提升我国语言服务能力出发，提出了服务于"一带一路"的语言建设应该重点研究的七大问题：中西部现代化进程提速背景下的语言资源保护；跨境语言与周边安全；丝路外语教学政策与规划；沿线国家和地区的汉语传播；沿线国家和地区的华语教育；"一带一路"话语体系；语言智库建设与研究。并据此制定相应的语言规划。毋庸置疑，"一带一路"建设的全面推进，既会带来丰富多样的语言需求，也将面临文化差异性和文化冲突的考验。实现"一带一路"美好愿景，离不开多种文化的和谐相处。同时，一个国家总共能够了解和使用多少种语言，是国家语言能力的重要组成部分。只有了解一国的语言习惯、语言政策等，才可能对当地的文化进行深层次的了解掌握，为保护国家安全提供有效服务。据郭风岚介绍，我国正在做相应的规划，及时启动有关建设，为"一带一路"战略的实施提供切实有效的语言服务，同时推进语言学科开拓创新。比如，已经启动了对内蒙古、新疆、西藏、云南、广西边疆边境地区语言状况的调查研究，基于周边重要国家和地区调研结果的"中国周边国家语言状况丛书"和"中国边疆边境语言状况丛书"即将付梓，为国家语言战略提供咨询，为建设"一带一路"进一步提供语言保障。

面向"一带一路"建设的
语言服务问题成热点

王宇波　谭　昭[*]

2015 年 3 月，国家发布《推动共建丝绸之路经济带和 21 世纪海上丝绸之路的愿景与行动》之后，语言及相关领域也积极响应，或出谋划策，或厉兵秣马。本刊上期发表了《"一带一路"建设推动语言战略研究及相关事业发展》一文，对当前"一带一路"相关的语言规划和语言战略研究进行了综述，本期我们着重从语言服务角度加以跟进。

一　各方在行动

（一）积极研讨，献言献策

6 月 6 日，武汉大学中国语情与社会发展研究中心会同广西大学语委等机构在南宁主办了"服务'一带一路'战略的语言资源建设与开发利用学术研讨会"，相关领域专家学者济济一堂，专题研讨"一带一路"语言服务问题。新华网等媒体做了宣传报道，《中国教育报》以《"一带一路"需要语言服务跟进》为题对会议研讨成果进行了较全面综述，会议论文集将由社会科学文献出版社推出。

6 月 23 日，教育部语信司主持召开"推进'一带一路'战略背景下语言规划研究座谈会"，全面谋划服务于"一带一路"战略的语言研究规划，与会领导和专家从不同角度提出了很多很好的设想和建议。

10 月 12 日，宁夏大学举办"一带一路"战略与中国语言文化对阿传播高峰论坛"。专家们深入探讨了中国语言文化如何在阿拉伯国家更有效

---

* 王宇波，武汉大学文学院讲师，博士，中国语情与社会发展研究中心事业发展研究室副主任；谭昭，武汉大学文学院语言学及应用语言学硕士研究生。本文原载《中国语情》2015 年第 4 期。

地传播,以及如何制定国家语言文化政策来推动这一进程,提升中国文化软实力。

11月2日,教育部语言文字应用研究所和江苏师大语言能力协同创新中心在徐州主办"'一带一路'语言能力建设研讨会暨中国语言智库高峰论坛",就"一带一路"语言服务问题展开了研讨。

12月3日,国家语言资源监测与研究少数民族语言中心举办"少数民族语言中心工作研讨会暨'一带一路'民族语言服务高层论坛",与会代表就民族语言研究工作如何更好地服务于"一带一路"建设等国家战略,加强与地方政府、企业协同,共同建立"产学研"结合的合作模式等进行了热烈的讨论。

(二)增加专业,培养人才

3月28日,北京外国语大学提出,为服务"一带一路"战略,未来五年内将开设的语种数扩大至百种以上。

5月14日,广东外语外贸大学召开会议,研讨与"一带一路"相关的语言文化学科建设,提出加强东语学院与其他单位的交流,由纯语言研究向国别研究发展。

9月15日,北京大学启动"'一带一路'外国语言与文化系列公共课程",旨在培养兼具专业素养和外语交流能力、精通"一带一路"沿线国家语言的复合型人才。

9月22日,北京语言大学"一带一路"研究院(西南)和北京语言大学华文学院(西南)揭牌,旨在整合滇西科技师范学院面向南亚、东南亚的国门高校优势,以及华文教育基地和小语种人才建设基地优势,充分发挥临沧在"一带一路"建设中无可替代的区位优势和重要作用。

12月30日上午,"新丝路"国际学院在武汉工商学院正式揭牌,专门为"一带一路"国家的企业和学校培训职业人才,计划于9月份开始培训一批国际经贸(世界语方向)人才。

(三)出版书籍,发展产业

11月2日,首部"一带一路"语言服务工具书《"一带一路"沿线国家语言国情手册》在江苏徐州正式发行。该书由江苏师范大学语言能力协同创新中心牵头编著,商务印书馆出版,呈现了"一带一路"沿线64个国家的语言状况。

12月3日，宁夏大学和社会科学文献出版社举办"中阿文化交流数据库启动仪式暨''一带一路'上的语言系列丛书'首发式"，该书有助于社会了解"一带一路"沿线国家语言状况与政策。

在语言服务产业开发方面，一些企业也已着手打造面向"一带一路"的语言服务平台和产品，例如"小尾巴翻译"App采用众包人工翻译模式解决用户出国语言不通的问题；百度翻译契合国家战略需要，逐步支持"一带一路"沿线国家的语种，包括阿拉伯语、爱沙尼亚语、保加利亚语等，未来还将扩充更多语种；武汉传神信息技术有限公司通过"语联网"构建语料库，以推动语言的标准翻译工作，固定语料、术语翻译都会被放入语料库，从而实现术语的统一、语料的复用，帮助语言文化更好传播、传承。

（四）政府支持，听取建议

6月23日，教育部语信司召开"推进'一带一路'战略背景下语言规划研究座谈会"之后，研制出台了《推进"一带一路"建设语言规划研究行动方案》，并于12月批准了首批6个科研项目，鼓励各高校、科研机构以及相关企业等积极开展与"一带一路"有关的语言政策、语言规划、语言状况调查、语言保护、汉语传播、语言服务、语言产业等方面的研究，为"一带一路"建设提供语言文字基础科研支撑。

12月11日，国家发改委西部司召开"'一带一路'语言资源建设座谈会"，了解有关部门在"一带一路"沿线国家语言资源建设方面所做的工作和下一步打算，并听取了他们的建议。

二 专家献计策

（一）语言相通是基础保障

6月6日，在武汉大学中国语情与社会发展研究中心会同广西大学语委等机构主办的"服务'一带一路'战略的语言资源建设与开发利用学术研讨会"上，武汉大学教授、中国语情与社会发展研究中心主任赵世举提出，"五通"的关键是要搭建人心联通桥，语言文化融通是"一带一路"建设的基础工程、先导工程和民心工程；厦门大学教授、国家语言资源监测研究教育教材中心主任苏新春则认为,"一带一路"的延伸,首先是语言先行、沟通先行、发展和谐关系先行。相关情况本刊上期已进行了报道。

在这次会上,还有很多专家学者对语言相通的具体途径进行了阐释。教育部语言文字应用研究所副所长魏晖研究员提出,语言互通应包含在"一带一路"互联互通的建设内容之中,纳入"一带一路"建设规划。他还提出了语言互通的三条途径:选择沿线国家较常用的一种或多种国际通用语作为主要交际语;提升个体语言能力;发展机器语言能力。

中国社会科学院民族学与人类学研究所研究员黄行在发言中指出:我国与"一带一路"国家分布着许多相同的语言,绝大多数跨国语言使用不同的文字体系,有的即使文字体系相同但字母设计存在一定的差别。而文字的差异不仅会影响书面交际行为,甚至可能导致文化传承、标准语认同和语言政策的差异。深入研究这些问题,制定恰当的交流合作策略,努力避免文字差异带来各方面的分歧、误解和冲突,是"一带一路"建设非常值得重视的课题。

新疆大学教授王新青翔实深入地分析了中亚五国较复杂的语言状况及语言政策,为推进我国与这些国家的语言文化融通提供了重要参考。

武汉大学教授、中国语情与社会发展研究中心副主任张延成则运用现代信息技术手段,对国内外丝路语言研究文献信息进行了挖掘分析,探讨了为打造"人文丝路"和为丝绸之路建设提供信息服务的重要性和可行性。

9月22日,北京语言大学党委书记、中国语言文字规范标准研究中心主任李宇明教授在《人民日报》发表《"一带一路"需要语言铺路》一文,指出:"海行靠舟,陆运需车。语言,即思想之舟舆。在推进'一带一路'建设中,语言应起到铺路、搭桥的重要作用。贸易畅通、货币流通,更是离不开语言服务,需要语言支撑。"

(二)语言服务规划势在必行

6月6日,在"服务'一带一路'战略的语言资源建设与开发利用学术研讨会"上,国家语言文字政策研究中心副主任、上海教育科学院高教研究所副所长张日培将"一带一路"语言规划中的重难点问题概括为:中西部现代化进程提速背景下的语言资源保护研究、跨境语言与周边安全研究、丝路外语教学政策与规划研究、沿线国家和地区的汉语传播研究、沿线国家和地区的华语教育研究、"一带一路"话语体系研究和语言智库建设与研究等七个方面。

赵世举则将面向"一带一路"的语言建设必须满足需求总结为语言文化融通需求、语言人才需求、语言产品需求、语言应用服务需求和语言学术需求五个方面。

魏晖也就加强语言能力建设提出了四个重点：国别研究；具体问题研究，如结合投资、建设、贸易、旅游等相关语言能力研究，并将研究成果产业化、产品化、实用化；比较研究，如沿线国家语言文字比较研究、语言政策研究等；协同创新，即注重不同学科协同、沿线国家之间的协同等。中国语情与社会发展研究中心语情监测分析室副主任李佳则就调整我国外语人才培养格局，尤其是优化地区布局发表了看法。

6月23日，在教育部语信司召开的推进"一带一路"战略背景下语言规划研究座谈会上，李宇明指出，应在"一带一路"五大联通的基础上明确提出"语言互通"。他认为服务于"一带一路"的语言规划是以往语言规划研究的延伸，属于国际语言规划，重点要建设好五大工程：一是语言调研工程，二是语言人才工程，三是译介工程，四是语言服务工程，五是语言产业工程。张日培指出，服务于"一带一路"的语言规划应当统筹国内和国际语言生活两个大局，既要探讨国内语言生活、语言生态的变化趋势及其对策，又要分析沿线国家和地区的语言生活、双边和多边交流中的语言使用，更要思考旨在争取人心、赢得民意的人文交流对语言文字的需求。赵世举教授指出，要深入研究"一带一路"建设的语言需求，制定专门的语言规划，加快培养相关人才，创新语言资源开发，构建相应的语言服务体系，尤其是要在与沿线国家的语言文化融通方面发挥积极作用。他还建议，服务"一带一路"建设的语言规划应着眼于国家语言文字发展的全局和长远建设，在已有规划的基础上调整和优化。中国外语战略研究中心沈骑教授认为，"一带一路"战略面临的语言问题分为内源性、外源性、双源性、多源性四类，并建议：1. 中外合作出版沿线国家和地区语言生活状况报告蓝皮书；2. 加强对沿线国家和地区的民族志研究；3. 加强对沿线国家相关的舆情监测；4. 建设语言智库，开展针对不同语言问题的对策研究；5. 加强人才培养。商务印书馆总编辑周洪波表示，相关语言规划研究要对接关于"一带一路"的主流研究，满足主流研究的迫切需求；要使理论研究"接地气",通过做好相关出版工作,提升研究成果的实用价值,如出版沿线各国主要语言和汉语的精编双语词典。他还建议语委要加强统筹和顶层设计,整合全国的资源开展项目研究和工程建设工作。国家语言能力发展研究中心文秋芳教授建议建设"一带一路"语言服务工程,编制《"一带一路"沿线国家和地区生活用语手册》,出版《"一带一路"沿线语言生活状况报告》,搭建相关网络语言服务平台,并推进相关政策、理论研究。

10月,沈骑在《云南师范大学学报》发表文章《"一带一路"倡议下国家外语能力建设的战略转型》指出,面对国家定位转变的新形势,我国国家外语能力建设亟待战略转型,即:国家外语能力导向从"引进来"向"走出去"转型,国家外语能力需求从"内需型"向"外向型"转型,国家外语资源种类从"单一型"向"多元化"转型,国家外语资源质量从"工具型"向"专业型"转型。他还建议:设立外语规划部门,统领外语能力建设;开展外语需求调研,制定外语能力标准;完善语种规划机制,启动"战略语言"规划;加强外语人才规划,推动外语学科转型。

11月,教育部"长江学者"特聘教授、江苏师范大学语言能力协同创新中心主任杨亦鸣在《人民日报》发表文章指出,语言服务和语言能力问题在"一带一路"建设中具有基础性和先行性,推进"一带一路"建设,对提高国家语言能力提出了紧迫要求。"解决'一带一路'建设中的语言问题,需要迅速构建相关语言服务和语言人才培养应急体系,这也是国家语言能力的一种体现。"

(三)语言人才培养需求迫切

6月,李宇明教授建议,成立"一带一路"语言研究中心,开展专门研究;通过实施"'一带一路'语言问题研究百篇博士论文工程",支持、鼓励国内人才走出去对沿线国家和地区的语言生活和语言政策开展实证研究。

7月,中国语情与社会发展研究中心李佳、广西大学汉语国际教育中心李静峰综述"服务'一带一路'战略的语言资源建设与开发利用学术研讨会"的观点说:"就现实而言,由于我国长期主要聚焦于欧美语言,对'一带一路'区域的语言关注不多,准备不足。无论是熟悉的语种数量、可用的语言人才,还是语言产品及相关的语言服务,都难以满足'一带一路'建设的需要。因此，适当调整我国语言规划，切实加强语言建设，提高语言服务能力已是当务之急。"

11 月，杨亦鸣在《提高语言能力迫在眉睫》中表示："对我国来说，使用特殊教学法随时灵活培养急需的语言人才，或者采用语言志愿者方式，将志愿者放到相关国家和地区培养和储备，同时建立详细信息档案以便国家随时征用，都是语言服务人才培养的新途径。语言人才培养需要创新思维方式、改革培养机制，走协同创新之路。"

（四）话语体系亟待完善

9 月，李宇明在《"一带一路"需要语言铺路》中表示："'一带一路'建设的基本理念是互利共赢，表现在语言理念上就是提倡平等互惠。在各种概念的中外翻译中，应尊重各种文化的语言使用习惯，特别要注意能让更多的人看得明白、看着顺眼，注意词语使用得体……应尽快启动'一带一路'术语研究，制定有关术语使用与翻译原则……摸清底数、列出清单、组织调研，建立语言数据库。在此基础上，编辑各国语言志，编纂单语词典、多语词典及各种专业词典，编写教科书及普及用书等。"

10 月，清华大学/广东外语外贸大学教授罗选民指出，在全球化的语境中，在不损害中国文化精神的前提下，以最合适的方式来解读和翻译最合适的典籍材料，从而达到消解分歧，促进中外文化的交流，极大地满足西方受众阅读中国典籍的需要。

12 月，武汉大学文学院教授、中国语情与社会发展研究中心副主任赫琳在《中国教育报》发表《"一带一路"需要合适的话语体系》一文指出，"一带一路"构想提出后，迅速成为国内最热门的话题，形成了非常强劲的舆论氛围。这对于推进"一带一路"建设固然具有积极的意义，但值得注意的是，其中某些话语站在他国的角度看，会有不爽之感，甚至可能产生误解和抵触。因此，有必要重新审视关于"一带一路"的各种话语表达，调整某些不恰当话语，构建得体的话语体系，以避免引起他人对"一带一路"构想的误解和担忧，更多地争取国际社会的理解和支持。为此，她提出了如下几点建议：第一，要校准话语基调，按照中央关于"一带一路"建设的精神，构建以合作共建、互利共赢为主旨的话语体系，充分体现"亲诚惠容"的主旋律。第二，系统整理关于"一带一路"建设的关键性词语，在充分研究"一带一路"沿线国家的文化、政治生态和语言表达习惯的基础上,有针对性地优选词语,调整不合适表达。第三,组织不同领域专家,专门研究涉及"一带一路"关键词语的外文翻译问题,一一确定相关重要语种的对译形式,对外发布,引导社会规范使用,也为相关国家提供翻译样本,以免误译误用。第四,增强"一带一路"话语权意识,针对国际上有关话语反馈,进行及时、灵活、有效的应对,争取主动,避免被动。

(五)语言产品有待开发

赵世举教授在《"一带一路"建设的语言需求及服务对策》一文中提出,要大力开发如下几个方面的语言产品:第一,功能互补的语言学习产品,例如教材、教学辅导资料、课件、音频视频课程、工具书、电子词典、网络学习资源、语言学习软件等;第二,方便适用的语言应用产品,例如便携式多语言翻译器、跨语文阅读器、高速率不同文字输入法等;第三,丰富多彩的语言文化产品,即以不同语言文字为元素或载体的能够满足"一带一路"沿线国家不同文化需求的各种文化娱乐产品,例如适合跨语种消费的文学作品、影视戏剧、文化知识读本、学术著作、游戏、玩具等。

中央财经大学新传播研究中心联合主任、智囊传媒总裁傅强表示,靠传统的翻译公司来解决上百种语言的问题几乎是不可能做到的,只有大的数据平台,才能解决这么大的问题。语联网的设想,就是希望用大数据、互联网的手段,给行业提供一个产业化的途径,共同整合资源,共享多语信息服务市场的红利。

三 结语

由上可见,面向"一带一路"建设的语言服务问题得到了广泛的关注,已经初步呈现政府在谋划、学界在研究、相关方面在行动的可喜局面,但整体规划协调尚显薄弱。"一带一路"建设是一项综合性、长期性的伟大事业,是国家发展的全方位推进,对语言的需求也将是多层面、全方位的,因此,国家做好统筹规划是当务之急。

"一带一路"建设的语言服务,工程巨大,需要深化相关研究,政府与民间双手推动,需要公益服务与有偿服务双腿行进。应整合各方面力量包括相关国家力量,努力为"一带一路"建设提供包括语言规划、语言咨询、语言教育、语言翻译、语言技术支撑等在内的各种语言服务。

参考文献

[1]《搭建语言平台共享语言红利》,《长江日报》2015 年 10 月 5 日。

[2] 黄行:《我国与"一带一路"核心区国家跨境语言文字状况》,《云南师范大学学报》(哲学社会科学版) 2015 年第 5 期。

[3] 加尼姆·希卜里:《"一带一路"建设要利用好互联网》,《新京报》2015 年 12 月 15 日。

[4] 李佳、李静峰:《"一带一路"需要语言服务跟进》,《中国教育报》2015 年 7 月 15 日。

[5] 李宇明:《"一带一路"需要语言铺路》,《西安日报》2015 年 9 月 28 日。

[6] 沈骑:《"一带一路"倡议下国家外语能力建设的战略转型》,《云南师范大学学报》(哲学社会科学版) 2015 年第 5 期。

[7] 魏晖:《"一带一路"与语言互通》,《云南师范大学学报》(哲学社会科学版) 2015 年第 4 期。

[8]《我国首部"一带一路"语言服务工具书正式发布》,《江苏教育报》2015 年 11 月 4 日。

[9] 杨亦鸣:《提高国家语言能力迫在眉睫(刷新见解)》,《人民日报》2015 年 11 月 24 日。

[10]《"一带一路"需要合适的话语体系》,《中国教育报》2015 年 12 月 16 日。

[11]《语言能力建设,为"一带一路"铺路搭桥》,《江苏教育报》2015 年 11 月 6 日。

[12] 张日培:《服务于"一带一路"的语言规划构想》,《云南师范大学学报》(哲学社会科学版) 2015 年第 4 期。

[13] 赵世举:《"一带一路"建设的语言需求及服务对策》,《云南师范大学学报》(哲学社会科学版) 2015 年第 4 期。

[14] 周情:《"一带一路"视野下的东南亚汉语推广市场分析》,《云南师范大学学报》(对外汉语教学与研究版) 2015 年第 5 期。

图书在版编目（CIP）数据

语言服务与"一带一路"/赵世举，黄南津主编 . —北京：社会
科学文献出版社，2016.4（2022.12 重印）
ISBN 978 - 7 - 5097 - 8964 - 3

Ⅰ.①语…　Ⅱ.①赵…　②黄…　Ⅲ.①语言学 - 文集 ②区域经
济合作 - 国际合作 - 研究 - 中国　Ⅳ.①H0 - 53②F125.5 - 53

中国版本图书馆 CIP 数据核字（2016）第 063468 号

语言服务与"一带一路"

主　　编 / 赵世举　黄南津

出 版 人 / 王利民
项目统筹 / 宋月华　李建廷
责任编辑 / 李建廷
责任印制 / 王京美

出　　版 / 社会科学文献出版社 · 人文分社（010）59367215
　　　　　地址：北京市北三环中路甲 29 号院华龙大厦　邮编：100029
　　　　　网址：www. ssap. com. cn
发　　行 / 社会科学文献出版社（010）59367028
印　　装 / 北京虎彩文化传播有限公司

规　　格 / 开本：787mm × 1092mm　1/16
　　　　　印 张：18　字 数：292 千字
版　　次 / 2016 年 4 月第 1 版　2022 年 12 月第 7 次印刷
书　　号 / ISBN 978 - 7 - 5097 - 8964 - 3
定　　价 / 89.00 元

读者服务电话：4008918866

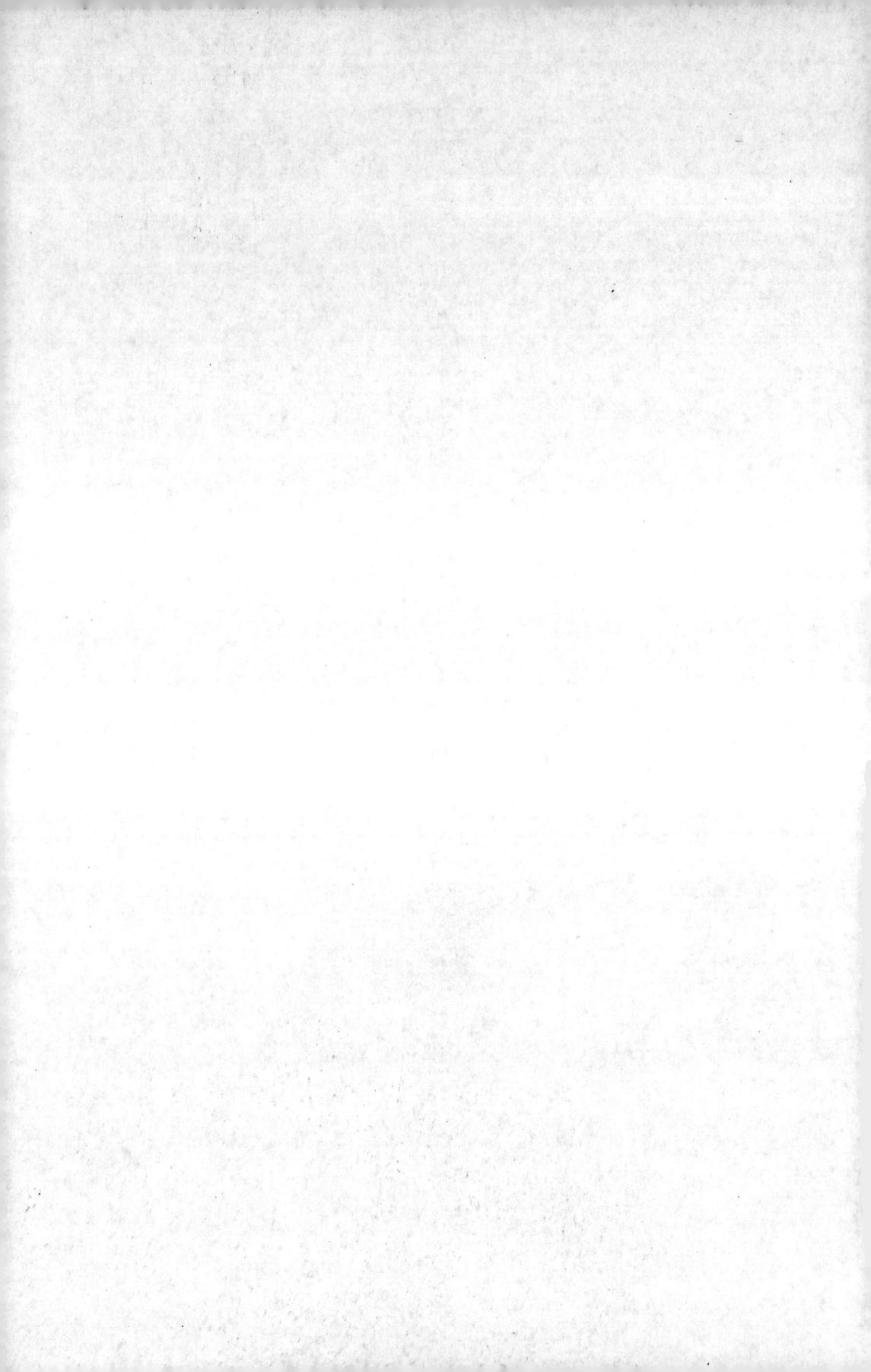